Practical Handbook of Antimonopoly Law Enforcement
for an Economy in Transition.

독점금지법의 정신과 실무

크레이그 W. 콘라스 지음
한 정 길 옮김

韓國經濟新聞社

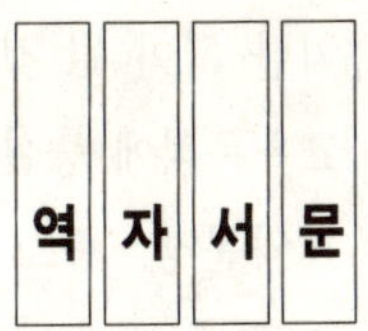

역자서문

이 책은 미국 법무부 독점금지국에서 20여 년 간 근무하고 있는 검사 크레이그 콘라스(Craig W. Conrath) 씨가 미국 국제개발처(Agency for International Development : AID)의 프로젝트에 따라 1991~92년까지 폴란드 독점금지 당국의 법률고문으로 있으면서, 폴란드의 크라코프(Krakow)대학의 객원교수 시절 사용한 교재다.

역자는 이 책을 1995년 7월 뉴질랜드에서 열린 아시아―태평양 경제공동체(Asia-Pacific Economy Community : APEC)의 「경쟁정책과 경쟁법」에 관한 회의 때 입수하여 읽어보는 과정에서 유익한 사례들과 주옥같은 문장에 감동하여 번역키로 했다.

이 책은 저자의 오랜 실무경험을 바탕으로 독점금지법의 정신과 반경쟁적 행위에 대처하는 실무자들에게 필요한 지식을 아주 쉽게 설명하고 있다. 또한 미국·캐나다·EU·폴란드 등의 판례를 널리 소개하고 있으며, 각 장마다 요약 또는 실무적 조언으로 마무리하고 있는 것이 특이하다. 따라서 이 책은 공정경쟁을 위한 감시자와 피감시자 (정부와 기업) 모두에게 유익한 책이 될 것임을 확신한다.

특히, 『독점금지법은 그 고유목적에 충실해야 한다. 즉 독점금지법으로 모든 부문의 공정성, 계약분쟁, 중소기업 지원, 산업구조 조정 등을 다 이룰 수도 없으며, 그렇게 해서도 안 된다』라는 저자의 관점은 우리에게도 시사하는 바가 크다고 생각한다. 아무쪼록 이 책이 관련된 행정당국, 기업, 학계, 연구계의 많은 분들에게 조금이나마 도움이 되기를 간절히 바란다.

이 책의 주요 내용을 살펴보면, 제1장에서 독점의 문제와 경쟁의 이점을 진솔하게 표현하고 있으며, 제2장과 제3장에서는 공동행위 (cartel)에 대해 상술하고 있다. 제4장에서는 시장을 정의(획정)하고, 제5장과 제6장에서는 시장지배적 사업자의 남용행위와 우월적 지위행사에 대해 논하고 있다. 제7장에서는 수직적 협정을, 제8장에서는 최근 이슈가 되고 있는 기업매수·합병(merger & acquisition : M & A), 지주회사, 민영화, 독점의 분할문제를 다루고 있다.

역자는 저자의 의도를 존중하는 의미에서 다소 지루하거나 난해한 표현도 원문을 거의 그대로 옮기려고 노력했으며, 「색인-폴란드 법조항과 이 책의 관련부분」에 우리의 「독점규제및공정거래에관한법률」의 관련조항을 병기했다.

점차 많은 사건이 접수되고 있는 공정거래위원회에 근무하면서 잠깐씩 틈을 내어 번역하다 보니, 시작한 지 근 1년이 되어 끝을 맺게 되었다. 때때로 번역하는 일이 저술하는 것보다 더 어렵다는 생각이 들어 중도포기를 결심한 적도 한두 번이 아니었다.

이 책이 결실을 맺게 된 데는 초반부에 내게 큰 힘이 되어준 아들 승복과 딸 신애, 그리고 끝마무리와 타이핑, 교정을 마다하지 않은 공정거래위원회 김형배 사무관과 정정란 양의 도움이 컸다. 진심으로

감사드리고 싶다. 끝으로 이 책의 출간을 맡아준 한국경제신문 박용
정 사장님과 출판국 여러분께 진심으로 감사드린다.

1996년 9월

과천에서 한 정 길

　이 책은 사회주의 경제에서 시장경제로 전환되는 사회에서 독점금
지법을 시행하는 당국자들에게 유용하게 쓰일 수 있도록 경쟁법의 일
반원칙에 대해 요약하고, 독점금지법을 시행하는 데 필요한 실제적
분석도구를 제공하기 위해 집필한 것이다. 새로운 이론적 근거를 밝
혀내는 학자적 작품이라기보다는 매일 매일의 업무에서 법을 집행하
는 실무자들에게 유용하도록 여러 원칙들의 종합을 시도한 것이라고
할 수 있다.

　〈내용〉 이 책은 독점금지법을 적용할 때 발생하는, 분석할 주요내
용인 수평협정, 개별행위, 수직협정, 시장의 구조변화 등으로 구성되
어 있다. 책의 내용을 쉽게 하기 위해 이 책의 내용과 폴란드 독점금
지법의 상호 관련 여부를 참고하는 데 필요한 색인표를 제공했다. 이
색인표를 봄으로써 누구나 독점금지법에서 논의되는 부분을 간편하게

찾을 수 있을 것이다.

〈주해(註解)와 자료〉 이 책은 실무안내서로 작성되었기 때문에 주해를 최소화했고, 각각의 사안 가운데 특별히 유용한 참고문헌은 포함시켰다.

〈관점〉 이 책은 저자가 의도하는 주요관점이 있고 중요하다고 생각하기 때문에 서문에서 언급하고자 한다. 따라서 누구든지 다음과 같은 관점으로 이 책을 평가하고 이용할 수 있길 바란다. 어느 나라에서나 이러한 관점을 실제로 충분히 따를 수는 없겠지만 주요 관점은 다음과 같다.

독점은 심각한 문제일 수 있다. 대부분의 중·동구 유럽인들은 이 문제에 대해 확실한 설명이 필요 없다. 왜냐하면 최근에 그들은 순수 독점에 대해 서구인들보다 더 진정한 경험을 했기 때문이다. 그 경험 모두 독점이 가져올 수 있는 피해의 진상을 밝히기에 충분한 것들이다. 마찬가지로 카르텔(cartel)도 독점력을 얻고 독점과 같은 피해를 가져온다.

최상의 독점금지 정책은 「독점금지 정책이 없는 것」이라는 주장이 있으나 저자는 이러한 입장을 수용할 수 없다.

전자의 주장은 『모든 독점은 사라질 것이고 모든 카르텔은 깨질 것이다』라는 이유 때문이다. 그것은 사실일지 모른다. 그러나 그 기간이 아주 장기일 수 있으며, 독점이나 카르텔이 존속하는 동안 엄청난 피해를 가져올 수도 있다. 규제받지 않으나 합법적인 카르텔, 석유수

출국기구(Organization of Petroleum Exporting : OPEC)의 이상스런 예를 살펴보자. OPEC은 1973년 시장의 3분의 2를 차지하여 처음에는 매우 효과적이었다. 그렇지만 결국 1980년대 중반 생산량이 시장 규모의 3분의 1로 줄어들면서 카르텔에 대한 압력으로 사실상 와해되었다. 그러나 그 기간 동안 OPEC은 세계의 자원을 가장 생산적인 용도로 사용할 수 없도록 하여 수백만 명의 사람들에게 실질적인 피해를 입혔다. 수십 개국의 경제를 망쳤으며, 최빈국들의 경제에 심각한 타격을 안겨준 것이다. 완전히 성격이 다른 또 다른 예로 미국, 일본, 유럽의 여러 지방시장에서 몇 세기 동안 지속되어 오고 있는 공공건설공사를 위한 카르텔을 들 수 있다. 한 마디로 카르텔이 망하고 독점이 사라지기를 기다리는 것은 정책이 아니다.

건전한 독점방지법, 적정한 집행이 독점과 카르텔의 문제를 예방하고 치유할 수 있다. 그것이 중요하고 가치 있는 일이다. 바로 그것이 독점금지법의 유일한 역할이다. 그렇지 않다면 독점금지법은, 기업의 결정을 기업 스스로 내리도록 손을 떼어야만 한다.

독점금지법은 독점의 문제만을 해결할 수 있다. 때때로 독점금지법을 다른 목적달성에 적용하려는 시도가 있다. 예를 들면 공정(fairness)의 촉구, 계약분쟁 해결, 소기업 지원, 어떤 정치적 목적의 성취, (독점방지를 이유로 한) 산업구조 조정 예외적용 등이 그것이다. 이러한 것들은 독점금지법의 적합한 역할이 아니다. 첫째, 독점금지법은 우연한 경우를 제외하고는 이러한 목적들을 이룰 수 없다. 어떤 소기업이 다행히 독점금지법의 범주에 맞는 문제를 가진 경우에만 그 기업은 보호받을 수 있다. 어떤 계약분쟁이 우연히 독점에 관련되었거나, 독점금지법에 규정된 특정 협정에 관련된 경우에만 그 계약분쟁은 해결될 수 있는 것이다. 위에 언급한 목적들을 달성할 필요가 있다면 직접 행해져야 한다. 어떤 계약에 관한 규칙 제정, 소기업에 대한 직접지원 등은 좋은 아이디어일 수도 나쁜 아이디어일 수도 있다. 그러나 그것이 독점금지법과 연관된 것이 아니라면 그것 자체의 공과로 판단되어져야만 할 것이다. 둘째, 독점금지법을 (그 고유목적 이외의) 다른 목적 달성을 위해 사용하는 것은 역생산적(counter productive)일 수 있다. 그것은 독점금지법의 목적인 기업의 효율적 운영을 방해할 수 있으며, 소비자가 원하거나 지불하려고 하는 재화와 서비스에 대한 거부 비용을 소비자에게 치루게 할 것이다. 또한 의도한 것보다 광범위하게 적용되어 의도하지 않은 결과를 낳을 수도 있다. 특별한 경우 위와 같은 불필요한 독점규제는 전환경제(economies in transition)에 필요한 투자와 기업가의 사기를 떨어뜨릴 것이다.

독점금지법의 집행은 단순한 분류가 아니라 분석을 필요로 한다. 형식이 아니라 실제에 초점이 맞추어져야 한다. 무엇이 실제로 진행되고 있는지 그려보는 것이 핵심인 것이다. 그렇지 않으면 잘못된 원칙을 적용하는 심각한 위험에 직면하게 된다. 예를 들면 미국법은 80년 전에 그러한 실수를 저질렀다. 즉 재판소가 제조업자와 유통업자 간의 가격협정을 반사적으로 경쟁유통업자 간의 가격협정에 적용한 것이다. 그러나 오늘날에는 제조업자와 유통업자 간의 협정을 어떻게 취급할 것이냐에 초점이 맞춰져 있고, 둘다 가격협정이라는 이유로 아무도 이것을 제조업자 간의 협정과 동일한 현상이라고 생각지는 않는다. 미국법은 아직도 —— 형식이 아니라 실체에 초점을 맞춰 법을 적용한다면 저지르지 않을 수도 있는 —— 잘못된 분류에 영향을 받고 있다.

전환경제에 있는 독점금지 당국은 특별한 도덕적 책무를 지고 있다. 때로는 단순히 방어만 할 것이 아니라 경쟁을 창출해야 한다. 이러한 역할이 독점금지 정책의 기초적인 목적이 되어야만 한다.

위와 같은 관점들이 이 책에 적용되고 있다. 물론 독점금지법이 독점금지 당국의 행동에, 다시 말해 많은 영향과 제약이 있는 실제생활에 적용되어야함을 인식하는 것이 중요하다. 그러나 마음 속에 분명한 비전을 갖는 것은 가치 있는 일이다.

또한 저자의 갈등과 시각이 알려지는 것도 중요하다. 저자는 책의 어느 곳에서든 그러한 의도가 분명해지기를 희망하며, 따라서 서문에 나타내는 것이 최선이라고 생각한다.

〈사례의 인용〉 이 책은 많은 곳에 사례를 인용해 싣고 있다. 이 사례들을 좀더 이해하기 쉽게 하기 위해, 또 번역되어 읽혀질 것을 의식해 친근하지 않은 절차상의 문구들을 바꾸거나(예 : respondents→defendents) 줄이고, 주된 논점과 거리가 먼 부분은 생략했다. 읽기 쉽게 하기 위해 이러한 생략이나 변경의 표준 표시인 괄호나 생략부호는 표시하지 않았다. 사건의 실체와 관련해 재판소와 행정당국에서 사용한 용어는 그대로 썼고 저자가 추가한 말을 ( )로 묶었다. 긴

Director 대 Lairdlaw Waste Systems, Ltd.
CT-91/2(1992 캐나다 경쟁법원)
법률학(jurisprudence)에 관해

일반적으로 반경쟁행위와 관련해 재판소에서 인용되는 법률학이론은 직접적으로는 관련이 없다. 그것은 다른 재판관할권의 성문법과 관련되어 있다. 동시에 법률학은 다른 관할권의 법이 어떻게 발전되어왔는지 실례를 제공해준다. 이것은 재판소로서는 배경정보(background information)로서 유용하다.

인용문은 다음과 같은 형식을 취했다.

위에 인용한 예는 여러 관할권의 범위에 포함되고 있는 저자의 목적을 기술해주고 있다. 다른 관할권의 법은 캐나다 재판소가 말했듯이 폴란드 법과 직접적인 관련은 없으나 유용한 정보자료일 수는 있다. 그런 정신이 포함되는 것이다.

〈부인(disclaimer)〉 이 책에 표현된 견해는 전적으로 저자의 것이며, 미국 법무부 독점금지국의 견해를 대변하는 것은 아니다.

크레이그 **W**. 콘라스

차 례

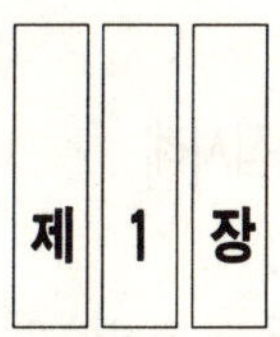

제 1 장

독점의 문제

1.1. 개요

미국인이 중앙 유럽인들에게 독점에 대해 설명하고자 한다면 아마도 위압적이며 주제넘은 시도일 것이다. 사실상 중앙유럽에서는 북미보다 독점에 의한 훨씬 많은 사례들이 발생하고 있다. 그럼에도 불구하고 독점에 대해 설명하려는 시도는 여전히 필수적이다.

독점금지법은 반대되는 개념에 의해 정의된다. 그것은 「반」독점이다. 따라서 독점금지법과 정책이 해야 할 역할을 이해하기 위해서는 반드시 독점으로 야기되는 문제점들을 이해해야 한다.

독점금지 정책의 목적을 정의하는 일 또한 중요하다. 즉 경쟁을 통한 기대효과를 설명하는 것이다. 이 장에서는 먼저 독점의 문제점들에 대해 설명하고, 경쟁을 통해 얻어지는 이익을 요약해보려고 한다.

1.2. 현재 진행되고 있는 독점사례

과거의 국가 독점(state monopoly)은 상품의 부족, 저급의 품질, 높은 가격, 소비자의 욕구에 대한 둔감함, 비합리적 또는 무분별한 거래조건, 그리고 독단적이고 오만한 태도 등과 관련이 있었다. 그러나 이러한 결과들은 독점뿐 아니라 국가 소유(state ownership)와 자원의 행정적·비시장적인 배분에 의해서도 야기될 수 있었다. 따라서 시장체제에서 기능하는 독점에 따라 전통적으로 야기되는 결과들을 분석하는 것이 중요하며, 그럼으로써 독점금지법의 적절한 역할을 정의할 수 있다.

어떤 것이 독점에 의한 문제점인지 파악하고, 독점의 증거를 밝히고, 또 그것을 발견했을 때의 조처를 결정하기 위해서는 독점이 어떻게 기능하는지를 이해할 필요가 있다. 따라서 독점의 기능에 관한 간단한 토의가 반드시 필요하다. 이는 이해를 위해서라기보다는 본질을 파악하기 위한 시도라 할 수 있다. 더욱 자세한 설명은 R. Posner의 Antitrust Law : An Economic Perspective 8-22, Univ. of Chicago, 1976와 G. Hewitt가 쓴 Introduction to Micro Economics and Antitrust Law and Policy(OECD, 1992) 등의 자료에서 찾아볼 수 있다.

일반적으로 독점기업은 경쟁사보다 더 적게 생산하고 더 비싼 가격으로 판매할 것이다. 왜냐하면 독점가들은 그럼으로써 더 많은 이익을 얻을 수 있기 때문이다. 이것은 매우 명백한 듯이 보이지만 그 진실성의 여부를 확인해볼 가치가 있다. 제품의 가격이 오르게 되면, 그것을 사려는 사람은 줄어들 것이다. 만약 가격이 내리면 더 많은 사람이 그 제품을 사려고 할 것이다. 이 근본적 원리가 더 적게 생산하려는 독점가의 동기라 할 수 있다.

1.2.1. 사례 : 수건 독점

한 가지 사례로 요점을 명확히 해보자. 수건의 독점가가 있다고 가정하자(이 사례는 매우 단순화시킨 것이다). 독점가는 수건 한 장당 1만 원의 가격으로 생산할 수 있고, 두 개의 공장을 가지고 있다. 독점가에게는 선택권이 있다. 만약 그가 두 공장 모두를 가동해서 8,000장의 수건을 생산하면 모든 수건을 장당 1만 1,000원에 팔 수 있다고 가정해보자. 그러나 만약 한 공장만 가동시키고 4,000장의 수건만 생산한다면 수건은 부족할 것이다. 이러한 상황 하에서는 한 장당 2만 원의 가격으로 4,000장의 수건을 모두 팔 수 있다고 해보자.

독점가로서는 한 공장만을 가동하는 것이 두 공장 모두를 가동하는 것보다 훨씬 이득임을 알 수 있다. 두 공장을 가동할 경우 독점가는 8,000장의 수건을 판매한다. 그는 수건 한 장당 1,000원의 순이익(가격－비용)을 얻는다. 총이익은 800만 원이다. 그러나 한 공장만을 가동할 경우 독점가는 훨씬 많은 이익을 얻는다. 4,000장의 수건을 판매하지만 한 장당 이익은 1만 원이며, 총이익은 4,000만 원이다. 더 적은 양의 수건을 더 높은 가격으로 판매함으로써 더 많은 이익을 취하는 것이다.

이 결과의 원리를 이해하는 것이 특히 중요하다. 그것은 바로 가격과 판매가능한 제품량 사이의 관계다. 가격이 더 비싸다면 더 적은 양이 팔릴 것이고 가격이 더 싸다면 더 많이 팔릴 것이다. 같은 원칙이 반대로도 적용될 수 있다. 더 적게 팔리면 가격은 높아질 것이고, 더 많이 팔리면 가격은 낮아질 것이다. 사회주의 하에서의「결핍의 경제(economy of shortage)」를 체험한 사람이라면 누구나 이 원리를 인식할 것이다. 상품이 부족할 경우 실제 가격은 상승했다. 만

<표 1-1> 수건독점 사례

(단위 : 원)

구　　　분	확대생산 (2공장)	축소생산 (1공장)
가　　　격	11,000	20,000
원　　　가	10,000	10,000
1 장 당 이 익	1,000	10,000
총 판 매 량	8,000	4,000
총　이　익	8,000,000	40,000,000

약 공식가격(state price)이 국가에 의해 규제되었다면 실제 가격은 희소성, 긴 행렬, 가게 점원과의 특별한 거래, 암시장 등의 다른 방법을 통해 상승했다.

이러한 가격과 제품의 양 사이의 관계는 경제생활의 실제 모습 그대로다. 독점가는 이 사실을 이해하고 이익을 최대화하기 위해 이를 이용할 수 있다. 그러나 독점가들이 바꿀 수 없는 사실이 있다. 이러한 현상은 독점가의 통제권 밖이라는 사실이 바로 그것이다. 예를 들면 위의 사례에서 독점가는 한 장당 2만 원의 가격으로 8,000장의 수건을 팔 것이라고, 즉 많은 양을 높은 가격에 팔겠다고 임의로 결정할 수 없다. 2만 원을 지불할 능력이나 의지가 있는 소비자는 충분하지 않다. 그러한 소비자는 4,000명뿐이다. 반면에 독점가가 그 사실을 이해하고 이용한다면 그는 4,000장의 수건만을 생산하고 8,000장을 생산했을 때보다 훨씬 큰 이익을 얻을 것이다.

독점가는 독점가이기 때문에 이러한 선택권을 가진다. 반대로 경쟁시장에서의 기업은 이러한 선택권을 갖지 못한다. 만약 어떤 한 기업이 수건을 더 적게 생산하기로 한다면 경쟁사들은 당장은 아니지만 더 많은 수건을 판매할 기회를 포착하는 즉시 더 많은 수건을 생산할 것이다. 따라서 경쟁시장 내에서는 어느 한 기업의 생산량 결정만으로 가격에 큰 영향을 끼칠 수는 없다.

〈그림 1-1〉은 단순화된 수건 독점가의 사례를 전통적인 경제 그래

픽 형식으로 나타낸 것이다.

이 수건 독점 사례는 극히 단순화된 것이다. 예를 들면 고정된 비용이나 공장의 절반만 가동시키는 가능성 등은 고려되지 않았다. 사례는 더 복잡하고 사실적으로 심화될 수 있지만, 기본적 요점은 마찬가지일 것이다. 더 복잡한 사례와 변수들을 사용한 이론적 검토를 하고자 한다면 앞서 말한 자료들을 참고하길 바란다. 이 책에서는 간략화된 수건 사례를 통해 요점을 밝히고 있다. 독점가는 생산을 줄이고 가격을 높이길 원한다.

가격을 올리기 위해 생산을 제한하는 독점가의 동기가 독점금지법의 주제를 분석하는 데 핵심이다. 예비 독점가 (또는 유력한 기업이나 행동을 같이하는 기업들)의 행위를 분석하는 데 끊임없이 상기해야 할 질문이 있다. 『이 기업이 생산을 제한할 만한 동기가 있는가?』그리고『만약 이 기업이 하고자 하는 일에 성공한다면, 생산되는 제품은 증가할 것인가, 감소할 것인가?』

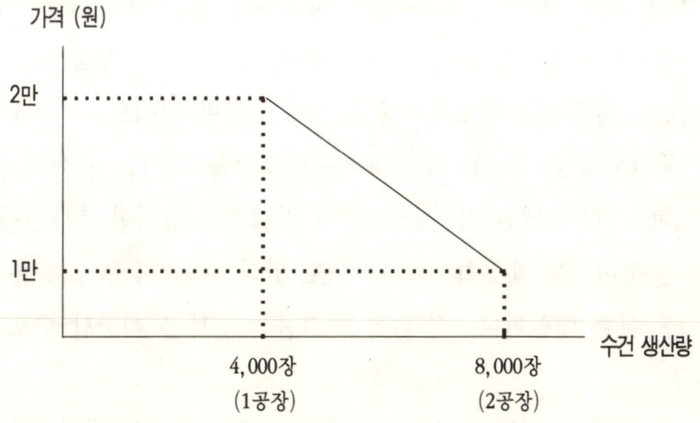
〈그림 1-1〉 전통적 경제 그래픽으로 나타낸 수건 독점가 사례

1. 2. 2. 「생산」이 감소될 수 있는 방법

수건 사례는 지극히 단순화된 것이다. 단순화할 수 있는 이유 가운데 하나는 그것이 특별한 변형이 없는 단순한 상품과 연관된다는 데 있다. 이는 요점을 명백히 하는 것을 돕는 반면, 핵심을 모호하게 할 수도 있다. 이처럼 고도로 단순화된 독점 사례에서, 생산은 본질적으로 단순한 수적 생산과 더불어 몇 가지 경쟁적 요소들을 대신한다. 예를 들면 생산은 품질과 서비스를 포함할 수 있다(문자 그대로, 생산은 품질의 「생산」과 서비스의 「생산」을 포함한다). 따라서 독점으로 인한 피해에는 품질이나 서비스의 저하도 포함된다.

같은 요점이 다른 방식으로 표현될 수도 있다. 경쟁은 많은 역할을 한다. 따라서 경쟁의 손실은 몇 가지 결과를 초래한다. 위의 수건 사례와 같은 가장 간단한 예로, 생산비용이 주어졌을 때 경쟁은 가능한 최대생산량의 산출을 촉진한다. 그러나 더 복잡한(그리고 더 사실적인) 시장에서 경쟁은 기업이 다른 방식으로 소비자의 욕구를 만족시키도록 해주기도 한다. 경쟁은 기업으로 하여금 소비자가 선호하는 품질과 제품의 다양성을 제공하도록 유도한다. 또한 사업의 영속을 위해 고객을 잘 대우하도록 하며, 품질·다양성·고객 서비스 등을 개선하기 위해 혁신하도록 기업을 자극한다. 그러므로 수건 시장과 같은 단순한 시장에서조차도, 만약 좀더 현실적인 시장의 예를 인용한다면, 경쟁업체들이 소비자를 끌고자 노력할 것이므로, 경쟁은 다양한 품질·색상·크기·무늬의 수건 생산을 촉진할 것이다. 수건 생산업체 간의 경쟁은 아마도 그들의 직접적인 고객인 소매상들에게 더 나은 서비스를 제공하도록 할 수도 있다. 예를 들면 그들은 좀더 신속·정확한 배달이나, 더 나은 재고품의 선택을 제공할 수도 있는 것이다.

따라서 단순한 전통적 모델에서 생산의 감소에 대해 이야기할 경우

「생산」은 이러한 다른 요소들을 포함한다. 이런 의미에서 만약 경쟁이 있었다면 소비자가 요구하고 경쟁사들이 공급했을 다양성을 독점가가 생산해내지 않을 때 생산은 감소한다. 또한 더 나은 서비스를 제공해 줄 경쟁사를 선택할 수 있을 때보다 소비자들이 나쁜 서비스를 받게 될 경우 생산은 감소한다. 경쟁기업이 하려는 것을 독점가가 개선하지 않을 때도 생산은 감소한다.

이러한 경쟁력의 폭은, 유럽재판소가 『가격경쟁이 유일한 경쟁의 효과적 형태를 구성하지는 않는다』, 그리고 『경쟁의 성격과 밀도는 문제되는 제품이나 서비스, 관련된 시장분야의 경제구조의 요구에 따라 어느 정도 다양해질 수 있다』라고 진술함으로써 유럽 독점금지법에 명시되었다(European Court of Justice, 1977, ECR 1875).

그러므로 예기되는 독점행위를 평가할 경우 생산이 지닌 넓은 정의를 명심할 필요가 있다. 그래야만 핵심적 질문——『이 행위(혹은 구조)가 생산을 감소시키는가?』——을 던질 때 아무것도 놓치지 않을 수 있다.

1.3. 경쟁의 이익

독점금지 정책이 독점에 반대한다는 것은 분명하다. 반면 독점금지 정책의 목적을 생각해보는 것 또한 유용하다. 물론 독점금지 정책은 경쟁을 위한 것이다. 그렇지만 왜? 독점금지 정책의 이유는 많은 나라들에서 독점금지법에 아주 자세히 명시되어왔다. 흥미로운 것은, 독점금지 정책의 목적이 정책실행 후 100년이 지난 후에도 미국에서는 여전히 논란의 주제가 된다는 점이다. 그렇지만 독점금지 정책의 목적 가운데 가장 중요한 측면에 대해서는 대략적인 합의가 이루어져 있다.

미국의 독점금지법 목적 가운데 가장 일반적으로 인용되는 진술은 1958년 대법원 판결문의 일부다.

> ### Northern Pacific Railway Co. 대 U.S.
> ### United States Supreme Court 356 U.S. 1 (1958)
>
> 셔먼법은(Sherman Act) 자유로운 경쟁을 교역의 규칙으로 보존할 것을 목적으로 하는 경제적 자유의 포괄적인 헌장으로서 고안되었다. 이는 제약 없는 경쟁력의 상호작용이 우리의 경제적 자원, 최저가, 최상의 품질, 그리고 최대의 물질적 진보에 따른 최선의 배분을 낳음과 동시에, 우리의 민주적인 정치·사회제도의 보존에 이바지할 환경을 창출해낼 것이라는 전제에 기초한다. … 이 법령에 의해 분명히 명시된 정책은 바로 경쟁이다.

독점금지법의 역사 또한 독점금지법의 목적을 이해하는 데 좋은 안내자가 될 수 있다.

> ### 미국 법무성 독점금지국 차관보 James F. Rill의 논술
> ### (미국-폴란드 간 합동법률세미나, 1990.5.7. 와르소)
>
> 100년 전, 미국은 국가경제에서 경쟁력 회복이라는 과제와 직면하게 되었다. 미국 최초의 연방 독점금지법인 「셔먼법」은 1890년 당시의 거대 「트러스트(trust)」들에 의한 미국 경제의 카르텔(cartel)화와 독점에 대항하여 통과되었다. 당시의 트러스트들은 생산과 판매조절을 중앙집권화함으로써 경쟁으로 인한 시장의 압력을 피했던 합법체였다. 그들은 석유, 곡물, 철도, 담배와 위스키 등의 핵심 산업분야에서 악명이 높았다.

이들 트러스트들은 널리 만연된 분노나 개혁을 위한 정치적 호소를 선동하는 행위 등에 관여했다. 그들은 혜택받는 고객(주로 다른 트러스트)들의 비밀 환불이나 혹은 경쟁자와 다른 형태의 배타적 행위를 몰아내기 위한 가격인하 등에 관여했다. 게다가 당시에는 부패와 공무원들의 뇌물 수수가 만연했었다. 1888년에 이르러서는 트러스트에 대한 저항이 너무 강했기 때문에 양당의 대통령 후보들이 독점금지법 제정 추진을 약속해야만 했으며, 2년 후 「셔먼법」이 제정되었다.

미국 최초의 독점금지법인 1890년의 「셔먼법」 제정을 기념하기 위한 100주년 기념행사에서 있었던 두 가지 논평 또한 유익하다. 첫 번째 논평은 여러 독점금지 사례를 심문했던 판사에 의한 것이다.

미국 뉴욕 남부지역 지방판사 Kimba M. Wood의 논평 요지 (1990년 7월)

우리 나라 초기의 독점금지법은 트러스트에 대한 농업근로자와 노동자 집단의 이기적 분노에만 기인하는 것은 아니다. 그것은 아주 오래 전부터 깊이 뿌리 박힌, 우리의 평등한 민주주의 사회에서는 모든 남성(그리고 물론 훗날에는 모든 여성)이 자신들의 경제적 발전을 위해 자유롭게 재능을 발휘하고, 또 효율적인 시장운영으로부터 모든 사람이 혜택을 받도록 하기 위해 계약의 자유가 때때로 제한되어야만 한다는 다소 이상주의적인 성향에 기인하다고도 할 수 있다. 모든 이에게 경제적 기회와 혜택을 주려는 우리의 욕구는 우리로 하여금 교역 제한에 대해 좀더 철저히 검토하고, 그리고 — 지나치게 일반화하자면 — 결과적으로, 바람직한 경제적 효율을 촉진시키는 분야에만 교역 제한을 인정하도록 하는 데 도움이 되었다.

두 번째 논평은 전직 독점금지국의 수장이자 법학교수에 의한 것이다.

Thomas E. Kauper의 논평 (1990년 7월)

경쟁의 가치에 대한 우리의 믿음은, 부분적으로는 이론에, 부분적으로는 미국 경제의 성공과 그것이 산출해낸 물질적 수익에, 그리고 부분적으로는 신념에 바탕을 두고 있다. 경쟁의 결과는 가혹할 수도 있다. 그것들은 종종 조정을 필요로 한다. 하지만 아직까지 더 효과적인 체계를 고안해낸 사람은 없다.

경제를 조직하는 수단으로서 경쟁의 우월성은 또한 독점금지법의 근본적 목적으로 언급기도 했다.

**미국 법무성 독점금지국 차관보 Anne K. Bingaman의 논평
(1994. 6. 15 하원 경제상법 소위원회에서)**

독점금지법은 100년 이상 자유시장의 효과적인 경쟁의 주된 보증인으로서 존재해왔다. 이 법은 널리 보급된 정부의 검토나 규제 혹은 경쟁적 결과를 가져올 수 있는 개인적·집단적 행동의 간과에 비해 훨씬 우월하다는 사실이 여러 차례에 걸쳐 증명되었다. 실제로 이 법은 우리의 근본적인 국가경제질서의 대헌장(Magna Carta)으로 불리어져 왔다.

EC에서는 이와 유사하게 소비자를 보호하고 공동시장의 완전한 통합을 보완하는 데 그 목적이 있다고 명시하고 있다.

> **EC 위원회의 경쟁정책에 대한 12번째 보고서**
>
> EC 경쟁정책은 먼저 경쟁이 그 전통적 역할인 자원의 배분향상과 사업가들의 조정능력 증진, 소비자 욕구에 대한 좀더 나은 만족을 수행하도록 해야만 한다. 두 번째로 회원국 간의 교역의 장애를 제거함으로써 공동시장의 통일성을 강화해야만 한다.

유럽 사법부는 또한 85, 86 조항[1]의 목적을 「공동시장 내에서의 효과적 경쟁의 유지」라고 요약했다. 그리고 「조약 입안자들의 노력」은 「실제의 혹은 잠재적인 경쟁을 시장 내에서 유지하는 것」이었다 (Europemballage Corporation and Centinental Can Co. Inc. v. EC 위원회 Case 6 / 72).

유럽재판소가 언급했던 것처럼, 독점금지 규정은 「직접적으로 소비자를 차별하는 폐해뿐 아니라, 조약 3조(f)로 표현된 효과적 경쟁 구조를 손상시킴으로써 발생하는 간접적 폐해」로부터 소비자들을 보호한다(Hoffmann-La Roche & Co. AG v EC위원회 Case 85 / 76).[2]

---

1) 여기에서 말하는 85, 86 조항은 EC법의 1차적 법원(法源)이자 EC의 헌법인 가맹국 간의 조약 가운데 하나인 ECC 설립조약(1975년) 중에서 EC 경쟁법의 기본실체규정에 해당되는 것으로, 85조는 경쟁제한의 목적 또는 효과를 갖는 사업자 간의 협정, 사업자 단체의 결정, 공동행위를 규제하며, 86조는 시장지배적 지위의 남용 행위를 금지하는 것이다.

2) 우리나라 「독점규제 및 공정거래에 관한 법률」(이하 「공정거래법」이라 한다) 제1조에서도 동법의 목적으로 『시장지배적 지위의 남용과 과도한 경제력의 집중을 방지하고, 부당한 공동행위 및 불공정거래행위를 규제하여 공정하고 자유로운 경쟁을 촉진함으로써 창의적인 기업활동을 조장하고 소비자를 보호함과 아울러 국민경제의 균형 있는 발전을 도모함을 목적으로 한다』고 규정하고 있는 바, 동조항의 해석에 있어서 공정거래법의 목적은 「경쟁의 촉진」이 직접적 목적이고 「소비자보호」 등은 간접적·부차적 목적이라는 의견과 경쟁의 촉진, 소비자보호, 국민경제의 균형발전 등을 똑같이 목적으로 한다는 의견이 대립되고 있다.

1.4. 경쟁은 동적인 과정이다

경쟁은 동적인 과정이다. 사실, 변화와 진보를 유발시킨다는 점은 경쟁의 큰 이점이다. 이는 또한 경쟁을 평가할 때, 일시적 한 단면뿐 아니라 동적인 과정 전체를 살펴보아야 함을 의미한다.

경쟁적 환경에서, 기업들은 끊임없이 경쟁사보다 강점을 보유하려고 할 것이며, 고객들로부터 큰 이익을 얻을 방법을 모색할 것이다. 이는 좋은 현상이다. 일련의 변화들이 소비자에게 인정되어 성공하기도 하고, 어떤 변화들은 받아들여지지 않아 실패하기도 하면서 이러한 꾸준한 모색들은 진보를 낳는다.

이 사실은 어느 일정한 시간을 놓고 볼 때 어떤 기업이 실패하는 동안 다른 기업은 호조를 띨 것이라는 의미다. 이는 경쟁의 기본모형이 「평형(equilibrium)」이라 불리는 고정된 결과를 나타내기 때문에 다소 혼란스러울 수도 있다. 모든 제품들이 가장 효율적인 생산자들에 의해 생산될 때, 모든 소비자들이 가장 부유할 때, 경쟁은 사라지고 가격은 생산의 한계 비용에 도달하게 되므로 과잉 이윤도 없다. 그러나 이 「평형」 상태는 현실적으로는 존재하지 않는다. 오히려 현실 세계가 끊임없이 다양한 형태의 시장에서 그러한 결론을 향해 나아가고 있다. 그러나 모든 변수가 변화하듯이 목표 또한 끊임없이 변화한다. 만약 전통적인 수요와 공급 그래프가 그래프 용지가 아닌 바람부는 날 강물 위에 그려졌다면 더 정확했을지도 모른다. 수면이 고체가 아닌 액체이기 때문에 어떠한 선도 실제로 그려지지 않는다. 수면은(따라서 선들도) 물결의 단기적 현상인 끊임없는 움직임에 따라 항상 위·아래로 움직인다. 더군다나 전체는 천천히 그러나 사정없이, 수면에만 집중하고 있다면 알아차리지 못할 정도의 속도로 아래로 흘러간다. 그러나 그 흐름은 시간이 지나면 다른 모든 것을 무의미하게 만들 수도 있는 것이다. 그럼에도 불구하고, 경쟁정책을 위해서는 기본모형의 관점에서 생각해보는 것이 매우 유익하다. 사실 그것은 필수적이라고 할 수 있다. 그러나 이 방법이 세상을 보는 유일한 길이 아니라는 사실도 아울러 기억해야 한다. 경쟁은 동적인 과정이다.

몇 가지 사례들이 경쟁이 동적인 과정임을 상기하는 것이 중요하다는 점을 잘 보여줄 것이다. 예를 들면 과정이 동적이라는 것은 몇몇 회사는 일시적으로 시장력을 갖게 되거나 그들의 비용보다 상당히 높은 가격을 책정할 능력을 소유하게 됨을 의미한다. 그러나 이 사실은 그들이 독점가라거나 지배적 위치를 차지함을 의미하지는 않는다. 가장 일반적인 예는 시장에 제품을 소개하는 최초의 기업이다. 그 기업은 유일한 판매자이며, 따라서——잠시 동안——그 상품에 높은 가격을 책정할 수 있을 것이다. 그러나 다른 기업을 막을 장애가 존재하지 않는다면 고가와 고수익은 다른 기업들로 하여금 시장에 뛰어들게 하는 신호가 될 것이고, 그들의 경쟁으로 인해 첫 번째 기업의 뚜렷한 시장력은 침식되어갈 것이다.

유사한 예로, 기업은 시장에서 큰 점유율을 가질 수 있지만, 시장의 변화는 그 점유율을 기업의 사실상의 영향력을 알리는 빈약한 신호로 만들어버릴 수도 있다. 이러한 고전적 사례로 미국의 두 석탄

U.S 대 General Dynamics Corp.
미국 최고재판소 **415 U.S. 486 (1974)**

지방법원 견해의 상당부분은 2차 세계대전 이후 석탄산업에 영향을 끼친 변화들의 설명에 몰두해 있었다. 먼저, 석탄이 다른 에너지 자원과의

경쟁에서 점차로 뒤떨어졌음을 알게 되었다. 두 번째로, 1954년 이후로 전기기구 산업이 석탄소비의 주된 분야로 상당한 몫을 차지해왔음을 발견했다. 세 번째로, 가장 중요한 사실은, 전기기구에 판매된 거의 모든 석탄이 장기계약에 따라 옮겨졌다는 것이다. 그 계약으로 석탄 생산자들은 예정된 가격으로 정해진 기간 동안 전기기구 산업의 석탄 소비를 조달하게 되어 있다. 이러한 장기계약 하에서는 석탄의 생산자와 소비자 모두에게 상호이익이 발생한다.

이러한 석탄시장 구조의 근본적인 변화 때문에, 지방법원은 정부가 의존하는 수치가 이 사건을 뒷받침하기에 불충분하다고 판단했다. 과거 생산의 증거는, 논리적으로, 회사의 앞으로의 경쟁력을 보여주는 것은 아니다. 생산된 석탄의 대부분은 장기 계약에 따라 운반되었으며, 따라서 이러한 판매는 경쟁력 행사보다는 이미 확정된 가격으로 협상된 계약을 이행하기 위한 의무를 나타낸다. 주어진 시간틀 내에서 경쟁의 중점은 이미 생산된 석탄의 처분이 아니라 새로운 장기 공급계약의 획득에 있다. 이 상황에서 회사의 과거 생산 능력은 제한된 중요성을 갖는다. 왜냐하면 이 회사는 과거의 생산이나 현재 생산가능한 대부분의 석탄, 이 모두를 판매할 입장이 아니기 때문이다. 현재 생산가능한 석탄은 이미 전형적으로 장기 공급계약에 묶여 있다. 타사와 효율적으로 경쟁할 수 있는 회사의 능력을 보여주는 중요한 척도는 회사가 보유한 채굴가능한 석탄의 상태에 달려 있다. 소비자와의 계약에 포함되지 않은, 상대적으로 많은 석탄 공급량을 보유한 회사는 적은 보유량을 가진 회사보다, 비록 후자가 현재는 상당량을 생산하고 있다 하더라도, 공급 계약 협상 경쟁에서 더욱 중요한 영향력을 행사할 것이다. 석탄의 유효성과 가격이 단기의 구입이나 판매보다는 장기 계약에 의해 결정되는 시장에서는 과거생산보다는 보유량이 회사 경쟁력의 가장 중요한 측정기준이 된다.

회사의 합병과 관련된 예가 있다.

간단히 말해서, 산업의 실질적 변화는 이전의 시장력 평가 방식을 진부한 것으로 만들었다. 정부 수치는 단지 한때 왕성하게 움직이는 시장의 단편적인 모습이라 할 수 있다.

경쟁의 동적인 성질은 가장 중요한 핵심이 경쟁의 과정임을 드러낸다. 크고 영향력이 있거나, 작고 소멸되어가는 기업 등의 특정 경쟁사가 중점이 되어서는 안 된다. 중점은 특정한 결과가 되어서는 안 되며, 경쟁적 과정이 되어야 한다.

1.5. 요약

독점금지 정책은, 독점이 생산을 감소시키고 가격을 상승시키기 때문에 독점에 반대한다. 독점은 능력의 부족과 비효율성을 감춰줄 수도 있다. 독점은 고객에 대한 무관심을 낳기도 하며, 근시안과 불경기를 초래하기도 한다. 간단히 말해, 독점금지 정책은 소비자의 이익을 위해 존재한다. 독점과는 반대로 경쟁은 소비자에게 선택권을 준다. 선택권을 가지고 소비자는 더 많은 생산과 저렴한 가격을 취할 수 있다. 소비자는 돈에 상당하는 가치를 얻을 수 있으며, 자신들을 나쁘게 대우하는 기업과 거래할 필요가 없다. 좀더 긴 안목으로 볼 때, 경쟁은 동적인 과정이다. 이 동적 과정은 일반적으로 경제 활동의 근원이 되는 다수의 기업을 창출해낸다. 이러한 경제활동의 중심은 개혁, 경제성장, 또 중요한 정치적·경제적 영향력의 분산을 낳는 동적 과정에 관여한다. 경쟁은 개인을 소비자로서, 그리고 경제적 행위자로서 자유롭게 한다.

이러한 후자의 이득들은 독점금지 정책을 기초하는 데 중요한 실제 자료가 된다. 그러나 그것들은 어떤 의미에서 부수적인 것들이다. 첫 번째로 가장 중요한 것은 독점금지 정책은 독점에 반대한다는 사실이다. 만약 다수의 기업 설립과 소비자의 이익 사이에 대립이 생긴다면 독점금지 정책의 목적은 소비자에게 이익을 주는 것이라는 폭넓은 합의가 이루어질 것이다. 특별한 경우 경쟁의 동적 과정과 기술적 변화가 다수의 기업을 추려낼 수도 있다. 독점금지 정책은 그 경쟁적 과정에 관여하지 않으며, 독점의 심각한 위협이 있을 때만 조치를 필요로 한다. 그러나 널리 인정되는 경쟁의 이점은 일반적으로 경쟁이 다수의 기업을 창출해내고 많은 사람들에게 기회를 제공한다는 사실이며, 이는 사회에 유익하다고 판단된다.

그러나 독점금지 정책의 목적에 수반되는 두 가지 중요한 질문은 『생산이 감소했는가?』와 『경쟁의 동적인 과정이 제한되었는가?』 하는 것이다.

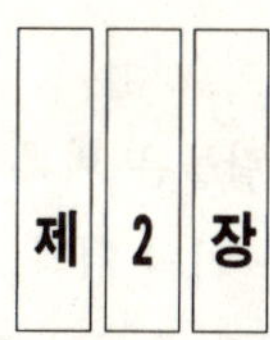

제 2 장

카르텔 협정
— 가격협정, 시장분할, 담합입찰, 기타 —

2.1. 개 요

이 장에서는 카르텔 협정에 관해 논의해보고자 한다. 카르텔의 방지는 독점금지 집행자들의 가장 근본적인 책임이다. 또 카르텔은 거의 항상 자신들의 행위를 감추려 하기 때문에 가장 어려운 일이기도 하다.

경쟁에 대한 최대의 위협은 경쟁사들 간의 카르텔 협정에서 비롯된다. 만일 서로 경쟁해야 하는 기업들이 경쟁하지 않기로 합의한다면, 그들은 소비자들로부터 가격을 올려받을 수 있고, 판매하는 상품의 수량을 줄일 수 있으며, 독점과 마찬가지로 이익을 취할 수 있다.

현대 경제학을 창시한 영국의 작가 애덤 스미스(Adam Smith)는

1776년 《국부론》에서 다음과 같이 주장했다.

『같은 사업에 종사하는 사람들은 비록 오락이나 여흥을 즐기기 위해서라도 함께 모이는 경우가 거의 없다. 하지만 그들의 대화는 대중에 대한 공동모의, 또는 가격을 올리기 위한 계략으로 끝난다.』

이 결론은 지나치게 단순화된 것일 수도 있지만, 한편으로는 카르텔의 폐해가 오랫동안 인식되어왔음을 보여준다.

2.1.1. 「카르텔」의 정의

단어의 의미에 대해 한 가지 중요한 점을 지적하고 넘어가야 한다. 이 책에서 사용된 「카르텔」은 고전 경제 문헌에서 밝힌 것과 같은 의미로 쓰이고 있다. 즉 독점과 같은 역할을 하기 위해, 서로간의 경쟁을 제한하기로 합의한 일련의 경쟁사들의 그룹이 바로 카르텔이다.[3]

좀더 넓은 의미로 「카르텔」을 경쟁자들 또는 기업들 간의 모든 합의를 뜻하는 것으로 간주하는 문헌들도 이따금 있다. 특히 독일의 문헌은 카르텔을 「합의」의 의미로 사용하기도 한다. 이는 유익한 카르텔(good cartel), 심지어 수직적 카르텔(vertical cartel)에 대한 혼란을 낳을 수 있다.

이 책에서 「합의」는 광범위한 항목을 포함하기 위해 사용되었으며, 합의에 대한 어떠한 가치평가도 내포되어 있지 않다. 합의는 좋거나 나쁠 수도 있고, 둘 다일 수도 있다. 이와 반대로 카르텔은 항상 유해한 것이다. 「카르텔」은 「독점과 유사하게 행동하기로 합의한 경쟁자들」이라는 오직 한 가지만을 의미한다.

---

3) 이 책에서 저자의 카르텔에 대한 정의는 수평적 카르텔만을 의미하는 것 같다. 우리 나라 공정거래법의 공동행위(법 제19조)는 독일 문헌과 마찬가지로 「합의」에 가깝다.

2.1.2. 카르텔의 존재 이유

이 점은 매우 명백하지만 언급할 만한 가치가 있다. 경쟁사들이 카르텔을 형성함으로써 경쟁을 제한할 수 있고, 결국 독점 이익을 얻을 수 있기 때문에 카르텔은 존재한다. 또한 적게 생산하고 더 높은 가격에 판매할 수 있으며, 경쟁사들에게 매출을 빼앗길 염려가 줄어들게 된다.

2.1.3. 카르텔의 예

카르텔에는 여러 가지 유형이 있다. 이러한 유형들 모두 「독점은 생산을 줄이고 가격을 올릴 수 있다」는 가능한 두 가지 주제 가운데 하나를 변형시켜놓은 것이다.

경제학 문헌에서 지적한 것처럼, 독점가는 둘 중 하나의 변수만 정하면 된다는 사실을 기억하라. 독점가는 독점가격을 책정하고 그 가격에 팔리는 수량만큼만 판매할 수 있고, 아니면 독점량을 정하고 가격이 독점수치까지 오르도록 할 수도 있다. 물론 두 가지를 다 책정할 수도 있지만, 그것은 소비자의 욕구, 다시 말해 소비자가 기꺼이 값을 지불할 것이냐에 따라 좌우된다. 두 가지의 기본적인 변형 외에도 이러한 목적이 성취될 수 있는 방법은 거의 무한하다고 할 수 있다. 시장의 구체적 사실에 따라 가능한 카르텔의 운영방식이 결정된다.

독점금지 당국들에 의해 드러난 카르텔 협정의 유형은 다음과 같다.

① 생산량에 대한 합의 ② 가격에 대한 합의 ③ 가격산정의 표준방식에 대한 합의 ④ 경쟁관계에 있는 유사품의 가격에 대한 고정된 비율유지에 관한 합의 ⑤ 가격할인 폐지나 일률적 할인에 관한 합의 ⑥ 고객에게 확대될 크레디트 조건에 관한 합의 ⑦ 다른 카르텔 회원

에게 통보 없이 가격을 내리지 않겠다는 합의 ⑧ 낮은 가격으로 제공된 「초과」 상품들을 매점하기 위한 합의(가격을 높게 유지하기 위해) ⑨ 모든 카르텔 회원들의 판매를 담당할 하나의 판매 대리점을 지정하기 위한 합의 ⑩ 카르텔 회원들 간의 고객 분할(이는 각 회원들이 고객들에게 가격을 올릴 수 있도록 해준다) ⑪ 카르텔 회원들 간의 시장 분할(이는 각 회원들이 각자의 영역에서 가격을 올릴 수 있도록 해준다).

2.1.4. 불완전한 카르텔

카르텔 합의의 본질적 요소는 경쟁의 주된 부문인 가격이나 생산을 제한하려는 합의라고 할 수 있다. 카르텔은 그들 사이에서 경쟁의 모든 부문을 배제할 수는 없다. 예를 들어, 그들이 가격에 합의한다면, 그들은 여전히 서비스나 품질, 혹은 다른 어떤 부문에서 경쟁할 수도 있다. 따라서 카르텔 회원들이 궁지에 몰렸을 경우 『이 상업은 매우 경쟁적입니다!』라고 불평하는 것이 일반적인 현상이다. 어떤 면에서 그들의 말은 사실이다. 산업은 경쟁하고 있다. 그러나 큰 것이 아닌 작은 것에서 경쟁하고 있다. 이러한 불완전한 카르텔은 여전히 매우 유해하다. 소비자들은 저렴한 가격을 빼앗기게 된다. 만약 고객이—예를 들어—더 높은 가격에 많은 서비스를 원한다면, 어떤 기업이 이를 제공할 것이고 고객은 이를 구입할 것이다.

카르텔 회원들이 『하지만 우리는 과도한 이익을 얻고 있지 않습니다!』라고 말할 수도 있다. 이 또한 사실일 수도 있다. 그들의 독점이익의 대부분 혹은 전부는 이러한 제한된 형태의 경쟁 내에서 「경쟁으로 소실될」 수도 있다. 이러한 카르텔은 여전히 유해하다. 카르텔의 폐해는 독점이윤이 아니라 높은 가격과 낮은 생산이다.

이러한 독점이익의 「경쟁적 소실」은 높은 이윤을 얻기 위해 카르텔을 찾아내려고 하거나 혐의 기업의 이윤을 근거로 카르텔의 존재를 밝히려는 시도가 시간 낭비인 이유 가운데 하나다.

카르텔이 다른 면에서 불완전할 수도 있다. 회원들이 합의된 가격보다 낮게 판매(혹은 합의된 영역 밖에서 판매하는 등의 행위)함으로써 「속임수」를 쓸 수도 있다. 이것은 정상이다. 그렇지만 이러한 행위는 카르텔의 폐해를 줄일 수도 있지만 완전히 없애지는 못한다.

간단히 말해, 모든 카르텔은 불완전하다. 불완전한 카르텔은 완전한 카르텔과 마찬가지로 유해하다. 카르텔의 불완전성이 변명이나 방어책이 될 수는 없는 것이다.

2.2. 다양한 법에 따른 카르텔의 처리

대부분의 독점금지법은 카르텔 협정에 대해 매우 엄격하다. 각각의 재판권(jurisdiction)은 다른 경로를 거쳐 이러한 결론에 이르게 되었다. 그러나 그 이유는 매우 유사하다. 카르텔 협정은 분명히 유해하다. 더 적은 양의 상품이 생산되고 가격은 더 높다는 것과 뚜렷한 이윤은 없다는 것이 그 이유이다.

미국에서 카르텔 협정은 당연히 그 자체로 불법이다. 이것은 곧 어떠한 주장도 카르텔 협정을 정당화시킬 수 없으며, 피해에 대한 증거도 필요 없다는 의미다. 이러한 형태의 협정은 항상 가격을 올리고 소비자에게 중요한 이익을 전혀 제공하지 못하기 때문에 당연히 피해가 추정되는 것이다. 법정에서는 이러한 협정에 대한 재판과 협정 후 예상되는 결과의 추론을 거친 후에 이 가정을 적용하였다(다음의 Trenton Potteries 사건 판례와 Burke 대 Ford 사건 판례의 발췌문 참고). 카르텔 협정은 대체로 형사소추된다. 카르텔 협정에 참여한 사업 경영자들은 종종 유죄판결을 받고 수감되기도 한다. 기업들은 최고 1,000만 달러의 벌금에 처해질 수도 있다.

EC에서도 카르텔은 꽤 엄격히 처리된다. ICI-Dyestuffs 사건(뒤의 발췌문 참고) 이후, 카르텔 협정이 조약 85조에 위배된다는 원칙이 분명해졌기 때문에 매우 높은 벌금이 부과될 수도 있다. 예를 들면, Iatalian Flat Glass Ⅱ 사건의 카르텔에 1,300만 ECU 이상의 벌금이 부과되기도 했다. 이와 마찬가지로, 영국법에서도 협정은 반드시 등록되어야 하며, 경험을 통해 카르텔 합의가 거부되리라는 것은 명백한 사실이다.

2.2.1. 판례법 사례

다음의 카르텔 협정 판결에 대한 발췌문들이 카르텔이 엄격히 다루어지고 있는 이유를 설명해줄 것이다.

2.2.1.1. 가격협정 사례—미국

첫 번째 사례인 Trenton Potteries 사건은 미국에서 있었던 가격 협정 사건이다. 이 사건은 미국 독점금지법에서 가격 협정 자체를 금지시키는 전기가 되었다.

U.S. 대 Trenton Potteries Co.
(273 U.S. 392 미국 최고재판소, 1927)

피고 20명의 개인과 23개 기업은 셔먼법 위반으로 뉴욕 남부지방법원에서 유죄판결을 받았다. 피고는 위생도기류 판매를 위해 가격을 고정하고 유지하여, 주(州) 간의 거래를 제한한 혐의로 기소되었다. 피고들은 「위생도기연합」으로 알려진 단체의 회원들로서, 욕실과 실험실에서 사용되는 유리도기 제품의 82%에 해당하는 생산과 분배에 관여하고 있었다. 피고가 가격을 고정하기 위해 연합했다는 충분한 증거가 제시되었음은 논쟁의 여지가 없다. 여기서 제기된 문제들은 재판과정 중에 있었던 지방법원의 특정한 판결에만 연관된다. 사실상 법정은 사건을 배심원들에게 제시하는 과정에서 다음과 같은 훈시를 내렸다. 배심원이 고소된 합의나 협정을 찾아내게 된다면, 배심원은 고정된 가격의 합리성이나 피고의 순수한 의도, 가격의 상승이나 하락에 관계 없이 유죄판결을 내릴 수 있다는 것이었다. 사실심 법정은, 협정이 부당하게 주 간의 거래를 억제하지 않는 한 가격고정에 대한 합의 그 자체만으로는 법에 위반되지 않는다는 사실을 배심원에게 인식시켜달라는 요구를 거절했다. 판사는 고소장에 제시된 협정이 증명될 경우 그것은 법규 위반임을 배심원에게 명백히 훈시하였다.

「법은, 산업의 실질적 부분을 조절하는 기업 가운데 일부가 그들의 상품가격에 대해 합의한다면, 그러한 사실 자체만으로도 거래와 통상의 부당하고 불합리한 제약」임을 분명히 명시하고 있다.

모든 가격협정의 목적과 결과는, 만약 그것이 효과적이라면, 경쟁의 한 형태를 제거하는 것이다. 가격을 고정시킬 수 있는 영향력은 그것이 합리적으로 행사되었든 아니든 간에, 시장을 조정하고, 인위적이고 불합리한 가격을 고정할 힘을 필요로 한다. 오늘 고정된 합당한 가격이 경제적·상업적 변화를 거쳐 내일의 부당한 가격이 될 수도 있다. 이러한 잠재적인 영향력을 낳는 협정은 그 가격의 합리성 여부를 물을 필요도 없이, 그 자체만으로 부당하거나 비합법적인 제약이라 할 수 있다. 또한 「셔먼법」을 적용하는 정부에 매일 매일 경제조건의 단순한 변화에 따라 부당성을 따지는 부담을 지울 필요도 없는 것이다. 더욱이 「비합리성」이 필요하다는 명문의 입법규정이 없는 상황에서, 우리는 가격의 합리성이라는 실로 부정확한 기준에 따라 상업행위의 합법성과 비합법성을 구분하는 법률의 해석을 내리는 데 주저할 수밖에 없다고 본다. 합법성의 판단은 우리의 경제조직과 경쟁원리 가운데 선택에 대한 철저한 조사를 거친 후에야 만족스러운 대답을 얻을 수 있다.

전체적으로 보았을 때, 사실심 법정의 훈시는 배심원들에게 가격협정이 피고들에 의해 실시되었는가의 질문을 명백히 제시한 것이었다. 협정된 가격의 적합성 여부는 기소된 상황 하에서 중요한 문제가 아니었다.

2.2.1.2. 가격협정 사례—EC

다음에 언급할 ICI-Dyestuffs 사건은 EC 독점금지법 하에서 가격협정에 대해 엄격히 다루고 있는 이유를 명백히 해준다.

Imperial Chemical Industries Ltd. 대
Commission(ICI-Dyestuffs)
(**EC** 사법재판소, **Case No.** 48/69, 1972.7.14)

물감을 사용하고 있는 여러 산업체 연합이 제공한 정보에 근거하여, 위원회는 1964년부터 몇몇 EC 국가에서 시작된 염료의 가격상승이 이와 관련된 업체들 간의 공동협정에 의한 것인지의 여부를 조사하였다.

가격경쟁의 목적은, 가격을 가능한 최저선에 유지시키면서 기업체 간의 생산성과 융통성에 근거한 최적의 활동을 보장하기 위한 회원국 간의 교역 증진에 있다. 생산자가 원하는 대로 가격을 변동하고, 그 과정에서 경쟁사들의 현재 혹은 예상되는 행동을 고려하는 것은 사실이다. 그렇지만, 어떤 방식으로든 생산자가 조정된 수준으로의 가격상승을 위해, 또 가격상승의 본질적 요소인 비율, 대상상품, 시기, 장소 등을 고려한 공동행위의 불확실성을 배제함으로써, 이러한 가격상승의 성공을 보장하기 위해 다른 경쟁자들과 협동하는 것은 조약의 경쟁규칙에 상반된다. 이러한 상

황과 염료시장의 특수성 등을 고려해볼 때 다른 기업체들과 공동으로 벌인 ICI의 행위는 경쟁의 위험과 동시에 참가하지 않은 경쟁자들의 반응에 대한 불확실성을 제거하고, 이 경쟁자들을 하나의 조합으로 대처하기 위한 것이었다. 따라서 이러한 행위는 로마조약 제85조 제1항에 의해 금지된 공동행위의 요건을 갖추고 있다

2.2.1.3. 시장분할 사례

미국에서 발생한 Burke 대 Ford 사건은 시장분할의 폐해를 분명히 보여주는 사례다.

Burke 대 Ford

(389 U.S. 320 미최고재판소, 1967)

원고 오클라호마 주류 소매상들은 모든 오클라호마 주류도매상들에 의해 주 전체에서 행해진다고 주장하는 시장분할을 금지시키기 위해 이 사건을 셔먼법 제1조 위반으로 기소했다. 실제로 판사는 구역과 상표에 의한 시장분할이 있었음을 발견했다.

구역의 수평분할은 대부분 반드시 참가자들 간의 경쟁을 감소시킨다. 경쟁이 감소되면 가격이 오르고 단위 판매량은 줄어든다. 도매상들의 구역분할은 도매상들 간에 자유경쟁이 있었을 때보다 소매상들에게 더 적은 판매, 따라서 주류업자들로부터의 더 적은 구입을 초래했다. 더욱이 도매상들의 상표분할은 주류업자들이 이용할 수 있는 도매업소를 감소시켰다.

2.3. 카르텔 협정에 대한 항변

때때로 카르텔 협정에 참여한 기업들은 그들의 행위를 적절하고 유익한 것이라고 항변하려고 한다. 물론 이같은 정당화는 현행 폴란드 독점금지법 제6조[4] 하에서는 가능하다. 이러한 논쟁의 대부분은 수많은 산업체에서 수없이 행해졌으며, 또한 거부되었다. 거부의 이유는 앞서 카르텔이 해로운 이유와 법정사례들을 통해 설명되었다. 가장 일반적인 카르텔 협정에 대한 항변들을 아래에 제시해놓았다.

2.3.1. 격렬한 경쟁 / 파괴적인 경쟁

『이 산업은 경쟁하면 잘 기능할 수 없다. 우리는 서로를 파괴하고 한 기업이 남을 때까지 「살인적인 경쟁」을 하게 될 것이다. 남는 기업이 독점할 것이다.』

카르텔 옹호론자들의 가장 일반적인 주장이다. 이것은 명백히 경쟁의 원리와 독점금지법에 상반되는 주장이다. 아주 극소수의 경우—자연적 독점산업의 경우—에 경쟁이 결국 단 하나의 기업만을 존재시킨다는 것은 사실이다. 대부분의 경제분야에서는 장기간 이윤을 얻을 수 있는 한두 개에서 몇백 개까지의 기업이 존재할 수 있다. 왜냐하면 능률적일 정도로 거대한 기업이라 해도 전체 시장보다는 여전히 작기 때문이다. 따라서 똑같이 능률적인 다수의 기업이 존재할 수 있다(이 사실에 대한 좀더 기술적인 설명은 제1장에서 언급한 경제 자료들을 참고하라).

---

4) 폴란드 독점금지법 제6조는 『독점적 관장은 경제적 행위로서 필요하고, 경쟁에 심각한 장애를 초래하지 않는 경우를 제외하고는 금지된다. 그러한 상황을 입증할 책임은 주장하는 자에게 있다』고 규정되어 있다.

그러나 만약 이것이 사실이라면 왜 이런 논쟁이 이처럼 자주 거론되는가? 아마도 이러한 주장이 특히 변화가 극심한 경쟁의 시기에는 경쟁사들에게 사실인 것처럼 보이기 때문일 것이다. 만약 시장의 규모가 줄어들거나, 새로운 경쟁자가 개입하거나, 어떤 경쟁사의 능률이 높아지거나, 혹은 새로운 기술이 도입된다면 시장은 역동적인 시간, 다시 말해 변화의 시기를 맞게 된다. 모든 기업은 압력을 느낄 것이다. 경쟁은 효율성이 높아질 수 있는 기업을 그렇지 않은 기업으로부터 걸러낼 것이다. 아마도 얼마 동안은 모든 기업이 손실을 드러낼 것이다. 그리고 나서 가장 비효율적인 기업들은 변화하거나 그 산업을 떠날 것이다. 궁극적으로 변화의 과정이 끝나면 효율적이고 수익이 높은 몇 개의 경쟁적 기업이 남게 될 것이다. 그러나 변화가 진행되는 동안 그러한 과정은 끝없는 것으로 보여질 수도 있다. 가장 비효율적인 기업들에게 특히 그럴 것이다. 이런 기업들에게는 경쟁이 치열하거나 파괴적일 수밖에 없다. 그렇지만 소비자들에게, 또 경제 전체의 관점에서, 그것은 단지 일반적인 동적 경쟁 과정일 뿐이다. 독점금지 당국자는 이러한 주장에 직면했을 때 그 산업이 자연적인 독점산업인지를 결정해야 한다. 그렇지 않을 경우 이 주장은 아무런 가치도 없다.

2.3.2. 서비스와 품질경쟁

『우리는 서비스와 품질 면에서 경쟁한다. 만약 우리가 단일의 높은 가격에 합의하고 더 나은 서비스와 품질을 위해 경쟁한다면 소비자에게는 더 유익하다.』

만약 가격을 올리는 데 성공하는 카르텔이 있다면, 기업들은 더 좋은 서비스와 품질을 제공함으로써 경쟁할 것이다. 그러나 소비자들이 진정 원하는 것은 이것이 아니다. 만약 그렇다면 더 나은 품질이나 서비스는 가격 상승에 대한 협정 없이 제공될 것이다. 어떤 기업들은 높은 가격에 좋은 품질이나 서비스를 제공할 것이고 고객은 자유롭게 선택할 수 있다. 카르텔은 이 선택권을 고객으로부터 빼앗아간다. 어떤 소비자는 더 나은 품질을 원하고, 다른 소비자는 낮은 품질을 원할 수도 있다. 경쟁적 시장은 이들에게 선택권을 줄 것이다. 그러나 카르텔은 그렇지 못하다.

더 나아가서, 가격을 올리는 데 성공한 대부분의 카르텔은 그들의 독점이익이 서비스나 품질 경쟁으로 인해 손상된다는 사실을 알게 될 것이다. 따라서 그들은 그러한 비용을 통제하려 할 것이다. 이러한 노력은 항상 비효율적이고 종종 실패하거나 심지어 바보스럽기까지 하다. 이와 같은 노력이 카르텔의 문제점을 드러낼 수도 있다.

이러한 원리가 가장 잘 적용된 사례 가운데 하나는 대서양항공사들의 유명한 「샌드위치 전쟁」이었다. 대서양항공 시장이 오늘날보다 심하게 카르텔화되었을 때 항공사들은 합법화된 카르텔로서 항공요금을 합의했다. 당연히 그들은 독점 가격을 책정했다. 그러나 정부가 관세를 통해 가격을 강요했기 때문에 가격할인으로 카르텔을 감추는 것이 매우 어려웠다. 그리고 경쟁적 욕구는 그 어느 때보다 강했다. 그래서 항공사들은 특히 식사를 포함해서 점점 더 후한 서비스를 제공함으로써 고객 경쟁을 시작했다. 모든 가격이 동일했기 때문에, 고객은 당연히 더 나은 서비스를 제공하는 항공사를 선택해서 얻을 수 있는 모든 것을 누렸다. 얼마 후에 항공사들은 예상되는 독점이익이 후한 스테이크 요리 같은 식사비용으로 쓰이고 있음을 알게 되었다. 그래서 그들은 제공할 수 있는 식사의 종류에 대한 새로운 카르텔 협정을 체결했다. 협정의 일부는 특정 비행과 특정 등급의 서비스에서는 샌드위치만을 제공한다는 것이었다. 항공사들은 이러한 조치를 통해 비용을 줄이고 더 많은 독점 이익을 얻길 바랬다. 그러나 경쟁적 욕구는 여전히 강했다(경제학적 용어로, 가격은 여전히 한계원가보다 높았기 때문에 더 많은 고객을 끌기 위해 무언가를 소비하려는 동기가 있었다). 어느새 항공사들은 다시 고객들에게 완벽한 스테이크 요리를 제공하고 있었다. — 그러나 「샌드위치 규칙」을 지켜야 했기 때문에 스테이크는 빵 사이에 끼워졌다.

그후 항공산업의 발전이 보여주었듯이, 별도의 서비스를 위해 더 높은 가격을 지불하려는 고객들이 실제로 존재했다. 그러나 수백만 명의 고객은 단지 저렴한 비행만을 원한다. 이 두 번째 그룹은 카르텔로서는 승산이 없었다.

이같은 「서비스·품질」 논쟁에 직면한 독점금지 당국자는 카르텔이 없는 시장의 고객들은 원하는 가격과 품질에 대해 자유롭게 선택할 수 있다는 사실을 인식하기만 하면 된다. 이러한 시장에서 초래되는 결과는 많은 소비자들이 지불할 충분한 양의 상품을 원한다는 것이다.

2.3.3. 불안전한 경쟁

『만약 우리가 가격 면에서 경쟁한다면, 우리는 제공하는 제품이나 서비스의 안전성은 품질을 떨어뜨리게 될 것이고, 그 결과 소비자들이 피해를 입을 것이다.』

일부 시장에서는 제품의 품질을 결정하는 데 실제로 문제가 있을 수도 있지만 카르텔이 그 답은 아니다. 대부분의 시장에서, 품질에 대한 판단은 소비자에게 돌리는 것이 최선이다. 소비자들은 자신이 좋은 사과를 사는지 좋은 이발을 받는지 판단할 수 있다. 만약 그들이 이따금 실수를 한다 해도 그 비용은 비싸지 않으며, 곧 그 과일상점이나 이발사에게 다시 가지 말아야겠다는 사실을 깨닫게 된다.

그러나 소비자가 자신이 구입하는 상품의 품질을 판단할 수 없는 경우가 있다. 가장 일반적인 예는 의약품이다. 소비자에게는 의약품의 품질을 판단할 능력이 없다. 이같은 시장에서는 정부의 일정한 품질규제가 필요하다. 때때로 비정부기관이 정보제공을 위해 발달되기도 한다.

그러나 유익하지 않은 것은 바로 카르텔이다. 카르텔측은 만약 독점이익을 얻게 되면 기업들이 독점이익의 일부를 안전에 투자할 것이라고 주장한다. 항공산업을 예로 들어 이 주장을 합리화시키기도 한다. 더 정확히 말하면, 만약 일부 기업이 심각한 경쟁압력을 느끼게 되면 안전문제에 덜 투자할 것이고, 소비자들이 그 사실을 깨달은 때는 이미 너무 늦은 후라는 주장이다.

일부 산업에 안전성의 문제가 있는 것은 사실이나, 카르텔이 해결책이라는 말은 사실이 아니다. 심지어 카르텔 내에서도 일부 기업은 다른 기업들보다 더 능률적이며 수익이 높다. 그 가운데 가장 비효율적인 기업들은 비용을 줄이고 다른 기업들처럼 수익을 올리려는 압력을 느낄 것이다. 가장 수익이 높은 기업들조차도 수익을 늘리기 위해 비용을 낮게 유지하려는 욕구가 있다. 기업이 안전을 감소시킴으로써 이러한 욕구에 대응하는 것을 막기 위해 규제가 필요할지 모른다. 그러나 카르텔이 안전을 보장하지는 못한다. 이러한 욕구는 카르텔 내에서도 여전히 존재하기 때문이다.

2.3.4. 혼란스러운 경쟁

『경쟁은 너무 혼란스럽다. 만일 모든 가격이 동일하다면(혹은 모든 상품이 하나의 판매자에게 귀속된다면) 소비자들이 이해하기 훨씬 쉬울 것이다.』

경쟁이 복잡한 가격선택권이나 상품을 내놓았을 경우 이와 같이 말하는 사람들이 있다. 그러나 그러한 상황이 고객에게 혼란스럽다면,

기업은 단순화가 수익을 높이는 길임을 알게 된다. 만약 소비자가 원하는 것이 단순화라면 그러한 사실을 인식한 기업들은 번창할 것이고, 다른 기업은 이를 교훈으로 삼을 것이다.

때때로 경쟁이 다수의 기업을 낳을 때 이 같은 주장이 나오기도 한다. 그러나 고객들은 최저가격을 정하기 위해 모든 기업과 접촉해볼 필요는 없다. 고객들은 한두 번 이러한 절차를 거친 후 정기적으로 접촉할 소수의 기업을 선택하고 싶어할지도 모른다.

2.3.5. 불공정한 경쟁

『비밀 할인, 리베이트, 특별거래 등과 같은 불공평하고 비윤리적인 경쟁을 막기 위해 카르텔은 필요하다.』

이따금 카르텔에 의해 이러한 주장이 이용되기도 한다. 그들이 진정으로 말하고 싶은 것은 카르텔 가격에 대한 준수를 쉽게 모니터하길 원한다는 것이다. 할인, 리베이트, 더 좋은 판매조건 등이 보통의 경쟁방법이다. 이러한 사실은 공개정찰가를 가진 과점산업에서 특히 두드러진다. 할인은 이따금씩 시장의 심각한 가격경쟁을 초래하는 선두역할을 하기도 한다. 모든 기업이 동일한 정찰표를 제시함으로써 종종 가격이 획일적인 것처럼 보일 수도 있다. 그러나 사실은 매우 다른 것일 수 있다. 왜냐하면 다양한 할인과 조건들은 실제로 왕성한 경쟁이 있음을 의미하기 때문이다.

어떤 할인은 유해한 가격차별의 존재 여부에 대한 의문을 불러일으키기도 한다. 그러나 산업계에서 할인을 단속하도록 하는 것이 해결책이 될 수는 없다. 「공정한」 거래를 다루는 요건에 대한 업계의 견해는 대체로 카르텔 가격을 어기지 않는 데 있다고 본다.

2.4. 카르텔의 탐지—실무적 조언

카르텔 협정은 경쟁자들 사이의 합의다. 카르텔의 주목적은 기업들 간의 경쟁을 없애는 데 있다. 카르텔이 효과적이기 위해서는, 시장에서 경쟁하는 가장 관계가 깊은 기업들을 포함시켜야만 한다.

2.4.1. 카르텔 협정의 유형
카르텔의 가장 보편적인 유형은 다음과 같다.

판매자 간의 협정

1. 가격 협정 (판매할 상품의 가격에 대한 판매자들 간의 합의)
2. 고객 할당 협정 (판매자 간의 구매자 분할 합의)
3. 구역 분할 협정 (판매자 간의 지리적 분할 합의)
4. 담합 입찰 협정 (입찰자, 혹은 잠재적 입찰자 간의 입찰 과정에서의 경쟁배제에 관한 합의 ; 위의 세 가지 가운데 어느 형태로도 가능)
5. 생산 규제 협정 (판매자 간의 생산량 제한에 관한 합의)

구매자 간의 협정

6. 가격 협정 (구입할 상품에 대한 구매자들 간의 합의)
7. 분할·할당 협정 (고객, 구역 등의 분할에 관한 구매자들 간의 합의)
8. 담합 입찰 협정 (입찰과정에서의 경쟁배제에 관한 구매자들 간의 합의, 앞서 말한 두 가지 가운데 어느 형태로든 가능)

2.4.2. 카르텔의 문제점

카르텔을 찾아내는 방법을 알기 위해서는 카르텔의 운영방식을 이해하는 것이 중요하다. 특히 카르텔이 직면한 문제점들을 이해하는 것이 중요하다. 왜냐하면 그러한 문제점들이 카르텔의 존재를 증명하는 데 핵심적인 단서가 되기 때문이다.

여기서는 판매자 간의 전형적인 가격협정을 예로 들어보겠다. 다른 유형의 카르텔들도 유사한 문제점들을 안고 있다.

카르텔이 성공하기 위해서는 몇 가지 문제점들을 해결해야만 한다. 성공하기 위해서 카르텔은 가격을 경쟁수준 이상으로 높여야 하며, 독점이익을 얻을 수 있는 충분한 기간 동안 그 수준으로 가격을 유지시켜야만 한다. 그러기 위해서는 전부 아니면 가장 관련 깊은 기업들을 참여시켜야 한다. 그리고 가격을 합의해야 한다. 종종 시장의 몫을 할당해야 할 경우도 있다. 약간의 가격할인을 통해 추가 판매를 하여 속이는 회원은 없는지에 대한 문제도 확실히 해야 한다.

만약 형태가 다른 카르텔일지라도 공평한 고객분할의 문제와 다른 기업의 고객에게 판매하는 행위를 금지시켜야 하는 등의 유사한 문제점들을 갖고 있다.

이러한 문제점들은 카르텔이 존재하고 있음을 증명해주기도 한다. 따라서 그러한 문제점들에 대해 살펴보려고 한다.

2.4.2.1. 모두를 카르텔에 참여시키는 문제

만약 카르텔의 회원이 아닌 실질적 경쟁자가 있다면, 카르텔은 오래도록 성공적으로 기능할 수가 없다. 이같은 「아웃사이더」들은 카르텔 회원보다 낮은 가격으로 판매할 수도 있기 때문에 카르텔 회원들에게 가격을 내리도록 압력을 가하기도 한다.

만약 아웃사이더가 일부 카르텔 회원들과 보다 직접적으로 경쟁한다면, 아웃사이더는 그 특정 기업에 가격을 내리도록 더 많은 압력을 가하게 된다. 이러한 행동이 카르텔 내부의 갈등을 초래할 수도 있다. 그러므로 카르텔로서는 모든 실질적 경쟁자들이 카르텔에 참여하길 강력히 원하게 된다. 이러한 시도는 카르텔이 존재한다는 증거자료를 만들어내기도 한다. 우선, 카르텔 내에서 아웃사이더의 카르텔 참여 실패에 관한 문서가 있을 수 있다. 두 번째로, 아웃사이더를 지칭하여 카르텔에 관해 언급하거나 설명하는 서신이나 그 밖의 서류가 있을 수 있다. 세 번째로, 참여를 권유받은 아웃사이더가 이에 대해 고발할 수도 있다.

권유를 받았으나 카르텔에 참여하지 않은 아웃사이더 기업들을 발견하는 일은 종종 매우 유익하다. 반면, 권유를 받고 카르텔에 참여한 기업들과 이야기해보는 것 또한 유용하다. 왜냐하면, 카르텔에 참여하도록 설득하기 위해서는 완벽한 설명이 필요하기 때문이다. 진실을 밝힐 경우 개인적인 징계를 내리지 않겠다는 당국과의 약속을 얻는 일이 무엇보다도 중요하다. 예를 들면, 폴란드 법에서 기업이 이 같은 대화 내용을 밝혔을 경우, 독점금지법 상 이들 기업은 어떠한 책임도 지지 않는다는 점을 분명히 할 필요가 있다. 그러나 기업이 진실을 말하지 않을 경우 제16조 1항에 의해 개별적으로 벌금형에 처해질 수도 있다.

때때로 카르텔은 참여가 가능한 모든 기업의 협조 없이도 운영될 수 있다. 소규모 기업들의 경쟁은 때로 카르텔에 그다지 영향력을 행사하지 못하기도 한다. 만약 이러한 기업들이 쉽게 생산을 늘릴 수 없다면, 카르텔은 그들의 협조를 필요로 하지 않을 수도 있다.

2.4.2.2. 협정에의 도달

카르텔은 기초적인 조건에 합의해야 한다. 예를 들어 가격 협정 카르텔은 가격에 관해 합의해야 한다. 각기 다른 기업이 서로 다른 동기를 갖고 있기 때문에 쉽지 않을 수도 있다. 높은 비용을 들이는 기업은 높은 카르텔 가격을 선호하는 반면, 낮은 비용의 기업은 싼 카르텔 가격을 원할 것이다(그 가격은 여전히 독점이익을 가져다줄 수 있다). 몇몇 기업이 관련됐을 경우 전체 가격의 계획표가 합의되어야 할지도 모른다. 만약 한 기업의 상품이 다른 기업과 동일하지 않을 경우에는 가격의 비율을 합의해야 한다. 배달과 같은 추가사항을 포함할지의 여부도 결정할 필요가 있다. 필요한 협정이 복잡할수록 더 많은 회담이나 전화통화가 필요하다. 마찬가지로 협정이 복잡할수록 협정의 조건을 논의하는 서류들이 많아지게 된다.

이와 유사한 경우로, 고객이나 지역, 입찰 등을 할당하는 카르텔은 그것들을 분할하는 데 합의해야 한다. 누가 가장 유리한 지역을 차지하느냐, 혹은 가장 큰 입찰을 얻어내느냐 등을 결정하기 위한 협상이 필요한 것이다. 이러한 논의 또한 증거를 남길 수 있다.

합의에 도달하는 이러한 과정들을 통해 증거가 생성될 수 있다. 여행이나 유사한 기록들이 회담이 있었음을 보여주기도 한다. 특히 복잡한 합의일 경우 문서로 된 기록이 남을 수 있다. 참가자들에게 협정 조건에 관한 갈등이나 합의 내용을 물어보는 것 또한 매우 유익하다. 이러한 것들은 기억하기 쉽기 때문이다.

2.4.2.3. 카르텔의 단속

카르텔은 본래 불안정하다. 일반적으로 각각의 회원들은 카르텔의 허용치보다 더 많이 생산하고 판매할 능력을 갖고 있다. 카르텔이 가격을 올림으로써 운영되기 때문이다. 일단 가격이 오르고 나면, 더 적은 양의 상품이 판매될 것이다. 카르텔 회원 가운데 누구라도 좀더 생산하고 협정가격보다 조금 싸게 판매함으로써 이익을 크게 증대시킬 수 있다. 그러나 모든 기업이 이같이 행동한다면, 카르텔은 붕괴될 것이다.

그러므로 회원 가운데 가격을 내림으로써「속이는」일이 없도록 하는 것은 카르텔의 집단적 이익과 연관되어 있다. 카르텔 회원은 그밖에도 여러 가지 다른 방법을 통해 카르텔을 속일 수 있다. 비밀 할인, 품질 향상, 배달비용 부담 등이 그것이다. 카르텔에서 이같은 속임수는 전형적인 것이다, 그러한 속임수를「단속」하기 위해 조처를 취하는 일, 다시 말해 미연에 방지하거나, 발견하고 징계하는 일 또한 일반적인 것이다. 카르텔 협정에 대한 유력한 증거는 이러한 단속 행위에서 발견되기도 한다. 예를 들면, 카르텔 회원들 간의 의심스러운 속임수에 대해 논한 기업 가운데 하나를 선택해 그 기업의 해당 지역에서 가격을 내려보거나, 그 기업을 협박할 수도 있다.

2.4.3. 카르텔이 발생하기 쉬운 시장들

앞서 열거한 카르텔의 문제점들을 생각해보면, 카르텔이 존재하기 쉬운 시장의 성격을 파악할 수 있다. 앞서의 문제점들이 가장 적게 발생할 수 있는 시장이 카르텔이 쉽게 형성되고 성공적으로 운영될 수 있는 시장인 것이다. 미국 FBI의 노련한 수사관인 데이빗 러싱(David Rushing)이 젊은 수사관들에게 말한 것처럼『사냥은 오리가 있는 곳으로 가야 한다.』

다음 사항들이 적용되는 시장은 카르텔이 형성되기 쉽다.
1. 기업이 거의 없거나, 약간의 대기업만이 존재한다(다수보다 소수의 인원이 합의하는 것이 쉽다).
2. 기업들의 성격이 유사하다(비용, 과정, 목표, 정적인 통합의 정도, 생산품의 수 등의 면에서 유사한 성격의 기업이 더 쉽게 합

의할 수 있다).

3. 생산해내는 기업과 상관없이 상품(「동질」의 상품)이 매우 유사하다(이러한 시장에서의 가격협정은 복잡하지 않고 간단할 수 있다).

4. 흡사한 대체품이 존재하지 않는다(만약 대체품이 있다면, 가격상승으로 인해 소비자들은 대체품을 수입하게 될 것이다).

5. 가격이 상승해도 고객이 구입량을 크게 감소시킬 수 없다(경제학적 용어로 말하자면, 수요가 경쟁적 가격에 대해 탄력성이 없다. 이것은 카르텔 회원들의 가격인상을 용이하게 한다).

6. 거래에 대한 정보를 쉽게 구할 수 있다. 다시 말해, 「누가」「얼마나」 많은 상품을 「누구에게」, 「얼마에」 팔았는지를 쉽게 알 수 있다(이러한 정보를 얻기 쉬울수록, 카르텔을 단속하기가 쉽다).

7. 입찰 과정과 관련이 있다(입찰이 있는 시장은 종종 담합입찰 카르텔을 가진다. 아마도 입찰 과정이 위의 1, 2, 6번의 상황과 관계되기 때문일 것이다).

2.4.4. 직접 증거와 간접(상황) 증거

카르텔의 존재는 직접 증거, 간접(상황) 증거 또는 두 가지의 결합을 통해 증명될 수 있다.

2.4.4.1. 직접 증거

직접 증거의 예로는, 기업 간의 서면 합의 복사본, 회의에 참석해 경쟁자들과의 합의에 도달한 사람의 진술, 합의 장소에 대한 메모, 경쟁자들과의 전화내용 메모, 또는 카르텔의 참여를 종용받은 사람의 진술 등이 있다. 가장 명백한 최선의 증거는 대체로 직접 증거다.

2.4.4.2. 간접(상황) 증거

간접 증거는 직접 증거를 뒷받침하는 데 유용하다. 간접 증거 자체만으로도 카르텔의 존재를 증명할 수도 있지만, 간접 증거를 해석하는 데는 주의가 필요하다. 미국의 철학자 헨리 서로우(Henry David Thoreau)는 『우유에서 송어를 발견했을 때처럼 상황 증거는 설득력을 가진다』고 말했다. 그가 뜻한 것은 누군가 송어를 우유에 넣었다는 것 외에는 다른 설명이 불가능함을 의미한다. 상황 증거는 사실에 대해 오직 한 가지의 설명만이 가능할 때 가장 유용하다.

카르텔을 조사하는 데 이 원리를 적용할 수도 있다. 카르텔이 존재할 경우에만 이해할 수 있는 행위를 찾아내는 것이다. 예를 들어, 시장의 모든 경쟁사들이 같은 날 똑같이 가격인상을 선포한다면, 의심해볼 만한 행동이다. 이 같은 사실은 분명히 모든 기업이 가격인상을 합의했음을 의심하도록 한다. 더 깊은 조사를 통해서는 동시에 모두에게 영향을 끼치는 비용의 갑작스런 인상, 상품수요의 급작스런 변화, 혹은 대체상품 가격의 갑작스런 변화 등과 같이 달리 설명할 수 없는 상황을 발견해낼 수 있다. 다른 설명이 불가능해진다면, 남은 것이 진실이 될 수밖에 없다. 만일 그밖의 논리적 설명이 모두 배제된다면, 갑작스럽고 동일한 가격상승에 관한 유일한 논리적 설명은 경쟁사들이 가격인상을 논의하고 합의했다는 것이다. 이것은 카르텔 협정의 상황적 혹은 간접 증거가 될 수 있다.

비슷한 경우로, 공개입찰을 위한 일련의 기획들이 있고 두 경쟁사가 항상 번갈아 입찰에 성공한다면, 담합입찰 외에 다른 논리적 설명을 찾아내기는 어렵다.

카르텔 협정의 상황 증거를 찾을 수 있는 분야는 앞서 설명한 「단속」이다. 단속 행위는 산업에 따라 여러 가지 형태를 띨 수는 있지만, 대부분의 경우 카르텔이 존재해야만 설득력을 갖게 된다.

　카르텔 협정의 상황 증거를 평가하는 데 사용된 논리의 좋은 예로 EC의 ICI-Dyestuffs 사건을 들 수 있다.

Imperial Chemical Industries Ltd. 대
Commission(ICI-Dyestuffs)

　염료를 사용하는 여러 산업의 교역협회가 제공한 자료에 근거하여, 위원회는 1964년 이후 일부 회원국에서 발생한 염료가격 인상이 관련 기업들 간의 공동합의에 의한 것인지의 여부에 대해 조사했다.

　위원회의 결정은 1964, 65년, 67년의 가격 인상에 공통된 성격이 있다는 증거의 첫 번째 이유는 다음과 같은 사실에 입각한다고 보았다.

　각 나라에서 다른 생산자들에 의한 개별적 가격인상 비율이 똑같았다는 사실과, 소수의 예외가 있긴 하지만 가격인상이 같은 염료에 적용되었고, 거의 혹은 정확히 같은 날 시행되었다는 사실이 바로 그것이다. 위원회는 이 같은 인상이 단순히 시장의 과점 구조로는 설명될 수 없으며, 사전 합의라는 준비 없이 유럽공동시장에 상품을 공급하는 주요생산자들이, 여러 차례에 걸쳐 상호교환성이 거의 혹은 전혀 없는 특별한 상품들을 포함한 주요 상품의 가격을 같은 폭으로 인상하고, 또한 염료 시장의 상황이 다른 몇몇 국가에서도 동일한 상황이 발생하는 것은 힘들다고 결론지었다.

　[회합과 의견교환에 관한 증거들이 있었다]

　합의 없이 기업들이 행동할 수는 없었다는 사실은 다른 시장의 요소들을 살펴봄으로써 확증된다. 관련된 생산자들의 수(10)의 관점에서 본다면, 유럽 염료 시장은 엄격한 의미로 과점이라 할 수 없다. 이러한 생산자들은 힘이 있으면서, 실질적 위험을 일으키기에 충분하기 때문에 그들 가운데 일부는 가격인상이 있을 경우 일반적 경향을 따르지 않고 스스로 시장에서 자신들의 몫을 확보하려 할 것이다. 더 나아가서, 각기 다른 가격 수준과 구조로 유럽공동시장을 5개의 국가 시장으로 나누었기 때문에 모든 시장에서 동시에 같은 폭의 가격인상이 일어나기는 어렵다. 시기와 국가시장, 관련 상품의 범위 때문에 이같은 동일한 행위가 사전준비 없이 일어날 것이라고 생각하기 어렵다.

카르텔 협정의 존재를 증명하기 위해 간접 증거를 이용하는 또 다른 좋은 예로는 「폴란드 설탕 카르텔」 사건이 있다. 독점금지 법원(Antimonopoly Court)이 지적한 것처럼, 『이 사건의 실제 상황에서 설탕 제조업체가 독점 가격 협정에 합의했다는 증거는 없다.』 그러나 독점금지 법원은 간접 증거에 의존했다. 대체로 쇠퇴하고 있던 약 30개의 설탕 제조업체들은 다양한 가격을 갖고 있었다. 그러나 1991년 5월 20일 이후 모든 업체가 일제히 같은 가격을 쓰기 시작했다. 가격 논의가 있었다고 밝혀진 설탕 제조업체 경영자들의 회담 후 곧바로 일어난 일이었다. 독점금지 당국에서는 이러한 사실만으로도 간접 증거는 충분하다고 판단했다. 독점금지 법원은 이러한 논의를 받아들였다.

Janikowo State Sugar Enterprise 대
Antimonopoly Office(1993)

귀납적 추리 원칙에 근거하여 문제시되는 협정의 존재 여부를 확정지을 때, 그 결론이 절대적 정확성을 가질 수는 없다. 그렇지만 경쟁관계에 있는 다수의 설탕 제조업체들이 동시에 동일한 가격을 책정했다는 놀라운 집합성은, 모든 중요한 상황을 검토한 결과, 업계의 사전 가격협정 없이는 합리적으로 설명될 수 없다.

2.4.4.3. 동일가격이 갖는 모호함

독점금지 조사자들은 종종 유사하거나 동일한 가격을 발견하곤 한다. 그들은 또 판매 조건과 같은 유사하거나 동일한 그밖의 경쟁적 관행에 관련된 증거를 찾을 수도 있다. 이러한 증거는 유익할 수도 있지만 항상 모호하다. 효과적으로 운영되고 있는 카르텔은 동일한 가격을 갖는 경우가 많다. 효과적으로 기능하는 시장 또한 마찬가지다. 그렇지만 동일한 가격만으로 위의 두 가지 가운데 어느 경우라고 확실히 단정지을 수는 없다. 그것은 카르텔의 상황 증거가 될 수 없다.

가격이 형성되고 변화된 방법을 조사하는 것은 흥미로운 일이며 잠재적으로 유익한 문제점들을 발견할 수 있다. 이러한 경우 카르텔의 존재 여부에 관한 상황 증거를 찾아낼 수도 있다. 예를 들어, 가격이 끊임없는 변화를 거쳐왔고 기업 간에도 약간의 차이를 보이다가 갑자기 안정되고 모두 같아진다고 가정해보자. 그럴 경우 사건의 발생 시기에 조사의 초점이 모아져야 한다. 비슷한 경우로, 만일 가격이 오랜 기간 안정되었다가 갑자기 인하되면서 단기간 동안 기업 간에 차이가 발생했다고 가정해보자. 그렇다면 그 기업들은 카르텔일 수도 있으며, 기업 간에 차이가 있었던 단기간은 속임수가 일어났거가 일정 기간 카르텔이 붕괴되었던 것일 수도 있다. 따라서 그 기간을 조사해보는 것이 도움이 될 것이다. 첫 번째 기업들이 가격을 인하했을 때 단속의 시도가 있었는가? 가격이 어떻게 다시 안정되었는가? 이 질문들에 대한 해답이 카르텔의 존재 여부를 증명할 수도 있는 것이다.

2.5. 집행수단의 예

여기 카르텔을 기소할 경우 이용하는 두 가지 수단에 대한 예가 있다. 첫 번째는, 특정 기업이나 개인이 카르텔에 참여했음을 고발하는, 법원에 제출하는 서류이다. 두 번째는 카르텔 사건에서 배심원을 겨냥한 최후 논고다(절차상의, 혹은 미국법에 따른 특수한 서류들은 제외되었다). 다음에 제시한 두 가지 사례는 카르텔 조사에 이용되는 서류에 대한 견본이다.

2.5.1. : 사례 A : 가격협정 기소장
U.S. 대 Armand Gravely (1986. 10. 28)

기소장

대배심은 다음 사항을 고발한다.

1. 아먼드 그래블리는 이에 기소되었으며 피고가 된다. 이 기소에 해당되는 기간 동안 그래블리는「Allegheny Pepsi-Cola Bottling Company(이하 A 펩시라 한다)」의 버지니아 주 리치몬드 지점의 지점책임자로 근무하였다.

3. 기소된 범죄에, 여기에 피고로 명시되지 않은 다양한 기업과 개인들이 공동 모의자로 참여하였다.

거래와 통상

4. 청량음료(비알콜성의 향이 첨가된 탄산 음료)의 생산, 분배, 판매는 여러 단계의 상업 활동과 관련된다.

   a. 전국적 생산자들은 농축된 청량음료나 시럽을 생산하여 지역의 청량음료 업체에 판매한다.

   b. 청량음료 업체들은 농축액이나 시럽을 탄산수와 그밖의 첨가물에 혼합해 청량음료를 만든 뒤 캔이나 병과 같은 용기에 담는다.

c. A 펩시와 같은 청량음료 업체들은 소매음식점, 편의점, 상점, 주류판매점, 거대상점, 호텔, 여관, 학교, 그밖의 기관, 자동판매기를 소유하거나 임대한 업체 등에 청량음료를 배급·판매한다.

d. 소비자들은 A 펩시의 구입처와 그밖의 청량음료 업체로부터 청량음료를 구입한다.

5. A 펩시와 다른 청량음료 업체들은 특정 품목의 청량음료에 대한 특정 기간 동안의 할인을 알리는 「광고서한」을 발송한다.

기소된 위반사항

11. 대략 1983년 2월부터 시작하여 늦어도 1984년 후반까지 피고와 공동모의자들은, 셔먼법 제1조[5]를 위반하여 주(州) 간의 거래와 통상을 제약하는 결합과 공모에 가담했다.

12. 이 결합과 공모는 피고와 공동모의자들 간의 지속적 협정과 이해, 행동의 일치를 내용으로 하며, 이 합의의 실질적 조건은 A 펩시와 모의한 업체들이 담당하는 버지니아 지역에서 가격을 고정시킨다는 것이었다.

13. 결합과 공모를 형성하고 유효하게 할 목적으로 피고와 공동모의자들은 모의의 내용을 이행했다. 내용은 다음의 사항들을 포

---

5) 셔먼법 제1조(거래 제한, 벌칙)

주 간 또는 외국과의 거래 또는 통상을 제한하는 모든 계약, 트러스트나 기타 형태에 의한 결합 또는 공모는 위법이다. 여기에서 위법으로 선언된 계약을 체결하거나 결합 또는 공모한 자는 중죄(felony)를 범한 것이 되며, 유죄로 인정되면 법인의 경우 100만 달러 이하의 벌금, 자연인의 경우는 10만 달러 이하의 벌금 또는 3년 이하의 징역에 처하거나 이를 병과할 수 있다.

＊ 우리 나라의 경우에도 부당한 공동행위에 대하여는 당해행위 중지, 법위반 기간 동안의 매출액의 5% 이내의 과징금, 3년 이하의 징역 또는 2억 원 이하의 벌금에 처할 수 있다(공정거래법 제19조, 제21조, 제22조, 제66조.).

함한다.

a. 청량음료의 광고서한에 넣을 가격을 논하고 합의하기 위한
   회의와 전화통화에 참여한다.

b. 청량음료 광고서한에 넣을 최저 가격을 합의하고, A 펩시와
   공동모의 업체의 특정 청량음료 가격을 인상할 것에 합의한
   다.

c. A 펩시의 하급 고용인들에게 광고서한이나 가격에 관련된
   그밖의 정보들을 교환하기 위해서 공동모의 업체의 대표자
   들과 만나도록 지시한다.

d. A 펩시와 공동모의한 청량음료 업체 간의 가격 합의를 반영
   하는 광고서한을 발송한다.

e. 광고서한에 있는 가격을 고수할 것에 합의한다.

f. A 펩시와 공동모의한 음료업체 간의 가격 합의를 실행하기
   위해 노력한다.

결과

14. 결합과 공모는 다음의 결과를 초래했다.

    a. A 펩시와 공동모의 업체에 의해 판매된 특정 음료상품의 가
       격이 고정되고 인상되었다.

    b. 피고와 공동모의자들의 버지니아 지역 고객들은 개방된 경
       쟁적 시장에서 특정 음료를 구입할 수 있는 기회를 박탈당
       했다.

다음의 사례는 카르텔 사건에서 배심원에 대한 최후 논고에서 발췌
한 것이다. 이 사례는 카르텔의 존재를 증명하는 몇 가지 방법과, 그
사실을 증명하는 데 이용되는 주장과 추론을 보여주고 있다.

2.5.2. : 사례 **B** : 배심원에 대한 최후 논고
U.S. 대 **Midwest Steel Drum Manufacturer's**
Association, et al. (시카고 지방법원, **1992**)

「피고는 중서부 강철 드럼(steel drum) 산업에서 가격협정 카르텔을 형성한 죄로 기소되었다.」

다음 사항이 본 법정을 만족시키기 바랍니다.

『고객과 행하는 20여 차례의 회의보다 경쟁자들과의 1 대 1 면담을 통해서 나는 밴 리어(Van Leer)의 회사를 위해 더 많은 돈을 벌 수 있습니다.』

피고가 한 이 말이 사건을 완벽하게 요약해주고 있습니다. 아무것도 모르는 고객들에게 높은 가격으로 드럼을 판매함으로써 더 많은 돈을 벌려는 피고의 가격 협정 음모의 목적을 잘 드러내고 있는 것입니다.

이 말은 피고와 공동모의자들이 어떻게 사업을 해왔는지를 잘 보여줍니다. 경쟁자들과 공개적으로 경쟁해서 우위에 서기보다는 비밀리에 만남으로써, 공격적이고 전통적인 미국식 경쟁보다는 가격을 협정하고 합의에 도달함으로써 이윤을 취해온 것입니다.

여러분은 이 범죄가 형성되고 실행되어온 불공정한 방법들에 대한 증인들의 폭넓은 증언을 들으셨습니다. 호텔에서의 비밀스러운 회의, 아무것도 표시되지 않은 봉투 속의 비밀스런 우편물들, 밀실에서의 회담을 위해 만들어낸 허위 거래기관, 고객과 대면했을 때 공모사실의 부인 등이 그것입니다.

이 같은 행위가 합법적인 사업을 운영하고 법을 준수하는 정직한 사람들의 행위입니까? 아니면, 자신들의 행위를 숨기려고 하고 적발되는 것을 원치 않는 사업가들의 행위입니까?

신사 숙녀 여러분, 이 피고들의 사건은 간단한 것입니다. 이것은 가격을 협정하고 고객을 속이기로 합의한 경영자들에 의한 범죄행위인 것입니다. 일곱 개의 다른 기업들이 공동으로 동일한 정가표를 적용한 행위인 것입니다. 이는 피고들이 비밀리에 만나고, 합의하고, 가격을 협정한 18개월 간의 음모라고 할 수 있습니다.

이제까지 여러분들은, 사건에 대해 추측하거나 닫힌 문 뒤에서 무슨 일이 일어났는지 모르는 사람들로부터가 아니라, 피고와 함께 행위에 가담한, 회담에 참여하고 피고들과 합의한, 유죄를 선고받고 그 때문에 수감되었던 사람들로부터의 진술을 들으셨습니다.

여러분들은 여러 증인들로부터 회담과 합의된 내용에 대한 설명을 들으셨을 뿐 아니라, 이같은 증언을 확증하는 압도적인 서면 증거들을 보셨습니다. 위조된 지출경비 보고서, 지워진 가격협정 기록, 동일한 정가표에 대해 시차제를 둔 발표, 경쟁자들과의 가격 논의를 위해 가정에 설치한 전화 등이 그것입니다.

두 번째 가격인상이 이 사건의 가장 중요한 부분입니다. 이 두 번째 인상은 발표된 가격에 도달하기 위한 합의였습니다. 바로 컬럼버스에서 1월 26일에 결정된 합의를 말합니다. 이 회의에서 그들은 표준 드럼을 19달러 80센트에 판매하기로 했습니다. 이 회의에서는 또한 사실을 눈치채지 못하도록 발표에 시차제를 두기로 결정했습니다. 경쟁사들이 이 협정에 대한 밴의 지원을 확인하기 위해 시카고에 대표단을 파견할 것을 논의한 것도 바로 이 회의였으며, 1989년 2월 10일 나무벽으로 둘러싸인 작고 호화로운 클럽의 하얀 탁자보가 덮인 테이블에서 컬럼버스의 대표단은 밴과 만났습니다.

피고가 가격표 합의에 대한 밴의 지원을 확인한 것은 2월 10일 유니온리그 클럽에서였습니다. 신사 숙녀 여러분, 여러분은 그곳에 있었던 6명 가운데 4명의 증인으로부터 2월 10일 유니온리그 클럽에서 있었던 회의에 대해 들으셨습니다. 4명 모두 회의를 끝낼 때 계약이 성립되었음을 증언했습니다.

여러분들이 저 배심원실로 돌아가서 가격협정의 존재 여부를 논할 때, 이 가격표들을 참고하시길 바랍니다. 자세히 살펴보시면서, 형식의 유사함, 기본 드럼의 동일한 가격, 추가적인 것들의 가격의 동일성, 배달차량의 가격 등을 주목해주십시오. 날짜를 보십시오. 각 가격표의 효력발생일은 1989년 4월 1일입니다.

세 번째이자 마지막 가격인상은 1990년의 인상에 대한 결정이었습니다. 가격 인상이 논의된 것은 1989년 11월 13일의 중서부 강철 드럼 연합의 (Midwest Steel Drum Association) 회의에서였습니다. 그것은 표준 드럼의 가격을 1달러 더 인상한다는 합의였습니다. 이 회의가 끝난 후 모의한 업체들이 한 일이 무엇이었겠습니까? 모든 업체가 1달러 인상을 발표했습니다.

그러나 이 1990년의 가격 인상은 시장에 적용시키는 데 약간의 문제가 있었습니다. 그들은 협정에 가담하지 않은 드럼 제조업체들과의 힘든 경쟁에 직면하게 되었습니다. 협정에 참여하지 않은 이 경쟁사들은 그들의 힘든 상대였습니다.

판사가 행한 법률에 관한 지시사항을 유념하시기 바랍니다. 실행되었느냐, 성공적이었느냐에 관계 없이 가격을 협정했다는 사실 자체가 바로 위법인 것입니다.

이제 곧 여러분들이 이 증거를 검토할 차례입니다. 이 사건은 여러분들의 것입니다. 여러분들이 바로 저 배심원실에서 판결을 내리고 돌아와야 하는 심판자인 것입니다. 이 사건의 증거는 매우 명백하며, 저희는 여러분들이 사실을 논의할 기회를 갖게 될 경우 반드시 피고에게 유죄판결을 내리게 될 것임을 분명히 확신하고 있습니다.

2.5.3. 요구되는 서류 견본

다음은 카르텔 협정을 조사하는 데 필요한 서류 견본이다. 이것은 카르텔 협정에 참여한 혐의가 있는 기업에 보내기 위한 것이다. 이 서류청원은 대체로 미국 법무성 조사국에서 요구하고 있는 서류에 기초하고 있지만, 폴란드의 절차와 관행에 적합하도록 실질적으로 간략화되었다. 아래의 내용은 서류청원 견본과 각 조항에 관한 설명을 포함하고 있다. 표제는 단지 설명적인 것이다—이러한 청원에 반드시 필요한 것은 아니다.

◎ 요구 서류

　다음의 서류를 제출하시오.

협정 서류

1. 기업과 타사 간의 X 상품의 가격 (할인이나 구매고객, X 상품이 판매될 수 있는 지역, 그밖의 의심되는 합의)에 대해 언급한 모든 서류

   (카르텔 협정에 가담하는 경쟁사들이 서류를 남길 것 같지 않지만 실제로 이 같은 일이 일어나고 있다. 협정이 위법이 아니고, 비합법성이 잘 알려지지 않는 경제적 전환시기에 특히 그렇다. 따라서 항상 이 같은 서류를 요구할 필요가 있다. 더욱이 협정 자체는 기록되어 있지 않다고 해도, 서류에 언급될 수는 있다.)

가격 결정과 방법에 관한 서류

2. ○○의 기간 동안 가격변화를 논의, 제시, 반대 혹은 고려한 모든 서류들.

3. 경쟁방법이나 경쟁사, 또 가능한 조처에 대해 언급한 모든 서류와 계획중인 서류.

   (만일 가격협정이 있었을 경우 그러한 사실이 이런 서류에 나타날 수 있다. 예를 들어, 특정일에 경쟁사들이 모두 가격을 인상할 것을 미리 알고 있었다는 사실이 서류상에 드러날 수 있는 것이다. 만약 시장분할 협정이 있었다면, 서류상에 기업이 특정 고객에게 가격을 인상할 계획이나 경쟁사가 대응하지 않을 것을 알고 있었음이 나타날 것이다. 이 서류들에 협정에 대한 언급이 없더라도 일부는 도움이 될 수 있다. 또 협정에 대해 알지 못하는 사람에 의해 서류가 기록되었을 수도 있다. 따라서 그 서류는 협정이 없을 경우에만 가능한 가격정책(즉, 경쟁적 가격정책)을 제시할 수도 있다. 이러한 서류는 카르텔 협정이 존재하는 경우에만 설명할 수 있는 가격인상을 증명하는 데 유익하게 쓰일 수 있다.)

인사 서류

4.

   a. ○○기간 동안 기업이 책정한 가격 (또 기업이 담당한 고객이나 지역) 결정에 책임이 있는 모든 사람을 밝히시오.

   b. 위의 사람들마다 (1) 그의 상사, (2) 그에게 보고한 사람들, (3) 그를 위해 일한 비서나 운전기사를 밝히시오. 더 이상 기업의 직원이 아닌 사람도 포함시키시오.

(a항은 가격협정에 대해 알고 있었거나 가담한 사람들을 밝혀줄 것이다. b항은 협정에 대해 알게 되었거나, 경쟁사와의 교류에 관해 알고 있는 사람들을 찾게 해줄 것이다. 지명된 사람들은 면접이 가능하다. 또 이 같은 정보는 지명된 사람들에서부터 그들에게 보내진 서류의 중요성에 대해서까지 설명해줄 수 있을 것이다.)

회담, 교신에 관한 서류

5. X 상품을 생산하는 다른 기업과의 교류에 관한 모든 서류, 팩스, 회담에 관한 보고서, 대화나 전화통화 기록 포함.

6. 4의 (a) 항에 해당하는 모든 사람마다

    a. 지출기록, 운전사의 일지 등을 포함한 여행에 관한 모든 기록

    b. 회담의 예정, 계획서, 그밖의 기록

    c. 전화통화, 텔렉스, 팩스 통신기록

    (이 서류들은 회의나 다른 교신이 있었는지의 여부를 밝히는 데 도움이 된다. 그밖의 서류와 면담 기록은 회의에서 있었던 일을 증명하는 데 유익하지만, 회의가 있었음을 증명하는 것이 무엇보다도 중요하다.)

가격(혹은 운영) 서류

7. ○○의 기간 동안 기업이 책정한 가격을 보여주는 가격표나 그밖의 서류들에 대한 사본 1장 〈협의를 받고 있는 협정 전·후의 서류 모두〉
《(만약 할인를 배제하기 위한 협정이 의심된다면)…가격표와는 다른 가격으로 거래된 계약에 관한 서류〉

《(만약 시장 분할이 의심된다면)…○○의 기간 동안 구매한 모든
고객과 그들의 위치를 알려주는 서류〉

(이 서류들만으로는 카르텔 협정에 대해 증명할 수 없지만, 이 서류들은 협정 전후의 시장 변화를 드러내줄 것이다. 따라서 협정이 직접적으로 증명될 수 없을 경우 이 서류들이 협정이 시행되었음을 증명하는 데 도움이 될 것이다. 협정이 직접적으로 증명될 수 없다면, 경쟁사 간의 특정한 회담 이후 곧이어 시행된 가격 인상 등과 같은 형태로 간접적인 증명을 할 수 있을 것이다.)

2.6. 체크리스트

카르텔에 관한 조사를 시작할 경우 다음의 세 가지 질문을 해보는 것이 유익하다.

① **무엇에 혐의를 두고 있는가?** 발생했을 가능성이 있는 카르텔 협정에 관한 이론을 세우라. 이론이 이치에 맞는가?

② **협정이 어떻게 실행되었는가?** 그러한 협정이 존재하기 위해 필요했을 과정들을 생각해보라. 어떻게 형성되었는가? 어떻게 카르텔에 모두를 가담시킬 수 있었는가? 협정조건에 합의한 과정은 어떠했는가? 협정이행을 어떻게 단속했는가?

③ **어떤 증거가 있을 수 있나?** 진행 단계에서 발생할 수 있는 증거들을 생각해보고, 이를 추적하라.

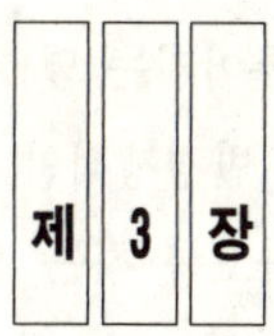

제 3 장

수평적 협정
—카르텔 협정 이외의 협정—

3.1. 개요

이 장에서는 카르텔 협정과 합병 협정을 제외한 경쟁사 간의 모든 협정에 대해 다루고 있다. 카르텔 협정은 2장에서 논의되었다. 시장 구조에 영향을 미치는 합병과 또 이와 유사한 협정들은 8장에서 다루어질 것이다.

카르텔이 아닌 수평적 협정이 이루어지는 이유는 무엇인가? 이 질문에 대한 대답은 매우 중요하다. 협정의 이유를 이해하게 되면 해로운 협정과 그렇지 않은 것을 쉽게 구분할 수 있기 때문이다. 경쟁사 간의 협정에 대해 경계하는 것도 현명한 일이지만, 일부 협정이 매우 유익하다는 사실을 인식하는 것 또한 중요한 일이다.

다음은 수평적 협정이 이루어지는 몇 가지 동기에 대한 설명이다.

① 일부 협정은 순수하게 반경쟁적인 목적을 가진다. 경쟁자들이 쉽게 독점가 역할을 하도록 하는 것이 그들의 목적이다. 경쟁자들이 뚜렷한 카르텔 협정을 갖지 않는다 해도 마찬가지다. 이 같은 협정은 카르텔을 조장하기 때문에 「편의」 협정(facilitating agreements)이라고 부른다.

② 일부 협정은 카르텔을 조장하지 않으면서도 경쟁을 제한한다. 협정이 카르텔을 형성하지 않더라도 참여자들에게 일종의 「평화로운 생활(quiet life)」을 제공하게 된다.

③ 일부 협정은 다른 경쟁자들을 제외시키거나 피해를 준다.

④ 일부 협정은 규칙과 절차를 확립함으로써, 거래비용을 줄이거나 소비자의 분명한 선택을 통해 시장의 능률을 높인다.

⑤ 일부 협정은 정부와의 교류를 위하여 거래 단체를 통해 업계의 회원들이 모이도록 해준다.

⑥ 일부 협정은 기업이, 한 생산자를 위해서는 경제적 의미가 없지만 전체 산업의 측면에서 볼 때는 경제적 의미가 있는 조치를 취할 수 있도록 한다.

⑦ 다른 협정들은 기업이 서로의 강점을 이용하고, 따라서 시장에서의 경쟁을 강화하도록 해준다. 이 같은 협정은 종종 「협력사업」으로 불리지만 다른 용어를 사용할 수도 있다.

⑧ 그밖에 현존하는 경쟁사 간의 협조 없이는 불가능한 새로운 상품을 설정하는 협정도 있다.

분명히, 이러한 협정을 다루는 열쇠는 경쟁에 중대한 위험을 가져오는 것과 그렇지 않은 것을 구분하는 일이다.

그러므로 무엇보다 중요한 첫 번째 단계는 관련된 시장 또는 시장들을 정의하는 일이다. 경쟁에 대한 위협은 시장 내에서만 존재할 수 있으며, 이 분석이 가능하기 위해서는 해당되는 시장을 분명히 밝혀야만 한다(제5장 「시장 정의」 참고). 그러나 이 같은 경우 관련 시장을 신속하게 판단할 수 있다. 시장구조의 경우처럼 장기적이고 중점적인 시장 정의가 필요한 것은 아니기 때문이다. 따라서 가까운 접근정도면 충분할 것이다.

3.2. 다양한 법체계 하에서의 수평적 협정(카르텔 제외) 처리

대부분의 독점금지법 체제는 카르텔 외의 수평적 협정에 대해서는 자유를 허용한다. 다시 말해 금지할 특별한 이유가 없는 한 이 같은 협정을 허가한다는 것이다. 이 같은 접근은, 이러한 협정이 중요하고, 또 경제적 이윤을 촉진시키거나 인정한다는 사실을 인식하고 있다는 의미다.

미국에서 이 같은 협정은 「합리성의 원칙」에 따라 판단된다. 이는 경쟁에 대한 「불합리한」 제한만이 금지됨을 의미한다. 각각의 경우 협정의 목적과 결과가 평가되고, 모든 것을 고려하여 경쟁에 해로울 경우에만 금지되는 것이다.

EC에서 이러한 협정은 조약 제85조에 명시되어 있다. 협정이 「경쟁을 금지, 제한, 왜곡을 목적으로 한다」면 금지된다. 그러나 경쟁을 제한하는 협정이라도, 관련된 기업에 불필요한 제한을 가하지 않거나, 영향받는 상품의 실질적 부분에 관해 경쟁을 배제한다는 가정 하에 「상품의 생산이나 배분을 증진시키거나 기술적 혹은 경제적 발전의 증진에 기여하고, 동시에 소비자들에게 공평한 이익을 얻도록 한다」면 인정될 수도 있다.

캐나다의 경쟁법정(Competition Tribunal)은 서문에서 예시한 Director 대 Laidlaw Waste System, Ltd. 사건에서 다음과 같이 밝히고 있다.

『자주 언급되어진 것처럼, 모든 계약은 거래를 제한하는 계약이다. 계약하는 양측의 상업적 자유는 계약을 이행해야 한다는 의무 때문에 제한된다. 일반적 기준이 존재하는 범위 내에서, 협정은 반경쟁적이라 불리는「행위의 성격과 목적」에 대한 평가와, 관련시장에「끼치는 또는 끼칠 수 있는 효과」에 대한 평가를 필요로 하는 것처럼 보인다. 문제되는 행위로 인한「양측의 상업적 이익」에 대한 고려와, 초래될지도 모르는「경쟁의 제한과 왜곡의 정도」에 대한 분석이 필요하다.』

폴란드의 독점금지법에 의하면 이같은 협정은 독점금지법 제6조(기술적 또는 경제적 관점에서 경제적 행위를 위해 객관적으로 필요할 때, 또 경쟁에 심각한 제약을 초래하지 않을 때)에 따라 정당화될 수 있다.

독점금지법의 이같은 공통된 맥락은, 경쟁을 제한할 경우 이러한 수평적 협정이 금지될 수도 있지만, 비록 경쟁을 제한하는 협정이라 해도 경쟁에 미치는 피해 못지않게 이익을 가져올 수 있는지의 여부도 평가된다는 것이다.

3.3. 수평적 협정의 주요 종류 분석

여기서는 앞서 설명한 여덟 가지 종류의 수평적 협정에 대해 설명하고자 한다. 이같은 항목들로 인해 분석이 실제보다 쉬운 것처럼 보일지도 모른다. 그렇지만 일부 수평적 협정은 몇 가지 항목의 성격들을 복합적으로 갖기도 하기 때문에 평가과정이 복잡해질 수도 있다. 어떤 항목들은 로비(lobby)협정과 같이 분명하기도 하고, 좀 불분명한 것들도 있다. 예를 들면, 수평적 협정을 분석하는 데 가장 어려운 일은 두 번째 항목인 유해한 「평화로운 생활」 협정을, 세 번째 항목인 유익한 시장증진 협정으로부터 분리시키는 것이다. 이같은 분류는 고정적인 것이 아니다. 오히려 유용한 도구(수평적 협정을 관찰하는 방법)로 고안된 것이다. 각각의 항목에 대해 아래에 간략히 설명해놓았다. 항목 설명을 위해 간단한 사례를 인용한 경우도 있다. 몇 가지 핵심사항도 언급되어 있으며, 협정의 일반적인 유형 몇 가지도 논의·분석되었다.

3.3.1. 편의 협정

편의 협정이란 카르텔 운영을 용이하게 하는 협정을 말한다. 이는 또 과점시장의 기업들이 특별한 카르텔 협정 없이도 서로 경쟁하는 수고를 덜어주기도 한다. 대부분의 편의 협정은 다음의 네 가지 요소가 증명해준다.

1. 이 협정은 카르텔 형성의 가능성이 가장 높은 시장에서 발생한다(2장, 특히 「카르텔이 형성되기 쉬운 시장」 부분 참고).
2. 이 협정은 시장의 중요한 경쟁사들을 대부분 포괄한다.
3. 이 협정은 카르텔의 문제점을 해결한다(제2장 「카르텔의 문제점」 참고).
4. 협정에 대해 달리 좋은 이유를 찾아낼 수 없다. 또는 카르텔의 문제점 중 한 가지를 해결하지 않고도 협정의 다른 이익을 얻을 수 있다.

만일 네 가지 요소를 모두 갖추었다면, 이 협정은 카르텔 편의 협정일 가능성이 높다.

▶ 사례 : 가격에 관한 정보공표

가격에 관한 정보공표 협정이 한 가지 사례가 될 수 있다. 카르텔 형성이 가능한 시장이 있다고 가정해보자. 다만 카르텔을 속이기는 쉽고 단속하기는 어렵다. 그리고 시장의 경쟁자들이 대부분 과거 판매 기록의 세부사항들—판매자의 성명, 구매자 성명, 가격, 수량 등을 공표하기로 합의했다고 가정하자. 발표는 정기적으로 모든 참여 업체에게 보내진다. 공표 협정은 개방적이고 공개적이다.

이 합의는 편의 협정처럼 보인다. 특히 카르텔에 대한 단속을 용이하게 하기 위한 협정처럼 보인다. 왜? 네 가지 요소를 살펴보라. 처음의 두 가지 요소는 포함된다. 즉, 시장은 카르텔이 형성되기 쉬운 성격들을 갖추었고 중요한 경쟁사들 대부분이 협정에 참여했다.

세 번째 요소는 어떠한가? 이 협정이 카르텔의 문제점 가운데 한 가지를 해결하고 있는가? 이 시장에서는 그렇다. 이 협정은 카르텔 단속 문제를 해결할 수 있다. 발표에는 상당히 세부적인 정보가 포함되어 있다. 따라서 모든 가격할인에 대해 쉽게 탐지할 수 있다. 결국 기업의 가격인하를 방지할 수 있다. 물론 이 가격정보공표 협정 자체만으로 효과적인 카르텔을 형성할 수는 없다. 기업들은 가격에 대해 상호이해에 도달해야만 한다. 그러나 실제 가격에 대한 협정은 아마도 효과적으로 은폐시킬 수 있을 것이다. 혹은, 만약 이러한 정보교환 협정이 존재한다면 가격을 고정시키려는 협정은 불필요할지도 모른다. 기업들은 가격 선도 기업을 따르거나, 고가를 유지할 수 있는 공통된 동기를 인식할 수도 있다. 어떤 경우에라도 가격정보가 공표된다면, 가격 협정 단속이나 가격에 대한 비공식적 이해가 쉬워질 것이다. 단속이 불필요해질 경우도 있다. 왜냐하면 기업이 가격을 인하하지 않을 것이기 때문이다.

네 번째 요소는 어떠한가? 카르텔을 용이하게 하는 것 외에 협정이 존재할 만한 타당한 이유가 있는가? 기업들은 거래에 대한 발표가 가격의 이동과 상품의 요구에 대한 유용한 정보를 제공한다고 말할지 모른다. 이것은 사실이다. 그러나 좀더 제한된 정보발표를 통해서도 거의 동일한 가치를 얻을 수 있다. 정보는 종합될 수 있고 판매자와 구매자의 이름을 제외시키는 것도 가능하다(예를 들면, 『지난 주에 A가 B에게 Y가격으로 X톤만큼을 팔았다, C가 D에게 V톤만큼을 Z의 값으로 팔았다.』 등으로 말하기보다는, 『지난 주에 모두 합해서 XX톤만큼이 팔렸다. 가격의 범위는 V에서 Z 사이였으며 평균가격은 Y였다』라고 할 수 있다). 이같은 정보는 여전히 가격과 요구사항의 경향을 이해하는 데 유용하게 쓰일 수 있다. 그러나 명시적인 혹은 암시적인 가격협정을 단속하는 데는 도움이 되지 않는다. 간단히 말해서, 상세한 가격정보 교환을 위한 협정은 존재할 만한 타당한 이유가 없다. 왜냐하면 대부분 이익은 대략적인 가격정보 교환 협정으로도 얻을 수 있기 때문이다.

따라서 이 경우에는 네 가지 요소가 모두 존재하기 때문에, 정보교환 협정은 카르텔 편의 협정과 같은 것으로 보인다.

이제 또 다른 사례를 고려해보자. 유사한 정보교환 협정이 뉴욕 증권시장이나 시카고 곡물교환시장 등과 같은 대규모 시장에 존재한다고 가정해보자. 이런 시장에서는, 수천 개의 기업과 개인이 매일 수천 건의 거래를 한다. 따라서 한 명의 구입자가 시장에서 중요한 부분을 차지하는 못한다. 그러나 앞의 경우처럼 모든 참여자가 각각의 거래에 관한 세부사항을 공개하기로 합의했을 경우 카르텔 편의 협정으로 보아야 하는가? 아니다. 이 같은 시장은 쉽게 카르텔화되지 않는다. 그들은 다수의 판매자와 구매자를 갖고 있으며 누군가가 그들을 독점하기는 어렵다. 이같은 시장은 앞서 제시한 요소의 첫 번째 사항을 만족시키지 못한다. 그러므로 이같은 시장 내에서의 정보교환 협정이 카르텔을 용이하게 할 것이라는 타당한 근거를 찾을 수 없다.

따라서 수평적 협정이 카르텔 편의 협정인지를 결정하는 열쇠는 앞서 제시한 네 가지 요소를 고려해보는 것이다. 네 가지 요소를 모두 갖추었다면 그 협정은 카르텔 편의 협정일 가능성이 높다. 만일 한두 가지 요소가 갖추어지지 않는다면 편의 협정이 아닐 확률이 높다.

3.3.2. 「평화로운 생활」 협정(참가자 간의 경쟁을 제한하는 그밖의 협정)

때때로 경쟁사들은, 전혀 전형적인 카르텔을 초래하지 않을 상황에서도 경쟁을 제한하기 위한 협정을 맺는다. 가격이나 생산량에 대해 합의하는 것은 아니다. 그렇다고 엄격한 관점에서처럼 가격이나 생산에 암시적인 대응관계가 성립하지도 않는다. 오히려 경쟁의 일부 중요한 측면만을 제한하려는 협정이 있을 뿐이다.

예를 들면, 미국의 변호사들은 광고를 금지하기로 합의했다. 왜? 이 제한은 단순히 가격협정을 지원하기 위한 것이 아니었다. 이 협정은 모든 서비스에 대한 가격 경쟁이 자유로울 때에도 존재했다. 이것은 암시적 가격 합의를 위한 단순한 편법이 아니었다. 다양한 종류와 품질의 서비스를 제시하는 수천 명의 변호사들은 암시적 카르텔을 형성시킬 엄두도 내지 못했다. 한편으로, 만약 광고를 통한 경쟁이 허용된다면, 일부는 그렇게 했을 것이다. 그렇게 되면 다른 변호사들도 그것에 대응을 할 수밖에 없을 것이다. 여기에는 비용이 든다. 일부는 이익을 보고 일부는 손해를 볼 것이다. 일부는 자신들의 가격을 선전할 것이고 이것은 비싼 가격의 다른 변호사들의 이미지를 나쁘게 한다. 이 효과는 가격을 인하시키게 될 것이다. 이처럼 다수 혹은 대부분의 변호사들에게 좋지 못한 상황을 피하기 위해서 변호사협회는 광고금지 규정을 만들었다. 광고를 하지 않는 범위에서 변호사들은 다양한 방법으로 경쟁할 수 있었다. 그러나 전체적인 결과를 놓고 볼 때 변호사들은 협정이 없었을 때보다 더욱더 「평화로운 생활」을 했다. 물론 고객들은 정보를 빼앗기고, 저렴한 가격마저 상실함으로써 피해를 입게 되었다.

만일 변호사협회가 준규제력(quasi-regulatory power)을 갖을 경우 이 협정이 경쟁을 제한하는 데 가장 해롭다는 사실은 매우 중요한 의미를 갖는다. 그렇지 않다면 무소속 변호사들은 규칙이 금지한다 해도 광고를 할 것이다. 동료들로부터 비난을 받을 수도 있지만 어쨌든 광고를 할 것이다. 그러나 준규제력이 없이도 이 규칙은 극히 제한된 결과를 낳을 수 있다.

▶ 사례 : 영업시간

또 다른 사례는 영업시간에 관한 소매상들의 협정이다. 도시의 모든 자동차 소매상들이 일요일, 혹은 평일 6시 이후로는 영업하지 않을 것을 합의했다고 가정해보자. 이것이 소매상들의 완전한 카르텔을 성립시키지는 않는다. 그러나 「평화로운 생활」은 유지하도록 해준다. 이것은 고객에게 좀더 편리한 시간을 제공함으로써 경쟁하던 일부 판매자들이, 그렇게 하지 않는다는 의미다. 협정이 없다면 무슨 일이 일어나겠는가? 만일 일요일이나 혹은 저녁시간에 자동차를 사려는 고객이 있다면, 일부 소매상들은 그 시간에 영업을 할 것이다. 만약 다수의 고객이 그 시간에 차를 사고자 한다면 대부분의 소매상들은 그 시간에도 영업을 해야만 하는 경쟁적 압력을 받게 될 것이다. 소매상들은 더 오랜 시간 영업해야 하기 때문에 비용이 많이 든다고 불평을 할 것이고, 그렇다고 전체적으로 더 많은 차를 팔지는 못할 것이다. 그들의 「평화로운 생활」은 방해를 받을 것이다. 비용은 증가할 것이고, 유일한 수익자는 원하는 시간에 구입할 수 있는 소비자들이 될 것이다.

이같은 협정을 어떻게 해석해야 하는가? 다음의 질문들을 던져보라.

(1) 배제되는 경쟁이 무엇인가?

(2) 이 경쟁이 소비자들에게 어느 정도의 중요성을 가지는가?

(3) 협정이 이같은 경쟁을 배제하는 이외에 다른 어떤 역할을 하는가?

(4) 만일 그렇다면, 그로 인한 이익은 무엇이며, 경쟁을 배제하지 않고도 얻어질 수 있는 것인가?

영업시간에 관한 자동차 소매상들의 협정에 대해 위와 같은 질문을 할 경우 다음과 같은 답을 얻어낼 수 있다. (1) 배제된 경쟁은 고객들에게 더 많은 편의를 제공하려는 경쟁이다—정확히 말해서, 일부 고객이 선호할지도 모르는 시간에 영업을 하는 것이 배제되었다. (2) 이 편의가 고객에게 얼마나 중요한지 말하기란 쉽지 않다. 이것은 각 시장의 사실에 입각한 질문이다. 하지만 소매상들이 이 경쟁을 제한하기 위한 합의의 필요성을 느꼈다는 사실에서 알 수 있는 점이 있다. 그것은 일부 고객에게 편리한 구입시간이 중요하다는 것을 의미한다. 그렇지 않다면 저녁이나 일요일에 문을 열었던 어떤 소매상이라도 매장에 고객이 오지 않는다는 사실을 알게 될 것이고, 수익이 없으므로 소매상은 그 시간에 영업을 하지 않을 것이다. 만일 추가적인 이러한 편의에 대해 고객이 상관하지 않았다면 어떠한 협정도 필요하지 않았을 것이다. (3)과 (4)의 경우 협정은 고객에게 편리한 시

간을 제공하는 경쟁을 금지시키는 외에는 뚜렷한 성과가 없다. 근로
자들에게 일로부터 벗어난 좀더 많은 자유시간을 주었다고 주장하는
사람들도 있을 것이다. 그들의 주장이 사실일 수도 있다. 그러나 그
것은 경쟁에 미치는 협정의 영향을 분석하는 데 직접적인 관련이 없
다. 이같은 관점은 다른 법과 정책의 관심사다. 만일 사회가 일요일
에 영업하는 상점들을 원치 않는다면 정부는 그와 같은 규정을 채택
할 수 있다. 그러나 경쟁사 간의 협정이 특정한 시장 내에서만 그와
같은 규칙을 적용시켜서는 안 된다. 마찬가지로, 다른 법이나 규제
—근로시간에 관한 법과 규제, 고용인의 권리에 관한 법, 고용인이
고용주와 교섭할 수 있는 권리에 관한 법—가 근로자가 언제, 얼마
동안 일해야 하는지를 제한할 수 있다. 그러나 단순한 자동차 소매상
들의 협정이 이 같은 문제를 해결하기 위한 법정이 될 수는 없다. 만
일 이 같은 문제점들이 운영시간에 대한 경쟁사들의 협정서에 언급되
었다면, 그것은 단지 경쟁사들이 비용을 줄이고 경쟁으로부터 자신들
을 보호하기 위한 변명일 뿐이다(이 같은 사건에 대해서는, Federal
Trade Commission 대 Detroit Auto Dealers Association 사건이 참고
가 될 것이다).

이와는 반대로, 영업시간에 관한 협정의 또 다른 유형을 생각해보
자. 특정 지역의 일부 상점들이 좀더 많은 고객을 끌어들이기로 결정
했다고 하자. 일반적으로 대부분의 상점은 오후 6시에 문을 닫는다.
하지만 일주일에 하루는 늦은 시각까지 영업을 한다면 더 많은 고객
이 올 것이라고 생각한다. 그들 모두는 목요일 밤 9시까지 영업하기
로 합의한다. 여기에는 의류점과 약간의 식품점이 포함되고 경쟁상대
가 아닌 상점들까지 포함된다고 하자. 그들 모두 영업을 하면 그 지
역으로 고객이 몰릴 것이라고 생각한다. 왜냐하면 사람들은 여러 상
점을 거치면서, 또 한 번에 한 가지 이상의 물건을 사려는 경향이 있

기 때문이다.

영업시간에 관한 이 협정을 어떻게 분석해야 하는가? 앞에서 제시한 네 가지 요소를 이용하라. (1) 어떤 경쟁이 배제되었는가? 거의 없다. 사실상의 협정은 목요일 9시까지 영업을 한다는 것이다. 각각의 개별 상점은 수요일에도 늦게까지 영업할 수 있고 또는 목요일 10시까지 영업할 자유도 있다. 만일 아무런 경쟁도 금지되지 않았다면, 그밖의 문제점들에 대해서는 고려할 필요가 없다. 그러나 (3)번 사항은 고려해볼 여지가 있다. 이 경우 협정을 통해 성취하는 것이 있다. 만일 고객들이 이 지역의 모든 상점이 영업한다는 사실을 알고 있다면 당연히 이 지역으로 몰려들게 된다. 이 협정은 다른 지역 상점에 비해 이 지역 상점들이 더 나은 경쟁을 할 수 있도록 돕는다.

이제 이 상점들이 약간 다른 협정에 합의했다고 가정해보자. 그들의 협정은 목요일에만 9시까지 영업하고, 다른 날에는 6시에 문을 닫는다는 것이다. 이 협정은 앞의 것과 비슷하지만 좀더 제한적이다. 결과적으로 이 협정은 (4)번의 질문에 답할 수 없다. 경쟁에 도움을 주는 효과를 얻을 수 있는 선택권이 훨씬 줄어들게 되는 것이다. 목요일 늦게까지 영업하는 모든 상점들이 공동적인 이익을 얻기 위해서 다른 요일의 영업시간까지 규제할 필요는 없다. 그러므로 이 같은 협정 조항은 금지되어야 한다. 협정의 나머지 부분은 허가될 수 있다.

영업시간에 대한 이 두 가지 협정을 비교해볼 수 있는 또 다른 방법은 매출에 미치는 결과를 살펴보는 것이다. 자동차 소매상들의 협정은 분명히 또 직접적으로 매출을 제한한다. 다시 말해 고객에게 제공되는 소매상의 서비스가 줄어드는 것이다. 그러나 지역 상점들의 협정은 매출을 증가시킨다. 고객에게 더 많은 서비스가 제공되는 것이다. 이것이 고객과 경쟁에 도움을 주는 협정과 그렇지 않은 협정을 비교할 수 있는 또 다른 방법이다.

3.3.3. 경쟁사를 제외시키거나 불이익을 주는 협정

업계 내의 기업은 경쟁사를 제외시키거나 피해를 입히기 위해 협정에 합의하는 경우도 있다. 이러한 경우는 대체로 경쟁사가 시장의 분열 원인으로 작용할 때 발생한다—공격적인 가격인하, 신생기업, 저렴한 비용의 기업, 혹은 새롭고 낮은 비용의 기술을 소개하는 기업 등이 그것이다.

이 같은 협정은 두 가지 유형의 다른 협정, 더 좋은 협정이나 더 나쁜 협정과 비교해볼 수 있다. 한편 이 같은 협정은 카르텔 단속 협정과 가까운 사촌지간이 될 수도 있다. 다른 한편으로 이같은 협정은 기준을 세우거나 시장기능을 증진시키려는 협정과도 유사하다. 차례대로 비교해보기로 하자.

쉽게 알 수 있는 것처럼, 극단적인 유형으로서 이 행위는 카르텔을 단속할 수 있다. 만일 기업들이 카르텔 협정을 갖는다면, 기업들은 카르텔을 분열시키는 외부기업이나 카르텔을 「속이는」 카르텔 회원을 징계하려 할 것이다.

카르텔 회원들 간의 경쟁자를 제외시키거나 손해를 입히려는 이같은 합의는 전형적인 카르텔 단속행위라고 할 수 있다. 만일 이러한 배타적 행위가 카르텔 협정에 대한 단속이라면, 이 행위는 카르텔의 일부로 다루어져야 한다(제2장 참고).

그러나 한 시장 내의 기업들이 카르텔을 갖지 않는다 하더라도, 경쟁사를 제외하거나 피해를 주기 위해 결속하려는 의사는 있을 수 있다. 이는 일반적인 사실이다. 특히 대상 경쟁사가 앞서 지적한 대로 시장을 분열시키는 영향력을 갖고 있을 때 더욱 그렇다. 시장의 기업들이 서로 비슷하고, 대체적으로 유사한 비용을 가진다고 가정해보자. 그들은 서로 경쟁하면서도 경쟁 속에서 안정을 유지할 수 있다. 그러나 새로운 기업이 경쟁을 시작한다면, 이 기업은 일부 혹은 모든 기업에게 위협이 될 수 있다. 또 저렴한 비용의 신생기업이 경쟁을 시작하면, 반드시 모든 기업에게 위협이 된다. 기존의 기업들이 카르텔을 갖지 않는다고 해도, 낮은 비용의 외부기업을 제외시키는 것이야말로 모두가 강력하게 원하고 있는 공통적인 생각이다. 그들이 비록 외부기업을 철저하게 배제시키지는 못한다 해도, 외부기업의 비용을 증대시키는 것만으로도 위협은 줄어들 것이다.

특정한 보이코트가 이 같은 협정의 예가 될 수 있다. 예를 들어 상품의 소매판매를 위한 시장을 생각해보자. 최소한의 서비스와 저렴한 가격을 내세우는 새로운 소매기업이 등장할 경우 기존의 기업들은 집단적으로 이 신생기업과 거래하는 모든 공급자들과의 거래를 거부할 수도 있다. 이것은 신생기업이 사업을 유지할 만큼의 충분한 물품을 확보하는 데 지장을 줄 수 있다. 따라서 기존 소매업자들은 경쟁으로부터 보호되고 소비자들에게는 해를 끼칠 것이다. 또 다른 예로는 사업자 단체나 혹은 그밖의 집단의 일원임을 내세워 기존의 기업들이 정부 혹은 준정부적인 영향력을 남용하는 것을 들 수 있다. 이들은 새로운 경쟁사들에 대한 허가나 면허를 거부할 수 있다. 가령 한 도시의 모든 약사들이 하나의 협회를 조직했다고 하자. 이 협회는 새로운 약사가 개업하기 전에 자신들의 견해를 밝혀야 한다. 기존의 약사들은 분명 새로운 약사들을 소외시키고자 할 것이다. 만일 이들이 조직의 영향력을 행사하여 자격을 갖춘 새로운 약사를 배제시키고자 한다면 부당하게 경쟁을 제한하는 것이다. 유사한 예로 경쟁자를 소외시키기 위한 기준의 남용을 들 수 있다(「기준 설정에 관한 합의」 부분 참고).

그렇지만 이러한 추론은 지나치게 확대시키지 않는 것이 중요하다. 경쟁자를 배제하거나 피해를 입히는 모든 협정이 독점금지법 위반이라고 결론내리는 것은 옳지 못하다. 예를 들면, 일부 협력업체는 참여기업이 더 효율적으로 더 나은 경쟁을 할 수 있도록 한다. 이것은 그들의 경쟁사들에게 피해를 입힐 것이다. 그러나 많은 혹은 대부분의 경우 경쟁과 소비자에게는 유익하다(다음의「공동 운영 협정」부분 참고). 따라서 금지되어서는 안 된다. 또 다른 예는 품질 기준에 대한 협정이다. 기준이 분명하고 공정히 측정되며 합리적이라면, 이 기준은 저질 상품을 생산하는 경쟁업체에 피해를 줄 것이다. 그러나 기준 설정을 금지할 이유가 되지는 못한다. 소비자와의 경쟁에는 유익하기 때문이다.

따라서 중요한 문제는 궁극적으로 어떻게 해롭고, 금지되어야 하는 협정을 어떻게 구별하느냐 하는 것이다. 이것은 매우 어려운 문제이며, 각각의 경우 사실이 무엇보다도 중요하다. 다음의 질문들이 해롭고 유익한 협정을 구분하는 데 도움을 줄 것이다.

- **시장 기업들 가운데 협정에 가담한 기업의 비율은 얼마인가?**
  시장 내의 전부 혹은 대부분의 기업들이 가담한 협정은 해롭고 배타적인 협정이기 쉽다. 시장의 소수 기업들에 의한 협정은 반경쟁적일 가능성이 매우 적다.

- **경쟁사들은 어느 정도까지 배제되거나 피해를 입었는가?**
  심각한 손실이나 완벽한 배척의 경우를 심도 있게 고려하는 것이 가장 중요하다. 작은 손실은 경쟁사가 이를 극복할 수 있으므로 중대한 결과를 초래하지는 않을 것이다.

- **협정의 목적과 이로 인한 이익은 무엇인가?**
  경쟁을 배제하거나 방해하려는 분명한 목적이 있다고 의심된다. 만일 기업이 그밖의 다른 목적을 주장하다면, 독점금지 당국자는 그러한 사실을 증명할 수 있는지 조사해봐야 한다. 특히 기업이 주장하는 이익이 실제로 존재하는가? 만약 경쟁배제 외에 실제적인 이익이 있다면 협정은 자세히 검토되어야 한다.

● **경쟁사를 배제하거나 손해주지 않고도 이익을 얻을 수 있는가?** 협정이 분명한 이익을 가져온다 해도, 그 협정이 경쟁사를 배제시키는 변명이 될 수는 없다. 그러므로 독점금지 당국자는 이익을 얻는 데 보다 덜 반경쟁적인 대안이 있는지 고려해보아야 한다. 만일 있다면, 그리고 그 대안이 그다지 비용이 많이 들지 않는 것이라면, 대체로 독점금지 당국자들은 그 배타적 협정이 유해하고, 또 금지되어야 한다고 결론을 내릴 것이다. 그러나 반경쟁성이 더욱 약한 대안은 허용될 것이다.

3.3.4. 시장기능을 향상시키는 협정들

경쟁사 간의 협정 가운데 일부는 비록 그 협정이 시장의 업체들 대부분을 포함하고, 시장 행위에 영향을 끼친다고 해도 분명히 경쟁에 득이 되는 것도 있을 수 있다. 이 같은 협정에는 여러 가지 유형이 있지만 이들 모두를 통털어 시장이 더욱 효과적으로 기능하도록 돕는 협정으로 묶어서 생각해볼 수 있다.

(경쟁에 도움이 되는 또 다른 종류의 수평적 협정이 있다. 시장의 소수 경쟁사들이 그밖의 기업들보다 더 나은 경쟁을 할 수 있도록 돕는 협정이 그것이다. 이 같은 협정은 다음 주제에서 논의될 것이다. 여기서는 시장기능에 영향을 미치는 협정들만을 다루고 있다.)

실제 시장은 완벽하지 않다. 비록 독점금지법과 경제학이 완벽한 경쟁모형에 의한 이론적 기초로부터 형성되었다고는 해도, 독점금지 정책은 실제 시장이 이 같은 「완벽한 경쟁」의 상황에 부합하지 못한다는 사실을 인식하고 있다. 때로는 실제 시장의 상황들이 시장의 경쟁사들의 협정으로 향상될 수도 있다.

예를 들면, 나사못, 나사, 볼트의 생산업체들이 일정한 표준의 크기와 모양에 합의함으로써 소비자들로 하여금 어느 생산업체의 제품이냐에 구애됨 없이 제품을 상호 교환하여 사용할 수 있도록 하기도 한다. 경쟁관계에 있는 과일 도매상들이 소비자들을 위해 특정한 장소, 특정한 시간에 시장을 조직하는 데 합의할 수도 있다. 전자제품 생산업자들은 제품의 작동에 대한 일정한 기준에 합의하여 서로 다른 제품과도 함께 연결하여 사용할 수 있도록 할 수도 있다. 경쟁관계에 있는 여행사들이 일정한 기준을 유지하고 소비자 불평에 대해 공동으로 해결책을 모색할 것을 합의하는 회원들 간의「승인 보증(seal of approval)」을 채택할 수도 있다.

이 같은 협정들 또한 앞에서 설명한 네 가지 요소에 의해 분석되어야 한다. 다음의 질문들을 해보자.

① 배제된 경쟁이 무엇인가?

② 이 경쟁이 소비자에게 얼마나 중요한가?

③ 이 협정이 경쟁을 배제하는 것 외에 다른 역할을 하는가?

④ 만약 그렇다면, 이 경쟁을 배제시키지 않고 다른 이익이 얻어질 수 있는가?

이와 같은 협정들의 두드러진 특징은 (3)번 질문에 대한 답이다. 협정은 시장의 기능을 향상시킨다. 이 같은 협정에 대한 가장 어렵고 흥미있는 질문은 협정이 불필요하게 제한적인가 하는 점이다. 예를 들면 (4)번에 대한 대답을 들 수 있다. 기호에 관한 특정한 경우의 협정에 대해서는 다음의「기준 설정을 위한 협정」을 참고하기 바란다.

3.3.5. 정보 로비에 관한 협정

기업들은 종종 사업자 단체(trade association)를 형성하기 위해 협력하곤 한다. 거래단체는 흔한 것이며, 카르텔, 편의 증진책, 「평화로운 생활」 협정, 시장향상 협정 등을 포함한 여러 가지 조치를 취하게 된다.

그러나 사업자 단체의 가장 전형적인 활동은 정부와의 의사소통이다.

사업자 단체는 정부가 반경쟁적인 조치를 취하도록 설득할 수도 있다. 또한 독점 담당기관, 합법화된 카르텔, 수입 규제, 경쟁사들에 대한 특별 규제나 금지 등을 요구할 수 있다. 그러나 이 같은 활동이 독점금지법에 종속되어야 하는가?

부분적으로, 이것은 독점금지법보다 광범위한 문제다. 이것은 언론의 자유와 같은 기본적인 권리에 영향을 미친다. 기업이 정부에 무언가를 요구했을 경우 때로는 반경쟁적인 결과가 초래된다는 데는 의심의 여지가 없다. 때로는 기업들이 정부로부터의 조처를 얻어내기 위해 그릇되거나 오도시킬 수도 있는 말을 하기도 한다. 자신들이 원하는 경쟁의 규제를 얻기 위해 때때로 실질적인 정치적 압력을 행사하기도 할 것이다.

이 같은 상황에서 독점금지 당국이 해야 할 일은 무엇인가? 정부 안팎에서 독점금지 당국은, 경쟁이 소비자와 경제를 궁극적으로 윤택하게 하며, 또한 특정 제안은 이러한 혜택을 잃게 할 수도 있다는 사실을 설명하는 데 앞장서야 한다.

그러나 독점금지 당국은 정부의 반경쟁적 조치만을 요구하는 기업들에 대해 강제조치(enforcement action)을 취해서는 안 된다. 그러한 조치는 독점금지법이 다루어야 할 적합한 문제가 아니다. 만일 독점금지 당국이 이 같은 문제에 법을 이용하고자 한다면, 매우 어려운 문제들과 맞닥뜨리게 될 것이다. 경쟁사가 허가를 얻는 것을 막기 위해 지방자치 당국에게 경쟁사에 대한 거짓말을 함으로써 경쟁을 제한하려는 시도는 독점금지에 위배된다고 독점금지 당국이 말하려 했다고 가정해보자. 이는 정치적 논쟁에서 무엇이 진실인가를 밝히는 위치에 독점금지 당국을 갖다놓게 될 것이다. 그것은 분명히 독점금지 당국으로서는 불가능한 위치라고 할 수 있다.

미국에서는, 트럭수송업계에 대항하는 철도산업계의 정치적 로비 활동을 독점금지법에 적용시키려는 시도가 있었다. 대법원은 이 활동이 독점금지 위반이 될 수 없다는 판결을 내렸다. 활동은 언론의 자유를 행사한 것이지, 독점금지법을 적용시킬 수 있는 행위가 아니었다. 그 사건(보통 「Noerr 사건」이라 부른다)에 대한 발췌가 이 이론을 설명해준다.

Eastern Railroad Presidents Conference 대 **Noerr Motor Freight**, Inc. (365. u. s. 127 미국 최고재판소, 1961)

이 사건은 41개 펜실베이니아 트럭 운송업체를 대표하는 고소에 의해 시작되었다. 이 고소는 24개의 동부 철도회사 대표들의 연합과 섭외기업을 상대로, 피고가 셔먼법 제1조와 제2조를 위반하여 장거리 운송업을 독점하고 거리를 제한하려 했다고 주장했다. 이들이 주장하는 모의의 요점은, 철도회사들이 트럭 운송업자들을 비방하는 광고 캠페인을 벌이도록 섭외기업을 종용했다는 것이다. 그 캠페인의 목적은 트럭 운송업을 파괴하는 법의 채택과 실행, 일반 대중들 사이에 트럭업자들에 대한 혐오감 조성, 트럭 운송업자와 고객 간의 관계 손상 등을 목적으로 한 것이었다. 고소는 이 같은 다소 개략적인 주장을 뒷받침하는 — 철도업자들이 광고 캠페인을 이용하여 입법에 영향을 끼치려했던 — 구체적인 사건들로 이어졌

> 다. 이 같은 고소내용 가운데, 피고가 펜실베이니아 주지사로 하여금 「Fair Truck Bill」로 알려진 법안을 거부하도록 설득하는 데 성공한 사건이 있었다. 그 법안은 펜실베이니아 주에서의 트럭 적재 한계 중량을 늘리는 것을 골자로 하는 법안이었다.

우리는 이 사건을 고려하는 첫 단계에서, 법안의 가결이나 실행에 영향을 끼치려는 단순한 시도가 셔먼법 위반이 될 수는 없다는 사실을 인정한다. 거래나 독점의 규제가(개인적 행동의 반대의미로서) 합법적인 정부의 절차에 의한 것일 때, 위법은 성립되지 않는다. 우리 나라의 정부 형태에서 이 같은 종류의 법이 가결되어야 하느냐, 혹은 가결된 그 법이 실행되어야 하느냐의 문제는, 그 법이 헌법의 규정을 위반하지 않는 한 해당 입법부나 행정부서의 책임이다.

우리는 또한 입법부나 행정부가 규제나 독점을 초래할 법에 관하여 구체적 조치를 취하기 위해 2인 이상의 집단이 협력하는 것을 셔먼법에서 금지하고 있지 않음을 명백히 한다. 비록 이 같은 단체가 광범위한 구성을 통해 「거래를 제한하는 결합」이라는 일반적 금지의 범위 내에 포함된다 해도, 이같은 결합은 셔먼법에 위반되는 보통의 결합체와는 거의 유사성이 없다고 볼 수 있다.

더 나아가서, 셔먼법이 법의 가결이나 실행에 영향을 끼칠 목적으로 결합을 금지한다는 주장은, 거래를 제한하기 위해 입법부나 행정부를 통해 정부가 행사하는 힘에 실질적으로 손상을 입힐 것이다. 대의 민주주의 제도 하에서 국민을 위한 행정부의 조치나, 아주 넓은 범위로는 대표가 갖는 전체적 의미는, 대표자에게 자신들의 의지를 알릴 수 있는 국민의 능력에 의존한다. 정부가 이 대표 능력 내에서 실행능력을 보유하고, 동시에 국민이 그들의 의지를 자유롭게 정부에 전달할 수 없다는 주장은 셔먼법에서 사업행위가 아닌 정치적 행위를 규제한 것으로 볼 수 있다. 이 목적은 셔먼법의 입법역사에 아무런 근거도 갖지 못하는 것이다. 두 번째로, 적어도 똑같이 중요한 사실은, 이 같은 셔먼법의 구성은 심각한 헌법적 문제들을 야기할 것이라는 점이다. 정부에 대한 시민의 청원권은 권리장전(Bill of Rights)에 의해 보호되는 자유이며, 우리는 이 같은 자유를 침해할 기회를 경솔하게 의회에 부여할 수는 없다.

3.3.6. 한 생산자에게는 경제적 의미가 없지만 업계 전체로서의 경제적 의미가 큰 행위에 대한 협정

경쟁사들의 일부 협력활동은 개별적 행위로는 불가능했던 성과를 얻을 수 있도록 해준다. 예를 들어, 우유가 건강에 유익하다는 사실을 보다 많은 사람들이 알게 된다면 아마도 사람들은 우유를 더 많이 마시게 될 것이다. 사람들이 더 많은 우유를 마신다면, 이는 낙농업자들에게도 유익할 것이다. 하지만 어느 농부도 우유의 장점을 광고하기 위해 돈을 들이지는 않을 것이다. 만일 그런 농부가 있다면, 모든 광고비용을 혼자 부담하게 되지만 우유 수요가 증가힘으로써 얻어지는 이윤은 전체 낙농업자 모두가 나누어 갖게 될 것이다. 경제학자들은 이런 류의 광고가 농부들에게 「공적 이익」의 특성을 가져다준다고 말하고 있다. 모두가 비용을 부담하지 않더라도 그로부터 이익을 얻게 되는 것이다. 이 같은 경우에 낙농업자들의 연합이 우유 소비를 촉진시키기 위한 광고를 만드는 데 합의할 수도 있다. 농부들은 물론 서로 경쟁관계에 있다. 그러나 광고를 지원하는 것이 그들 사이의 경쟁을 감소시키지는 않는다. 그리고 또한 협력 없이는 이룰 수 없었던 것을 얻게 되는 것이다.

3.3.7. 협동을 목적으로 하는 협정(협력사업과 특화협정 포함)

때로는 경쟁사들이 시장에서 더욱 나은 경쟁을 하기 위해 협력하기도 한다. 각 기업들의 장점은 서로 다를 수 있지만, 협력함으로써 좀더 효과적일 수 있다.

이와 같은 협정은 여러 가지 형태로 나타날 수 있다. 가령, 서로 다른 지역의 기업들이 나라 전체를 판매지역으로 확장하기 위해 팀을 형성할 수 있다. 좋은 품질의 상품을 생산하지만 빈약한 판매망을 가진 기업이 보통의 품질과 크고 효율적인 판매망을 보유한 기업과 손을 잡을 수도 있다. 이 같은 협정들은 종종 「협력사업(joint venture : J·V)」으로 불리운다. 그러나 협정의 특정한 법적 유형이 중요한 것은 아니다.

협동을 목적으로 하는 협정의 또 다른 유형으로 「특화(specialization)」협정이 있다. 두 기업 모두 각기 모든 크기의 제품을 생산하다가, 한 기업은 큰 제품을 다른 기업은 작은 제품을 생산하게 되면 비용을 절약할 수 있다고 가정해보자. 이 같은 경우 두 기업은 특화협정이나 협력사업을 시작할 수 있다. 각각의 기업은 자신있는 제품을 생산하는 데 특화될 것이다. 각각의 기업은 자사가 생산한 모든 제품을 자사 이름으로 판매할 것이다(대체로 기업들이 구분된 지역에서 판매할 경우 발생한다).

협동을 목적으로 하는 이 같은 협정의 두드러진 특징은 협정의 목적이 참가자들을 더 나은 경쟁사로 만드는 데 있다는 점이다. 사실성 여부를 확인하기 위한 간단한 방법은 협력하는 기업들이 시장 내에서 벌일 다른 중요한 경쟁의 여지가 남아있는지 살펴보는 것이다. 만일 그렇다면, 협력사업의 목적이 더 열심히 경쟁하기 위한 것이라는 사실이 분명해진다. 협력사업 후에 벌일 중대한 경쟁이 남아 있지 않다면 협력사업의 목적은 경쟁을 덜 치열하게 하려는 것이기 쉽다. 또 다른 좋은 방법은 경쟁사들이 불평하는지를 알아보는 것이다. 만일 불평이 있다면, 협력사업이 경쟁을 약화시키는 것이 아니라 강화시킨다는 좋은 신호인 것이다.

협동을 목적으로 하는 협정을 평가하는 데 적용시킬 수 있는 가장 간단한 규칙은 협력하는 기업들이 합병한다면 독점금지의 문제가 발생할 것인가 하는 점이다(합병에 관한 제8장 참고). 만일 그렇지 않다면 협력적 협정을 더 고려해볼 이유가 없다. 두 기업의 완전한 합병에 비해 약한 협력적 협정이 독점금지법을 위반할 만큼 경쟁을 감소시키지 않는다는 사실을 분명히 알 수 있다.

협력사업 : 합병 혹은 수평적 협정 ?

일부 협력사업은 기업들을 철저하게 결속시키기 때문에 실제로 합병으로 분석되어야 하는 경우가 있다. EC에서는 이 같은 협정을 「집중적(concentration) 협력사업」이라 부른다. 집중적 협력사업에서 그 사업은 별도의 경제 실체로서의 역할을 하며, 협력사업 시장 내에서 참여 기업들은 경쟁하지 않는 것이 보통이다:

그러나 협력사업이 독자적으로 남아있는 기업들의 경쟁적 행위를 조정(coordiante)한다면 집중적이라 할 수 없다. 이것은 「협동적인(cooperative) 협력사업」이라 불린다.

기초적인 질문은 이 계약이, 시장에서의 존립가능성을 지닌 두 경쟁사를 다소 영구적인 하나의 실체로 본질적으로 교체시킬 수 있는가? 만일 그렇다면 이는 합병으로 분석되어야 한다(「합병과 협조행동의 구분」 참고).

　이와 같은 협력사업에서는 종종 참여기업 간의 경쟁을 제한하는 협정이 있기 마련이다. 성공적인 협력을 위해서는 이 같은 제한이 필수적인 것일 수도 있다. 가령 기업들이 상품을 개발하고 공동으로 판매하기 위해 협력한다면 기업들은 서로 간의 신뢰를 확신할 수 있어야 한다. 만일 각 기업이 언제라도 협력 사업에서 탈퇴하여 그 동안 개발된 모든 기술과 지식을 가져갈 수 있다면 협력사업은 실패할 것이다. 이와 같은 경우에 대한 두려움 때문에 기업들이 협력사업에 참여하는 것을 기피할 수도 있다. 또한 이 때문에 기업들은 협력사업에 참여하는데 지극히 조심스럽다. 그러나 만일 두 기업이 협력사업과 경쟁하지 않는다는 협정을 체결하게 되면 완전히 참여할 수 있게 된다. 이렇기 때문에 사업의 운영을 위해 협력사업 협정의 일부 비경쟁 조항들이 혹은 효율적인 운영을 위해 필요하기도 한 것이다. 이처럼 주협정에 따른 2차적 합의를「보조협정(ancillary agreement)」이라고도 한다.

　미국 법무성 독점금지국에 의한 협력사업 분석의 예가 아래에 언급되어 있다. 이 협력사업은 세계에서 제일 위력있는 세 개의 제트엔진 생산업체 가운데 두 업체와 관련이 있다.

미국 법무성 **Business Review Letter. 1983. 10. 27.**
(**United Technologies**사와 **Rolls Royce**사의 제트엔진 협력사업)

　이 협력사업은 신형 150인승 항공기에 사용될 엔진을 개발·생산할 것이다. 협정은 성공적인 제트엔진의 상업적 수명과 마찬가지로 30년 동안 유효하다. 엔진의 전반부에는「롤스로이스」의 기술을, 후반부에는「유나이티드 테크놀로지」의 기술을 이용할 것이다. 현재 경쟁할 엔진은 하나다.

　이 같은 협력사업을 분석하는 데 당국은 우선 사업이 운영될 시장 내의 경쟁에 끼칠 영향을 살펴보고, 두 번째로는 협력 당사자들이 경쟁할, 혹은 경쟁할지도 모르는 다른 시장의 경쟁에 끼칠 영향을 고려한다.

먼저, 사업이 운영될 시장에 끼칠 영향을 고려할 때, 당국은 협력 당사자들이 독자적으로 시장에 뛰어들 확률과, 그랬을 경우 기업들이 공동으로 시장에 뛰어듦으로써 야기되는 경쟁 감소의 심각성을 고려한다. 이 협력사업을 분석하면서 우리는, 협력사업의 존재 여부에 상관없이, 이 시장을 대상으로 엔진을 개발·생산하는 데 드는 실제적 비용과 리스크를 사업에 참가하는 하나 이상의 기업이 부담하기는 어렵다고 결론을 내렸다. 따라서 협력사업은 그 시장에서의 경쟁을 감소시키지 않을 것이다.

두 번째로, 협력 당사자들이 경쟁할 혹은 경쟁할 수 있는 시장에 끼칠 협력사업의 영향을 분석할 때, 당국은 그 시장의 경쟁이 줄어들 가능성을 고려한다. 이것은 협력사업을 통한 결속의 증대 가능성, 또는 협력사업의 존재가 협력 당사자들의 경쟁 의욕에 미칠 영향으로 인해 발생할 수 있다. 현재 「유나이티드 테크놀러지」와 「롤스로이스」는 다른 엔진 시장에서 경쟁하고 있다. 기업들이 협력사업 엔진을 위해 협조한다고 해도 그 시장에서 경쟁이 활발할 것이라 믿을 만한 충분한 근거가 있다.

이 같은 협정 분석의 또 다른 예로 특화협정에 관한 EC의 규칙(특화협정의 일괄적 적용 면제(block exception)에 대한 규칙 417/85)을 들 수 있다. 대체로 이런 특화협정에서는, 한 기업은 큰 제품만 생산하고 다른 기업은 작은 제품만을 생산할 것이다. 또 각 기업은 생산품 가운데 일부를 다른 기업에 판매하여 두 기업 다 모든 크기의 제품을 판매할 수 있도록 한다.

이 규칙은 시장의 20% 미만을 차지하는 기업들이 특화하기 위한 협정에 참여하는 것을 허가하고 있다. 물론 이것은 시장을 정의하고 시장의 집중성 여부를 판단하는 것이 중요함을 의미한다(아래의 체크리스트 참고). 이와 같은 협정이 합법적인 이유는 규칙에 설명되어 있다.

특화협정의 블럭 면제에 대한 규칙 417/85 (발췌문)

생산의 특화에 대한 협정은 일반적으로 제품의 생산 또는 분배의 향상에 기여한다. 왜냐하면 관련된 사업이 특정 상품의 생산에 집중될 수 있고 따라서 좀더 효율적으로 운영되고 더욱 저렴하게 상품을 공급할 수 있기 때문이다. 효과적인 경쟁이 주어졌을 때, 소비자들은 이윤의 공평한 몫을 받기 쉽다.

이 같은 이점은, 협정 참여자가 다른 참여자를 위해 특정 상품의 생산을 포기하는 협정과 또 참가자들이 특정 상품을 생산하거나 반드시 공동으로 생산하겠다는 협정으로부터도 똑같이 얻어질 수 있다.

「일괄적 적용 면제」는 문제되는 상품의 실질적인 부분에 대한 경쟁을 배제하지 않는 한도 내에서 제한되어야 한다. 따라서 규칙은 시장점유율과 참여 중인 사업의 총매출이 일정 한도를 넘지 않는 범위에서 적용되어야 한다.

3.3.8. 새 상품을 생산하는 협정

어떤 경우에는, 수평적 협정이 경쟁사들로 하여금 다른 방법으로는 존재할 수 없는 새로운 상품이나 서비스를 생산하도록 하기도 한다. 독점금지 사건에서 이 경우에 관한 고전적 사례는 미국인 작가・화가・출판업자 협회(American Society of Composers, Artists, and Publishers : ASCAP)다. 이 사건은 라디오, TV, 무대 등에서 공연될 수 있는 노래의 소유권과 관계가 있다. 노래의 작가는 노래를 공연할 수 있는 권리를 갖는다. 이론적으로 작곡가는 노래를 사용하는 개개인과 개별적으로 계약할 수 있다. 그러나 실제로 그것은 너무 복잡해서 불가능한 일이다. 그래서 조직(ASCAP)이 소유권을 행사하기 위해 형성되었다. ASCAP는 가격을 책정하고 모든 회원들을 위해 저작료를 수금한다. 물론 이 같은 협정을 극도로 단순화된 관점에서 본다면, 이것은 경쟁관계에 있는 작가들이 자신들의 노래 사용료에 관한 협정을 맺은 것이다. 하지만 이 관점은 너무 단순하고 융통성이 없어서 현실을 간과하고 있다. 노래 소유권자를 위한 수금 서비스는 이 같은 협정 없이는 불가능하다. 실제로 노래는 수평적 협정 없이는 존재할 수 없는 상품(혹은 서비스)이다. 그러므로 이것은 위법이 아니다. 이것은 경쟁을 방해하기보다는 시장의 운영을 돕는다.

3.4. 실무적 조언―카르텔의 수평적 협정평가 체크리스트

다음은 수평적 협정 평가를 위해 거쳐야 할 단계다.

▶ 정의
1. 협정이 단순한 카르텔이 아님을 확인하라.

▶ 시장 분석
2. 관련된 시장을 대략적으로 정의하라.
3. 시장 구조에 대한 대강의 개념을 정립하라. 집중적인가?
4. 협정을 다음과 같이 구분하라.
   a. 시장의 일부 참여자 간의 협정으로 인해 여전히 실질적 경쟁사들을 포함시키지 않는다(5번으로). 또는,

b. 시장의 중요한 경쟁사들 대부분이 참여한 협정이다(6-10번
   으로).

▶ 일부 경쟁사 간의 협정분석

만일 4번의 (a)일 경우

5. 공동운영(협력사업)에 관한 협정으로 분석하라.

다음의 사항을 질문해보라.
   a. 협정이 적용될 시장에서, 얼마나 많은 경쟁이 배제되고 그
      밖에 얼마나 많은 다른 경쟁들이 계속해서 존재하는가?
   b. 주협정과 관련된 규제(보조적 규제)가 주협정 기능에 필수
      적인가?
   c. 협정이 다른 시장에서 벌이는 협정 참여자들 간의 상호경쟁
      에 유해한 결과를 초래할 것인가?

▶ 경쟁사들이 대부분 참여한 협정분석

만일 4번의 (b)일 경우

6. 협정이 카르텔 편의 협정인지 결정하라. 만일 그렇다면, 금지시
   켜라. 다음을 질문하라.
   a. 이 협정은 카르텔을 갖기 쉬운 시장에서 발생하는가?
      (제2장, 특히 「카르텔을 갖기 쉬운 시장」 부분 참고)
   b. 협정이 시장의 중요한 경쟁사들 대부분을 포함하는가?
   c. 협정은 카르텔의 한 가지 문제를 해결하는가? (제2장, 특히
      「카르텔의 문제점」 부분 참고)
   d. 협정을 납득시킬 만한 다른 좋은 이유가 없는가, 혹은 협정
      의 다른 이득은 카르텔의 문제점 가운데 한 가지를 해결하

지 않아도 얻어질 수 있는가?

만일 네 가지의 요소를 모두 갖추었다면, 협정은 카르텔 편의 협정이기 쉽다.

7. 협정이 단지 정부의 조치를 요구하기 위한 것인지 결정하라. 만일 그렇다면, 인정하라.

8. 만일 협정이 위의 분류 가운데 어느 것에도 해당되지 않는다면, 협정은 보다 모호한 협정들 중 하나다. 다음의 분류에 따라 구분하라.

   (a) 협정에 가담한 기업들 간의 경쟁을 제거하는 협정 (9번으로) 또는,

   (b) 협정에 참여하지 않은 기업들을 제외시키거나 피해를 입힘으로써 영향을 끼치는 대다수 경쟁사 간의 협정

9. 만일 8번의 (a)일 경우 다음을 질문하라,

   a. 배제된 경쟁이 무엇인가?

   b. 이 경쟁이 소비자들에게 얼마나 중요한가?

   c. 협정이 경쟁을 배제시키는 외에 시장에 또 다른 어떤 결과를 끼치는가?

   d. 협정이 가져다주는 이점은 무엇인가?

   e. 경쟁을 배제시키지 않고 그 이점을 얻을 수 있는가?

10. 만일 8번의 (b)일 경우 다음을 질문하라.

   a. 시장에서 얼마나 되는 비율의 기업이 협정에 참여했는가?

   b. 어느 정도까지 경쟁사가 배제되거나 피해를 입는가?

   c. 협정의 목적이 무엇인가? 이점은 무엇인가?

   d. 경쟁사를 소외시키거나 피해를 입히지 않고 이 이점들이 얻

어질 수 있는가?

3.5. 일반적인 수평적 협정의 예

3.5.1. 광고를 제한하기 위한 협정

때로는 경쟁사들이 광고를 제한하기로 합의하기도 한다. 달리 표현하자면, 그들은 광고 혹은 특정 유형의 광고를 통한 경쟁은 하지 않기로 합의하는 것이다. 광고를 제한하려는 이 같은 협정은 카르텔 협정의 연장선 상에서 이루어질 수 있고 카르텔을 보조하기 위해 고안된 것일 수도 있다. 이런 경우, 협정은 카르텔 협정의 일부로 간주해야 한다(제2장 참조). 이 단원에서는, 가격이나 생산에 관한 협정(또는 발견될 수 있는 어떠한 협정)과는 독립적인 광고규제 협정에 관해 논의하고자 한다.

● 광고를 제한하는 협정의 예

이같은 협정에는 다음과 같은 것들이 포함된다.

1. 광고를 전혀 하지 않기로 하는 협정
2. 가격을 광고하지 않기로 하는 협정
3. TV, 라디오, 또는 신문 등의 특정 매체를 통해 광고하지 않기로 하는 협정
4. 비교 광고(한 기업의 상품을 타기업 상품과 비교하는 광고)를 금지하는 협정
5. 광고 내용에 관한 협정

● 가능한 반론

광고를 제한하는 경쟁사들은 이 같은 규제에 대해 다양한 정당성을

제시할 수 있다. 경쟁사들은 특히 전문직(profession)이나 그 밖의 서비스업 내에서(광고제한 협정은 주로 이런 직종에서 발견된다) 이러한 협정이 이루어졌을 경우 광고가 품위 없고 부적절하다고 주장할 수도 있다. 그들은 소비자가 상품이나 서비스에 관한 중요한 사실들을 이해하지 못할 것이며, 광고가 소비자를 오도할 수도 있다고 주장할지 모른다. 또한 가격광고가 일부 경쟁사들의 가격을 내리게 하고, 따라서 상품이나 서비스의 질을 저하시킬 것이라고 반박할 수도 있다.

● **경쟁시장에서 광고의 기능은 무엇인가?**

만일 이 문제에 대한 명확한 해답이 제시되어 있다면, 광고를 제한하는 협정의 효과를 분석하는 데 훨씬 용이할 것이다. 물론 광고는 때로 단순히 성가시고, 방해가 되며, 오도하는 것처럼 보이거나, 정보가 아닌 감정만을 전달하는 것처럼 보이기도 한다. 하지만 광고는 경쟁적 시장에서 일정한 역할을 수행한다. 광고는 소비자에게 정보를 제공한다. 예를 들면, 광고는 경쟁사를 알리거나 신상품을 설명할 수도 있고, 품질이나 가격에 관한 정보를 제공할 수도 있다. 광고는 새로운 기업이 시장에 뛰어들거나 시장의 점유율을 확장시키는 방법이 될 수도 있다. 따라서 광고는 경쟁적 방식으로 시장을 혼란시킬 잠재력을 갖고 있다. 이것이 경쟁사가 광고를 제한하려는 이유다.

시장에 관한 경험적 연구가 광고의 경쟁적 효과에 대한 위의 설명을 뒷받침해준다. 미국의 경우 다양한 서비스 업계에서 광고규제를 실시했었다. 주에 따라 규제의 정도가 달라지기도 했다. 이러한 사실로 인해 실질적 규제가 있는 주의 시장과 규제가 없거나 거의 없는 주의 시장에 대한 비교연구를 할 수 있었다. 때로는 광고규제가 실행되다가 나중에 없어지기도 했다. 이것들은 광고규제 「전·후」의 영향에 관한 연구에 좋은 사례가 되었다. 연구에서는 안경, 처방전이 필요한 약, 소매 휘발유, 안과의사나 검안사에 의한 시력측정 서비스, 변호사들의 일상적인 서비스 업무 시장 등에서의 가격광고 규제를 조사해보았다. 가격광고가 허용된 시장의 가격이 저렴하다는 사실이 연구를 통해 나타났다. 품질의 저하는 나타나지 않았다. 그러므로 경쟁사들의 광고규제 협정이 경쟁에 해롭다는 상식적인 결론은 연구를 통해서도 증명되고 있는 것이다[연구에 대한 자세한 내용은《독점 금지 혁명(J. Kwoka와 L. White 공저, 1989)》의「전문가들 간의 광고규제 : Bates v. State Bar of Arizona」부분에 요약되어 있다].

광고를 제한하길 원하는 경쟁사들의 다른 주장들은 어떤가? 그들은 잘못된 광고가 소비자를 오도할 수 있다고 주장한다. 이는 분명 사실이 될 수도 있다. 일부 광고가 이상적인 광고에 훨씬 못 미치는 것은 사실이다. 하지만 소비자들은 스스로 판단할 수 있고, 더 많은 정보가 주어졌을 때 더 좋은 선택을 할 수 있게 될 것이다. 만일 어떤 규제가 필요하다면, 소비자보다는 자신들을 보호하기에 급급한 경쟁사들이 아닌 공공 기관에 의해 이루어지는 것이 바람직할 것이다 (「소비자 보호」 부분 참고)

3.5.2. 기준설정을 위한 협정

기준설정을 위한 협정(Agreement to Set Standards)은 시장의 기능을 향상시키는 유익한 협정이 될 수도 있다. 비록 확률이 적기는 하지만, 기준설정 협정이 카르텔을 용이하게 하거나 혹은 경쟁을 제한하는 협정이 될 수도 있다. 다음의 미국 독점금지국 관리의 연설 발췌문은 기준 협정의 분석방법에 관해 언급하고 있다.

기준과 보증(**certification**) : 독점금지의 역할
Judy Whalley, 미국 법무성 차관보의 연설(**1988. 3. 5.**)

산업에서 기준은, 비전형(non-conforming)상품의 생산을 저하시키거나 감소시킨다. 그러나 전반적으로 증대된 생산과 이에 따른 소비자 선택권의 확대로 인해 기준의 이러한 부정적인 효과는 크게 은폐될 수 있다.

독점금지법은 경쟁과, 경쟁이 소비자에게 가져다 주는 증대된 생산과, 저렴한 가격으로 나타나는 이익에 초점이 모아져야 한다. 개별적인 경쟁사들을 보호하는 것은 중요하지 않다. 많은 협정들이 개별 경쟁사들에게 불리한 것일 수도 있지만, 경쟁을 돕고 따라서 소비자에게 유익하다면, 이 협정들은 독점금지법의 비판 대상이 되지 않는다.

품질에 관한 정보를 증대시킴으로써, 기준은 소비자에게 매우 유익할 수 있다. 그러나 기준에 따른 독점금지의 위험은 그것이 경쟁사들에 의해 상대방의 비용을 높이고 효율적인 경쟁으로부터 배제시킴으로써 가격을 인상시키는 데 이용될 수 있다는 것이다.

기준이 수행하는 세 가지 기능은 정보, 동등화(coordination), 그리고 조정(control)이다.

첫 번째 기능은 정보다. 정보기능의 첫째 구성요소는 신호를 보내는 기능이나 자동차 오일의 점착성, 커피의 카페인 함유 여부와 같이 제품의 본질적 또는 상대적 특성에 관해 소비자에게 정보를 제공하는 것이라 할 수 있다.

두 번째 요소는 비교다. 즉, 업계의 다른 상품들과 상대되는 특정상품이나 상표에 대한 정보 제공이다. 예를 들면, 담배의 타르와 니코틴의 상대적 비율이 그것이다.

세 번째 가능한 구성요소는, 보증(certification)과 같이 어떤 일정한 목표선(benchmark)에 따른 앞의 두 가지 요소의 조합이라 할 수 있다. 종종 첫 번째와 두 번째 기능은 세 번째 기능에 포함되어, 소비자에게는 보증만이 제공되기도 한다. 예로 Underwriters Laboratory Certification을 들 수 있다. 산업계에는 보증의 경쟁적 유형들이 있을 수 있다.

정보의 첫 번째와 두 번째 유형을 제공하는 것은 독점금지에 대한 어떤 문제도 야기시키지 않는 경우가 많다. 보증이 그 자체로서만 제시되었을 때 많은 위험이 초래된다. 왜냐하면 그에 따른 정보가 불충분하고 편파적이거나 사기일 수 있고, 정보에 대한 이 같은 오류는 보증만이 제시되었을 경우 쉽게 감지할 수 없기 때문이다. 반면, 보증이 소비자에 대한 정보 제공의 가장 유용한 방법일 경우도 많다. 상품의 특성에 따른 정보가 상품과 함께 제시되었더라도 소비자들이 이를 평가하기 어려울 경우 보증은 정보를 전달하는 바람직한 방법이다. 가령 전달될 정보가 기술적인 것이고 구매자가 기술적인 지식이 없을 때 보증은 가장 유용한 방법이 될 수도 있다.

기준의 두 번째 기능은 공급자들의 동등화다. 동등화는 품질의 특성에 대한 명시와 관련이 있을 수 있다. 미터법과 같은 측정법, 플러그의 공용성 기준 또는 네크워크의 공유(network interface) 등을 예로 들 수 있다.

아마도 가장 일반적인 업계 전체의 기준설정 유형은 동등화일 것이다. 하지만 이 동등화 기능을 이행하는 데도 경쟁적인 체제는 존재할 수 있다.

기준의 세 번째 기능은 조정―공급자들이 달리 도달할 수 없었던 기준에 도달하게 하는 강제성―이다. 일반적으로 이 같은 기준 하에서는 정부가 강압자가 된다. 이 조정기능은 조정이 보장되었을 때 유익하다. 이것은 대체로 기준의 미달로 인해 제3자에게 법원이 조절하거나 보상할 수 없는 피해를 초래했을 경우에 국한된다.

살모넬라 균을 방지하기 위한 통조림 제조기준을 예로 들 수 있다. 살모넬라 균의 원인을 파악하고 적절한 책임을 부가하는 것은 매우 어렵기 때문에 오염의 위험을 방지하기 위한 몇 가지 조정이 적절하다고 할 수 있다. 또 다른 예로 책임보험이 불충분한 소규모의 항공사같이, 보상을 위한 자원이나 보험은 제한적인 데 비해 피해는 본질적인 경우를 들 수 있다.

기준은 사회 복지에 매우 유익할 수도 있다. 소비자들에게 제공되는 정보의 증가는 소비자로 하여금 구입할 상품에 대해 나은 선택을 할 수 있도록 하고, 수요와 공급이 더 빨리 균형을 이루도록 하며, 신기술의 장점이 더 빠르고 효율적으로 보급되도록 해준다.

공급자의 동등화는 신상품의 공급자들이 상품을 소비자들에게 더욱 빠르고 효과적으로 공급하도록 해주면서 많은 농일한 복적을 성취한다.

시장의 실패를 극복하기 위해서는 조정이 필수적이다.

따라서 기준은 시장의 성공적, 효율적 운영에서 주요한 요인이 될 수도 있다. 이것이 바로 독점금지법이 육성하고 지원하려는 활동과 이윤이다.

그러나 앞에서 언급한 바와는 달리, 기준은 독점금지 문제를 야기할 수도 있다. 가장 뚜렷한 문제점은, 기업들이 의도적으로 제한적 기준을 도입함으로써 현실적이거나 저렴한 가격의 상품들을 배제시켜 기준을 가격협정 음모를 추진하는 속임수로 이용하는 경우다. 초기의 기준설정 사건들은 기준을 가격협정의 단속과 보조수단으로 이용한 경우다.

이런 분명한 상황에서 멀어질수록 물이 다소 탁해진다. 그러나 기준설정이 독점금지 문제를 야기시키려면 반드시 한 가지 요소가 전제되어야 한다. 그 요소는 조정이다.

만일 조정이 존재하지 않고 시장에 상품을 공급하는 데 기준의 준수를 강력히 요구하지 않는다면 기준설정에 독점금지 문제가 발생할 가능성은 매우 희박하다.

이와 같은 조정은 정부가 기준의 준수를 의무화할 경우 반드시 나타난다. 정부기관이나 그 밖의 기관에 의한 기준의 적용과 이용이 만연하여 준정부적인 효과가 있는 곳에서도 조정은 존재할 수 있다. 이것이 바로 대법원이 Hydrolevel 사건에서 발견한 「조정」의 유형이다. 이 사건은 널리 분포된 ASME(미국기술자협회 : American Society of Mechanical Engineers)의 기준을 적용함으로써 강한 조정력이 부가되어, 법원의 판결문을 인용하자면, 기준의 『해석이 전국의 크고 작은 기업의 경제적 번영이나 실패를 초래할 수 있다』라고 할 정도였다. 또한 법원은 ASME가 『실제로는 별도의 정부기관이라 할 수 있다』라고 밝혔다. 연방 규정과 주ㆍ지방법에 따른 기준의 통합 때문이었다.

이 같은 조정이 있는 곳에서는, 일반적으로 비용을 높여 경쟁사를 배제하려는 기준의 잠재적인 사용가능성에 독점금지 위험이 도사리고 있다고 할 수 있다. 이것은 배제된 경쟁상품에 대한 정보제공을 거부하는 것으로 나타난다. 보증을 고려하지 않거나, 경쟁상품에 대한 진지한 고려보다는 경쟁사를 배제하기 위해서 잘못된 보증이나 보증거부 등과 같은 그릇된 정보를 제공하는 경우가 그것이다.

기준설정 과정이 남용될 수 있는 또 다른 분야는 지나치게 제한적인 동등화 기준을 의도적으로 적용하는 경우다. 최소ㆍ최대 기준 모두를 제시하거나 세밀한 디자인 기준을 부과하는 것 등이 그것이다. 이러한 행위는 효과적인 상호연결 보장을 위해 필요한 기준의 정도를 훨씬 넘어서는 것이며, 혁신과 디자인 발전을 저해할 수 있다.

반경쟁적인 극소수의 기준을 그렇지 않은 다수로부터 골라내는 규칙들을 명시하기란 쉬운 일이 아니다. 하지만 길잡이가 될 만한 약간의 일반적인 규칙은 있다.

무엇보다도 기준설정이 반경쟁적 효과를 낳지 않을 것이라는 가장 확실한 보증은 기준 설정자들끼리 경쟁하는 것이다.

기준설정 기관끼리의 경쟁이 없는 경우, 두 가지 중요한 요소에 대해 생각해보아야 한다.

첫째는 정당한 과정(공정성, 개방성 그리고 절차의 정직성)이다. 기준설정자가, 가장 관련깊은 업체들에 의한 투입, 절차와 결정의 근거에 대한 충분한 기록의 유지, 상품이나 서비스의 기준준수와 특별한 경우의 기준적용에 기초한 정당화 등을 규정하는 절차를 확립한다면, 기준이 독점금지에 위반되는 문제점을 야기하는 일은 없을 것이다.

기억해야 할 두 번째 요소는 기준설정에 사용되는 표준의 성격과 관련된다. 디자인 표준보다는 작업에 기초한 기준이 경쟁적인 관점에서 볼 때 더 우월하다고 할 수 있다. 작업표준(performance criteria)은 상품이 기능을 수행하는 과정보다는 기능을 수용할 수 있는 능력을 측정한다. 이 같은 요소들은 앞에서 설명한 유익한 기능을 수행함으로써 보다 쉽게 뒷받침되며, 이로 인해 상품의 혁신이나 발달을 저해하지는 않을 것이다.

이와 마찬가지로, 최소 작업표준을 내세우는 기준이 최대 표준이나 최소·최대 표준보다 우월하다. 최소 표준은 기준의 모든 유일한 목적들을 달성하면서 상품이나 작업을 부당하게 제한하지도 않는다.

> 지금까지 언급한 규칙들은 매우 단순한 것이지만 실질적인 길잡이가 될 수 있다.

3.5.3. 기지점 가격제 또는 동일한 인도가격제

> ## 기지점 가격제
>
> 기지점 가격제(Basing point pricing)란, 상품이 실제로 생산 또는 저장되는 장소와는 상관없이 합의된 특정지점(기지점)으로부터의 운송비를 포함시키는 가격을 인용하는 관행을 말한다. 이 방법은 각기 다른 지역에 위치한 판매자들의 운송비용을 균등하게 한다.
>
> 예를 들어 폴란드의 설탕 생산업자들이 기지점 가격제를 도입했다면, 그들은 와르소와 같이 중앙에 위치한 도시를 기지점으로 정할 수 있다. 만일 포즈난에 있는 설탕 생산업자가 루블린의 구매자로부터 연락을 받았다면, 그 생산자는 와르소에서 루블린까지의 운송비만을 가격에 포함시키게 된다. 포즈난의 생산자가 포즈난의 구매자에게 판매할 경우에는 와르소부터 포즈난까지의 운송비를 포함시킬 것이다[때로 「유령화물(phantom freight)」이라 불리기도 한다].

경쟁사들 간의 기지점 가격 혹은 동일한 인도가격 책정에 대한 합의는 종종 「카르텔 편의 협정」으로 분류되기도 했다.

앞의 체크리스트를 적용시켜 보자(편의 협정 참고). 다음의 네 가지 요소가 대부분의 편의협정을 구분해 준다.

1. 이 협정은 카르텔이 발생하기 쉬운 시장에서 나타난다.

2. 이 협정은 시장에서 대부분의 중요한 경쟁사들을 포괄하고 있다.

3. 카르텔의 문제점 가운데 한 가지를 해결해준다.

4. 협정을 위한 다른 타당한 이유가 없거나, 혹은 카르텔의 문제점을 해결하지 않고도 다른 이윤들을 얻을 수 있다.

   (1) 대체적으로 기지점 가격체제는 카르텔이 발생하기 쉬운 시장에서 나타나지만, 물론 모든 경우를 다 살펴보아야 한다.

   (2) 대체로 기지점 가격제는 시장의 주요경쟁사 모두에 의해 적용된다. 사실, 실질적인 경쟁사들이 이 체제를 사용하지 않고 실제 운송비를 적용한다면(또는 고객이 직접 운반하도록 한다면) 이 체제는 유지될 수 없을 것이다.

   (3) 가장 중요한 사실은, 기지점 가격제가 카르텔의 두 가지 문제점을 해결한다는 것이다. 첫 번째로, 기지점 가격제는 업계의 가격책정을 단순화한다. 이것은 기업으로 하여금 정확히 가격을 합의하도록 하거나 가격 선도자를 따름으로써 묵시적으로 결탁하기 쉽도록 한다. 두 번째로, 기지점 가격제는 카르텔의 단속을 크게 단순화한다. 만일 카르텔이 공장 입구에서의 판매가격에 단순히 합의했다면, 기업들은 운송비의 일부 혹은 전부를 흡수함으로써 쉽게 카르텔을 속일 수 있다. 기지점 가격제는 이 같은 기회를 소멸시킨다(실제로, 기지점 가격제는 비밀 환불이나 그 밖의 복잡한 계략의 형태로 이런 사기행위가 비밀리에 추진되도록 하는데, 실행하는 데 더 많은 어려움이 따르기 때문에 카르텔의 붕괴위험은 줄어든다). 가격합의를 용이하게 하고, 카르텔을 속이

는 일을 어렵게 함으로써, 기지점 가격제는 카르텔의 두 가지 문제점을 해결하는 것이다.

기지점 가격제를 이용한 생산자들은, 가격을 합의한 것이 아니라 가격책정의 기초만을 합의했다고 변명할지도 모른다. 이것이 사실일 수도 있지만, 가격협정 자체가 은폐되었거나 묵시적인 것일 수도 있다. 기지점 가격제에 대한 중요한 사실은, 이 가격제가 가격공모를 용이하게 한다는 것이다. 또한 이 체제의 사용자들은, 소비자들의 이해를 위해 협정이 가격책정을 단순화한다고 자신들의 합의를 변호할 수도 있다. 심지어 동의하는 일부 고객들도 있을 것이다. 물론 이 협정은 가격책정을 단순화한다. 그것이 핵심이자 단점이다(제2장 「카르텔 협정에 대한 항변」의 혼란스러운 경쟁 참고).

(4) 마지막으로, 협정에 대한 타당한 이유가 없다. 사실, 이 협정은 상식에 위배되는 것이다. 왜 먼 거리의 고객에게 판매할 경우의 운송비용을 생산자가 부담해야 하는가? 왜 비싼 운송비용을 지불할 필요가 없는 인근의 고객에게 판매하는 지역적 이점을 이용하지 않는가? 협정이 의도대로 작용했을 경우 판매자들(집단으로서의)은 가까운 지역의, 따라서 오랜 수송과 비싼 운송비가 필요 없는 고객에게 판매했을 때 운송비 면에서 훨씬 많은 손실을 입을 것이다. 기지점 가격제는 낮은 운송비를 이용해 인근의 고객에게 저렴한 가격을 제시할 수 있는 능력에 기초한 생산자들의 경쟁을 소멸시킨다.

　기지점 가격제 사건에서 발췌한 다음의 사례는 이 체제의 해석방법을 잘 보여주고 있다.

연방거래위원회 대 시멘트협회
(미국 최고재판소 333 U. S. 683(1948))

　소송 절차는, 시멘트 업체들이 기지점 가격제를 도입하겠다는 상호이해 또는 협정으로 시멘트의 판매와 분배 경쟁을 제한하고 방해했다는 위원회의 고소에서 비롯되었다.

　우리는 기록에서 증거가 있는 다음 사실들이, 합의된 행위에 대한 위원회의 판단을 보증하기에 충분하다고 생각한다. 미국에는 약 150개의 제조공장을 운영하는 80개의 시멘트 제조업체가 있었다. 10개의 기업이 공장의 절반 이상을 통제하고 있었고, 다른 많은 기업들 간에도 실질적인 제휴가 있었다. 이 집중적인 생산능력은 힘들어야 할 공동행위를 훨씬 용이하게 했다. 시멘트의 표준화된 성질 때문에, 업계에는 가격경쟁이 전적으로 부적합하다는 생각이 만연해 있다. 이 생각은 오래된 것으로, 경쟁을 소멸시키기 위한 수단과 방법을 고안하기 위한 공동행위를 초래했다. 이 같은 행위에서 복합적인 기지점 가격제가 비롯되었다. 증거를 통해 이 체제가 어떤 형태의 가격경쟁이라도 배제할 수 있는 편리한 수단이 되었다는 사실을 알 수 있다. 시멘트 생산자들에 의한 복합적인 기지점 가격제의 사용으로 인해 몇 년 동안 거의 모든 지역에서 동일한 가격과 조건으로 시멘트의 판매가 행해졌다. 페니 단위까지 일치하는 봉인된 시멘트 입찰가가 공공기관에 접수되었다.

　때때로 외국 시멘트가 수입되기도 했는데, 시멘트 매매업자들은 배달료를 포함한 국산품 가격보다 싼 가격에 수입 시멘트를 판매했다. 수입 시멘트 판매를 고수하던 매매업자들은 국내 생산자들에 의해 보이코트되었다. 협회 사무원들은 자기 트럭을 이용해 직접 운반하려는 구매자에게는 시멘트를 판매하지 않겠다는 생산자들의 서명을 받아내는 데 앞장섰으며, 이러한 관행은 업계의 전체 운송비 구조에 심각한 악영향으로 간주되었다.

1930년대의 불경기 동안, 부진한 사업으로 인해 일부 생산자들은 인도가격제로 합의된 가격으로부터 일탈하게 되었다. 다른 생산자들에 의한 회의가 소집되었고, 일탈자들을 징계하고 다시 협력시키기 위한 효과적 계획이 고안되었다. 계획은 간단하지만 성공적이었다. 생산자들은 일탈자의 공장을 비자발적인 기준점(base point)으로 정했다. 기준가는 낮아졌는데, 징계를 가한 생산자들에게는 비교적 사소한 손실이었지만, 이 기준에서 모든 판매를 해야 했던 일탈업체로서는 커다른 손실을 감수해야만 했다. 생산자가 낮은 공개입찰을 했던 어떤 경우에는, 공장에 징계적 기준가가 적용되어 시멘트 가격이 배럴당 10센트로 하락했다. 일탈업체가 판매해야 할 기준가가 배럴당 75센트가 될 때까지 가격은 계속 하락했는데, 이 가격은 이전의 기준가인 1.45 달러의 거의 절반에 이르는 가격이었다. 기준가가 75센트로 하락한 지 6주 후 합의각서가 쓰여졌고 일탈업체는 시멘트협회에 가입했다. 그 뒤 이 지역의 시멘트가격은 1.15 달러로, 후에는 1.35 달러로, 결국 1.75 달러까지 다시 상승했다.

위의 사례는 기지점 가격제의 유지를 위해 이용되는 관행의 예시일 뿐이다.

경쟁의 결과 동일한 인수가격의 복합적인 기지점 체제와, 표준화된 가격과 상대적으로 높은 운송비를 갖는 업계의 판매조건이 초래될 수 있다는 취지에서 기업들은 경제학자들의 증언을 제시했다. 이 경제학자들은, 앞에서 언급한 이유 때문에, 모든 지역에서의 시멘트 가격이 몇 년 동안 거의 변함없이 일치했다는 사실로부터 미국의 시멘트 생산자들의 어떠한 공모나 합의, 이해도 도출해낼 수 없다고 증언했다. 인도가격의 복합적 기지점 체제가 용인된 경제원리에 저촉되고 공모를 통해서만 유지가 가능했을 것이라는 다른 경제 전문가들의 많은 증언도 있었다.

위원회는, 비록 경쟁이 표준화된 제품의 가격을 일률적인 수준으로 맞추려는 경향이 있긴 하지만, 이 같은 경향이 시멘트 업계에 오랫동안 만연했던 가격, 할인, 시멘트 컨테이너의 거의 완벽한 일치를 설명할 수는 없다고 결론지었다. 위원회는 업계의 획일화와 경쟁의 부재가 시멘트협회와 기업들의 합의에 의한 협정의 결과라고 인정했다. 위원회는, 협회가 회원들의 협조로 복합적인 기지점 인도가격제를 유지하기 위해 활발히 활동했다는 증거를 통해 명시 또는 암시된 협정을 추적하는 권한을 부여받았다. 위원회는 이 가격제가 나라 전역에 걸친 일률적인 가격과 판매조건을 계획하고 실행해왔으며, 모든 기업이 실제로 복합적인 기지점 체제가 요구하는 양식에 따라 시멘트를 판매해왔음을 밝혀야 했다.

우리는, 시멘트 업체와 협회에 의해 적용된 기지점 인도가격제가 연방거래위원회에서 금지하고 있는 불공정거래 행위라는 위원회의 결론을 지지한다.

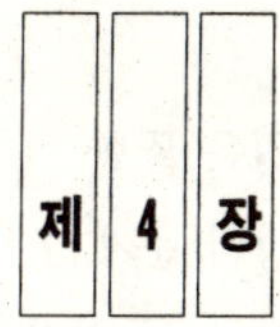

제 4 장

시장의 정의

4.1. 개요

독점행위를 분석하는 첫 번째 단계는 관련시장을 정의하는 일이다. 시장(또는 시장들)을 정의하는 이유는 어떤 경쟁이 독점의 영향을 받는지를 결정하기 위한 것이다. 경쟁에 대한 분석은 시장 내에서만 가능하다. 특히, 기업이 시장에서 지배적 위치를 차지하는지의 여부를 판단하기 위해서는 시장에 대한 정의가 반드시 필요하다. 유럽재판소에 따르면 『관련시장의 정의는 본질적으로 중요하다.』
[Continental Can 사건 - 1973, ECR 215 참고]

시장을 정의하는 것은 매우 실질적인 문제다. 근본적인 문제는 『어떤 경쟁이 특정 고객들이나 기업들과 긴밀한 관련을 맺고 있는가?』
라는 것이다.

하지만 시장을 정의하는 일은 또한 이론적 기초를 필요로 한다. 시
장 정의에서 기초적인 이론상의 문제는 『만일 이 지역에서 이 상품을
판매하는 기업이 하나뿐이라면, 이 기업은 경쟁수준 이상으로 가격을
올릴 수 있겠는가?』라는 것이다. 만일 답이 『그렇다』라면 그 시장은
제대로 정의된 것이다. 그 지역에서 행해지는 상품 판매가 관련시장
이 되므로, 경쟁적 효과는 그 시장에서 분석되어질 수 있다. 질문에
대한 답이 『아니다』라면 시장은 다시 정의되어야 한다.

이러한 이론적 기초에는 상식적인 배경이 깔려 있다. 독점금지법의
핵심은 독점이나 지배적 위치의 남용, 시장력의 행사 등을 금지하는
것이다. 따라서 시장 정의를 통해 시장력이 행사 또는 남용될 가능성
이 있는 시장을 찾는 것은 당연한 일이다.

이 기초적 질문은 EU법에 달리 표현되어 있는데, 만일 『상품이 가
장 높은 시장점유율을 점하고 있는 생산자에 의해 지배될 수 있는 독
립적인 시장을 구성한다면』 독립적인 관련시장이 존재한다.

질문해야 할 사항은 다음과 같다.

1. 관련시장은 무엇인가?
   a. 관련된 상품시장은 무엇인가?
      ① 수요 측면
      ② 공급 측면
   b. 관련된 지리적 시장은 무엇인가?

시장은 먼저 수요의 관점에서 정의된다(즉 고객들이 무엇을 요구하
는가?). 시장정의 시에는 공급측면 또한 고려되며, 진입분석에서는

다른 형태로 다루어진다(시장 정의와 밀접한 관련이 있는 진입의 문제는 다음 장인 「지배적 지위」에서 자세히 논의될 것이다).

지금까지는 판매자의 독점이 문제가 되는 가장 전통적인 시장 정의만이 논의되었다. 구매자독점 시장 정의에 대한 특수한 문제는 이 장의 뒷부분에서 다루어질 것이다.

각각의 주제는 앞으로 다루어질 것이다. 시장 정의를 위한 체크리스트에는 단계별로 필요한 질문이 명시되어 있다. 그 다음은 ① 혐의가 있는 지배적 기업, ② 지배적 기업의 고객, ③ 다른 잠재적 경쟁기업에 대한 시장 정의에 유용한 질문들이 제시되어 있다. 이 같은 질문을 통해 얻은 정보들은 체크리스트를 확인하고 시장을 정의하는 데 이용될 수 있다. 그 다음 제시된 것은 구매자의 독점력과 관련된 시장 정의를 위한 특별 체크리스트다.

관련된 상품시장부터 정의하는 것이 전통적(또한 가장 편리한)인 방법이다.

4.2. 상품시장

생활용어로 표현하자면, 상품시장을 정의하는 것은 『어떤 상품이 서로 경쟁하는가?』라는 질문에 답하려는 시도라 할 수 있다. 이 실질적인 질문을 처음부터—그리고 끝까지—상기하는 것이 중요하다. 그러나 시장 정의에 대한 경험들을 근거로 이 질문은 아주 복잡한 방법을 통해 서술되게 되었다. 이런 방법들은 시장 정의의 기초가 되는 원리들을 밝히는 데 유용하다.

4.2.1. 미국, EU, 캐나다 법에서의 상품시장의 정의

미국의 독점금지 당국에서는 다음과 같은 질문에 대한 답으로 상품

시장에 대한 정의를 내린다. 『만일 상품 가격에 적지만 중요한 인상이 있었다면, 고객들은 다른 상품(만일 있다면)을 구입하겠는가?』만일 답이 『아니다—대부분의 고객은 인상된 가격을 지불할 것이다』라면 그 시장은 바르게 정의된 것이다. 하지만 상당수의 고객이 선택할 수 있는 다른 상품이 있다면, 그 상품들은 관련시장에 포함된다. 왜냐하면 이 상품들이 유사한 대체품이기 때문이다. 질문에는 대체로 5%의 가격인상이 사용되지만, 일부 경우에는 다른 인상폭이 사용되기도 한다. 가격인상이 단지 일시적인 것이 아니라는 점 또한 중요하다.

EU에서는 이 질문을 약간 다르게 표현한다. 『상품이 고객에 의해 상호 교환적이거나 대체 가능한가?』EU의 합병 신고서에는 상품 시장에 대해 다음과 같이 정의하고 있다.

상품시장: 상품의 특성, 가격, 용도 때문에 고객에 의해 상호 교환이나 대체 가능한 모든 상품 또는 서비스로 구성되는 관련 상품 시장. 관련상품 시장은 여러 개의 개별적 상품집단으로 이루어지는 경우도 있다. 물리적 혹은 기술적 특성이 대체로 유사하기 때문에, 개별적 상품집단은 완전한 상호교환이 가능한 상품이나 소규모의 상품집단을 의미한다. 집단 내의 상품의 차이는 적고, 대체로 상표 또는 이미지의 문제일 경우가 많다. 상품 시장은 기업의 시장운영에 이용되는 분류라 할 수 있다(EU 합병 신고 규칙 2367 / 90).

유럽재판소는 Continental Can 사건의 판결을 통해 탄력성과 대체성의 관점에서 시장을 정의해야 한다는 점을 분명히했다. 『(기업의) 지배적 지위를 평가하기 위해서는 무엇보다도 관련시장의 정의가 중요하다. 왜냐하면 경쟁의 가능성은 문제되는 상품의 특성과 관련해서만 판단할 수 있는데, 그 특성 덕분에 상품은 특히 융통성 없는 요구를 만족시키는 경향이 있으며 제한된 범위 내에서만 다른 상품과의 교환이 가능하다.』

캐나다에서는 — 합병을 검토하는 관점에서 — 시장에 대해 다음과 같이 정의한다.

개념적으로 합병 분석을 위한 관련시장은 최소의 상품집단과 최소의 지리적 구역의 측면에서 정의된다. 최소의 지리적 구역에서 하나의 기업(「상상적 독점가」)이 상품의 유일한 판매자 역할을 할 경우 장기적으로 가격인상을 실시하여 합병이 존재하지 않을 때와 같은 수준으로 가격을 유리하게 유지할 수 있다.

이 같은 접근방법들에 차이는 있겠지만, 실제로 대다수의 경우 나타나는 결과는 같을 것이다. 그러나 이러한 일반적인 원칙은 단지 시작에 불과하다. 이 원칙의 적용에 대한 세부사항이 중요하다. 첫 번째 열쇠는 시장 정의, 대체성에 이용되는 기본원칙이다.

4.2.2. 수요 측면 — 대체성

상품이 「고객에 의해 교환될 수 있는 것은」 언제인가? 그리고 시장을 정의하는 데 대체품이 왜 중요한가? 시장을 정의하는 궁극적 목적은 특정 기업(또 특정 고객)에게 정말로 중요한 경쟁이 무엇인지 결정하는 것이다. 궁극적 목적은 시장력(market power)이 있는지 또는 있을 수 있는지를 판단하는 것이다. 대체품은 이 질문에서 매우 중요한 역할을 차지한다. 어떤 기업이 한 제품의 유일한 생산자라 하더라도, 고객이 그 제품에 대한 훌륭한 대체품을 구입할 수 있다면 기업은 독점력을 갖지 못한다. 여기까지는 명백하다. 어려운 질문은 『대체품이 얼마나 유사한가?』, 또 『가격은 얼마인가?』하는 것이다.

이 두 가지 질문은, 비록 형태는 조금 다르지만, EU와 미국, 그리고 캐나다에서 모두 다루어지고 있는 문제다. EU의 시장 정의 판례에서 관련시장은 「상품의 특성, 가격, 용도」를 고려한 대체가능한 상품을 포함해야만 한다. 미국과 캐나다의 시장 정의 판례에서는, 만일 가격이 작지만 의미심장하게 상승한다면 소비자들에게 가능한 대체품을 선택할지 질문한다. 이때 물론 고객들은 대체품의 가격과 유사성에 대해 고려할 것이다. 따라서 모든 시장 정의 판례는 대체품의 유사성과 가격을 검토한다고 할 수 있다.

대체성의 문제에서 가격이 왜 중요한 요소가 되는지를 이해할 필요가 있다. 그것은 대체성 문제의 배경이다(아래 예문 참고).

가격과 대체성

소나무 탁자와 전나무 탁자

가정에서 사용하는 탁자가 일반적으로 소나무와 전나무로 만들어진다고 가정해보자. 두 가지 목재는 재질이 유사하고 대부분의 소비자들은 두 가지를 동일한 것으로 생각한다. 많은 소비자들은 두 가지를 잘 구분하지 못하기도 한다. 전나무 탁자의 가격이 1%만 오른다고 해도, 많은 고객들은 전나무 탁자 대신 소나무 탁자를 선택할 것이다. 전나무 탁자에 1%를 더 투자할 이유를 찾지 못한 것이다. 그러므로 소나무 탁자와 전나무 탁자는 같은 시장에 있다고 쉽게 결론지을 수 있다.

> ### 나무탁자와 탁자보 그리고 담배
>
> 나무탁자의 가격이 200만 원에서 600만 원으로 200% 인상했다고 가정해 보자. 200만 원에 탁자를 구입했던 많은 사람들은 가격이 600만 원이라면 다른 결정을 내릴 것이다. 예를 들면 20만 원짜리 탁자보를 사고, 옛날 탁자를 그냥 계속해서 사용할지도 모른다. 나머지 580만 원으로는 무엇을 하겠는가? 담배나 음식, 의자 등을 사는 데 쓸 수도 있다. 이것은 탁자와 탁자보가, 또는 탁자와 담배가 같은 시장에 있다는 의미인가? 아니다. 왜냐하면 200% 가격인상이라는 처음의 가정이 너무 크기 때문에 대체성에 관해 논의하는 것이 의미가 없기 때문이다.
>
> 이 두 가지의 극단적인 예시에 시장 정의를 위한 현실적 핵심이 있다. 5%의 가격변화가 그 중 하나이다.

모든 시장 정의에는 백분율 가격변화(percentage price change)가 함축되어 있다. 백분율이 명시되지 않았다 해도 이것은 사실이다. 명백히 표시하지 않더라도 함축되어 있는 것이다. 누군가가 『다른 어떤 상품이 똑같은 기능을 수행하겠는가?』라고 묻는다면, 답의 핵심은 『어느 정도의 가격에?』라는 것이다. 예를 들어 가격이 상관없다면, 손으로 조각한 이탈리아 대리석 판이 단순한 나무탁자의 대체품이 될 수도 있다. 또는 좀더 일반적인 예로 대규모의 목제품 공장의 경우를 생각해보자. 수동톱으로 나무를 자르는 일이 현대적인 자동톱으로 나무를 자르는 일을 대체할 수 있는가? 아마도 안 될 것이다. 하지만 솜씨 좋은 기술자의 손으로 할 경우 두 가지의 결과가 같이 나온다면 대체될 수도 있을 것이다. 왜냐하면 수공이 훨씬 비쌀 것이기 때문이다. 만일 비용이 같다면 서로의 대체품이 될 수 있다는 결론을 얻게 되는 것이다. 그러므로 가격의 문제는 대체상품에 관한 모든 질문과 본질적으로 연관되어 있다.

따라서, 선택할 수 있는 한 가지 방법은 가격의 문제를 공개적으로 거론하고 관련된 가격인상을 직접적으로 정의하는 것이다. 또는 가격인상을 적어도 출발점으로 이용하는 것이다. 이것이 바로「5% 테스트」의 핵심이다.

1년에 30~50% 이상의 인플레이션이 발생하는 경제에서「5% 테스트」는 의미 없는 것처럼 보일 수도 있다. 이 테스트에서는 인상을 상대적인 가격으로 간주한다는 사실이 중요하다. 다시 말하면 다른 모든 상품의 가격과 비교한 문제상품의 가격인상에 대한 테스트인 것이다.

5% 테스트가 의미하지 않는 것을 짚어보는 일도 중요하다. 이것은 시장에서 지배적 기업에게 허용되는 행위와는 관련이 없다. 기업이 5%의 가격을 인상할 수는 있으나 6%는 안 된다는 것을 의미하지는 않는 것이다. 오히려, 한 상품이 다른 상품의 대체품이 될 수 있다는 것이 어떤 의미인지 생각해보는 방법일 뿐이다. 그 이상도 그 이하도 아닌 것이다.

경제용어를 써서 말하자면, 관련상품을 정의하는 것은 상품과 그것의 대체품 사이의「대체의 신축성」을 간접적으로 평가하려는 시도라고 할 수 있다. 대체의 신축성을 직접적으로 측정하기란 불가능하다. 필요한 자료가 대부분 없기 때문이다.

따라서, 상품시장을 정의할 때 이용되는 정보가 더 실용적이다. 논리적으로 무엇이 대체품인가? 어떤 상품이 유사한 특성을 가지는가? 어떤 상품이 일부 경우에 대체품으로 쓰이는가? 어떤 상품이 기술적으로 대체 가능한가? 과거에는 어떤 상품을 이용했는가? 다른 지역이나 다른 국가에서는 어떤 상품을 이용하는가? 관련업계의 관계자들은 어떤 상품을 사용하는가? 이 대체품들의 비용은 얼마인가? 이와 같은 질문을 고려하는 것이 상품시장을 정의하는 방법이다. 좀더 구체적인 대안은 아래의 실용적 조언 부분에 제시되었다.

시장 정의의 핵심은 한계 소비자(marginal customer)라는 사실을 주지할 필요가 있다. 한계 소비자란 쉽게 다른 상품을 선택할 가능성이 많은 소비자들을 말한다. 이들은 가격에 민감한 소비자들이다. 이들의 행위가 일반적으로 시장을 정의한다. 다른 소비자들—가격에 덜 민감하거나「한계 미만의(intra-marginal)」소비자들은 시장 정의에 그리 중요하지 않다. 아래의 예문을 참고하라. 따라서 시장을 정의하는 데 한계 소비자와 한계 미만 소비자 모두 존재한다는 사실을 기억할 필요가 있다. 모든 시장에는 어떤 실질적인 조건 하에서도 선택을 바꾸지 않을 소비자가 있기 마련이다. 하지만 주지해야 할 소비자는 선택을 바꾸는 소비자들이다. 관련된 문제는 이 한계 소비자가 선택을 바꿀 것인가, 또 몇 명이나 되는가, 선택을 바꾸도록 하는 조건은 무엇인가 하는 것이다. 이러한 요소들이 수요 측면에서 본 관련 시장의 경계를 정의한다.

한계 미만 소비자와 한계 소비자

식품점 근처에 사는 몇몇 사람들은 항상 그 상점에서 식품을 구입한다. 그들의 이유는 다양하다. 일부는 나이가 많아 다른 상점까지 가는 데 어려움이 있다. 일부는 습관을 쉽게 바꾸지 못한다. 일부는 편의성을 높이 평가하고, 일부는 단지 게으르고 돈에 대해 부주의하다. 경제적 용어로 이들은「한계 미만(inframarginal)」소비자들이다. 다시 말해 한계로부터 거리가 먼 사람들이다. 이 한계 미만 소비자들은 그 상점에서만 구입한다. 이것은 이 식품점 자체가 관련시장이라는 의미인가? 상점 주인은 경쟁에 개의치 않고 가격을 책정할 수 있는가? 물론 그럴 수는 없다. 가격을 매우 중시하는 다른 소비자들이 있기 때문이다. 그들은 가장 좋은 가격을 얻기 위해 여러 상점을 돌아다니며 구입할 것이며, 너무 비싸다고 여겨지는 상품은 구입하지 않을 것이다. 이들이 바로 한계 소비자다. 이들의 수가 그다지 적지 않다면 실제 인원수보다 더 큰 영향력을 가질 수 있다. 상점주인은 한계 소비자를 포기할 각오를 하지 않는 한 가격을 인상할 수 없다. 따라서 이 상점에서 구입하는 다른 소비자들은 한계 소비자들의 영향력으로 이익을 얻는다. 다른 상점의 가격을 정기적으로 확인하지 않는 소비자들조차도 한계 소비자들의 행위를 통해 가격경쟁에서 이익을 얻게 되는 것이다.

4.2.3. 공급측면—공급대체 : 누가 시장에 있는가?

구매자의 반응을 고려한 후에는 판매자들이 행할 수 있는 대응방안도 고려해볼 필요가 있다. 이를 일반적으로 공급 측면에서의 분석이라 한다. 예를 들어, 어느 도시에 밀가루 제분소가 단 하나뿐이라고 가정해보자. 이 제분소가 도시의 밀가루 시장을 지배하는 것처럼 보일 수도 있다. 그러나 매우 유사한 설비를 갖춘 다른 제분소에서 호밀가루, 메밀가루 등 그 밖의 곡물을 제분하고 있다고 가정해보자. 만일 이 제분소가 쉽고 빠르게 밀가루 제분 쪽으로 전환할 수 있다면, 이러한 다른 제분소의 존재는 유일한 밀가루 제분소의 행위를 제한할 것이다. 이것을 공급대체라고 한다. 다른 제분소들을 잠재적인 경쟁자로 볼 수도 있는 것이다. 어떤 용어를 사용하든 간에, 다른 제분소의 영향을 고려하지 않고는 밀가루 제분업계의 경쟁상황을 정확히 평가할 수 없음을 분명히 알 수 있다.

공급대체에 대해 북미와 유럽의 접근방법에는 기술적인 차이가 존재한다. 두 지역 모두 이를 중요하게 생각하지만, 절차상으로는 서로 다른 단계로 간주한다. 이와 같은 차이가 실질적으로 중요한 경우도 있지만, 일반적으로는 순서만 다를 뿐 동일한 경쟁적 요소로서 평가하게 된다.

유럽의 시장 정의는 상품시장을 정의하는 데 공급적인 측면을 고려하기 쉽다. 북미의 시장 정의에서는 시장에 어떤 기업이 존재하는가를 결정할 때 공급 측면을 고려하는 경향이 있다. 그러므로 가령 문제되는 상품이 자동차의 휠캡(wheelcap)이라면, 미국적 접근에서는 비록 상품은 휠캡이지만, 현재 휠캡을 제조하고 있지 않은 경금속 스탬프업에 종사하고 있는 기업들은 모두 시장에 포함시킨다. 유럽적 접근은 단순히 시장을 경금속 스탬프 시장으로 정의하는 경향이 있다. 이 예시에서 알 수 있듯이, 두 가지 접근방법은 대체로 경쟁에 대해 동일한 실질적 결론에 도달하기 위한 두 가지의 서로 다른 방법이라 할 수 있다. 이 장 끝부분의 실질적 조언에서는 유럽식 접근을 응용했다.

공급 대체에 대한 고찰의 중요성은 유럽재판소의 Continental Can 사건의 판결에 잘 나타나 있다.

위원회는, 육류통조림 식품을 위한 가벼운 용기시장, 해산물 통조림을 위한 가벼운 용기시장, 식품포장업계의 코르크 마개를 제외한 금속마개시장 등이 이른바 지배를 받고 있다고 정의했다. 그러나 이 판결을 통해 이 세 시장이 어떻게 다른지, 또 그에 따라 개별적인 고려가 필요한지는 자세히 알 수가 없다. 마찬가지로, 이 세 시장과 일반 경금속 용기시장, 다시 말해 과일과 야채, 농축우유, 올리브유, 과일쥬스, 화학기술상품을 담는 금속용기시장과의 차별성 여부에 대해서도 아무런 언급이 없다. 별개의 시장을 구성한다는 인정을 받기 위해서는, 문제되는 상품이 단지 특정제품 포장에 이용된다는 사실뿐 아니라, 그 목적에 적합한 특성별로 상품이 개별화되어야 한다.

결과적으로, 육류와 생선을 저장하기 위한 경금속 용기시장의 지배적 지위는 경품속 용기시장의 다른 분야에 있는 경쟁사들이 단순한 개조만으로도 만만치 않은 경쟁세력을 형성할 수 있을 정도로 충분한 능력을 갖지 못하는 한 결정적인 것이 될 수 없다.

이 원리를 직접적으로 진술하면 더욱 명백해진다.「만일 단순한 개조에 의해 만만찮은 경쟁세력을 형성할 수 있을 정도의 능력을 갖고 시장에 뛰어들 수 있는 기업이 있다면」이 기업은 시장에 포함되는 것으로 간주해야 한다. 이것이 바로 공급대체다.

4.2.4. 상품시장 정의의 증거

관련상품 시장을 정의하기 위해 어떤 증거가 사용되는가에 대해서는 아래 예문인「캐나다 합병 집행지침」부분에서 언급되고 있다. 이 주제는 뒷부분(실질적 조언과 체크리스트)에서 다시 논의될 것이다.

캐나다 합병집행지침(1991)

제품의 범위

일반적 접근

관련시장 분석에 대한 다음의 접근은 합병체(merging parties)의 경쟁이나 가능성이 있는 경쟁과 관련하여 각 제품에 개별적으로 적용된다. 특정 관련 시장에서의 제품범위에 대한 분석은, 만일 어느 합병체가 제품과 관련된 의미심장하고 장기적인 가격 인상을 실시했을 경우 발생할 수 있는 일에 초점을 맞추는 데서 시작한다. 만일 충분한 양의 다른 상품을 구입하도록 한다면 가장 좋은 대체상품이 관련시장에 추가될 것이다. 그 후 당국은 만일 이 제품의 판매자와 문제시되는 합병체가 가(假)독점가로서 두 제품과 관련하여 장기적인 가격인상을 시도하려고 할 경우 일어날 수 있는 상황에 대해 질문을 던질 것이다.

이미 시장에 포함된 상품의 가장 좋은 대체품을 추가하는 절차는, 이 제품의 생산자가 가(假)독점가로서 장기간 동안 현저한 가격인상을 부가하고 유지할 수 있을 때까지 계속된다.

평가 기준

특정한 경우 장래의 가격인상에 대한 수요와 공급 반응의 성질과 범위를 평가할 경우 모든 관련사항을 고려해야 한다. 하지만 다음 사항들이 특히 강조되었는데, 대체성에 대한 간접적 증거를 제공해준다. 수요와 공급의 반대 탄성(cross-elasticity)에 관한 통계 형태로 직접적 증거를 얻기는 거의 불가능하다. 어떤 경우에는 각각의 사항에 대한 분석 결과가 일치하지 않을 수도 있다. 이럴 경우 가능한 사실들만으로 시장에 대한 정의에 도달하려는 시도가 행해진다.

구매자의 관점, 전략, 행동과 본질

구매자들의 견해와 전략 그리고 행위는, 앞에서 가정된 현저한 장기간의 가격인상이 발생할 경우 구매자들이 다른 제품을 선택할지의 여부를 평가하는 데 가장 중요한 정보로 간주되곤 한다. 구매자들이 밝히는 자신들의 성향, 과거의 행위, 그들의 전략적 사업계획 등은 앞에서 가정한 가격인상이 실시·유지될 수 있을지에 대한 믿을 만한 암시가 된다. 구매자들이 전에 제품 A를 제품 B로 대체했었는지, 가격인상 시 대체하지 않겠다는 표명 여부와 관계 없이 이 제품이 동일한 관련시장에서 경쟁한다고 결론짓는 것은 부적절할 수도 있다. 두 제품을 구입하는 구매자가 뚜렷한 특징을 가질 때, 예를 들어 A 제품은 소비자에게, B 제품은 기업들에게 판매되었을 경우에도 마찬가지다.

거래에 대한 관점, 전략, 행동

관련시장의 과거와 미래의 발전에 관한 유익한 정보는 종종 관련시장의 판매자들에게 제품을 공급하는 공급자 등과 같이 업계에 관해 알고 있는 제3자들에 의해 제공된다. 마찬가지로 업계의 조사(industry survey)가 분석을 보충하는 자료들을 제공하기도 한다. 합병체들의 과거행위나, 상당한 압력을 행사할 수 있다고 보여지는 관련제품의 판매자들도 정보 제공의 좋은 출처가 될 수 있다. 가령 제품의 디자인이나 포장 변경이 유사한 다른 제품에 유사한 변화를 초래한다면 두 제품이 동일한 관련시장에 있다는 사실을 암시한다고 할 수 있다.

최종 용도

두 제품의 최종 용도에서 기능적으로 교환가능한 범위는 두 제품 사이의 대체가 이루어질 수 있는지의 여부에 관한 중요한 정보가 된다. 사실, 기능적 교환성은 동일한 관련시장 내에서 두 제품의 포괄성을 보장하는 데 필요하지만 충분한 조건은 되지 못한다. 유사한 최종용도를 위해 구입된 상품들은 성냥과 일회용 라이터같이 다른 물리적 특성을 갖는 것과는·상관없이 동일한 관련시장 내에 존재할 수 있다.

두 제품은 가격 차이가 벌어질수록, 또는 각각의 최종 용도가 독특해질수록 혹은 독특하게 보일수록 별개의 관련시장에 속하게 되기 쉽다. 가령 도금된 라이터나 고급 승용차 그리고 필기도구와 같은 값비싼 상품들은, 비록 최종 용도가 비슷하다 해도 각각 일회용 라이터, 소형자동차, 일회용 필기구가 속한 시장과는 별개의 시장에 속할 수 있다.

물리적·기술적 특성

비록 독특한 물리적 또는 기술적 특성을 가진 두 제품이 기능적 교환성에 근거하여 동일한 관련시장에서 발견되기도 하지만 별개의 관련시장에서 발견되는 경우가 더 많다. 일반적으로, 구매자들이 사실상 혹은 표면상의 독특한 물리적·기술적 특성에 두는 가치가 크면 클수록, 제품이 별도의 관련시장에 속할 확률이 높다. 제품의 보증, 애프터 서비스, 주문변경 기간 등은 모두 제품을 구성하는 전체적인 특성에 포함된다.

비용전환

두 제품의 기능적인 교환이 가능하다고 해도, 구매자들이 설비를 근대화하고, 재포장하고, 마케팅을 적용하고, 공급계약을 파기하고, 새로운 절차를 배우기 위해 드는 전환비용의 손실로 인해 현저한 장기적 가격인상에 대응한 전환이 용이하지 않은지 측정해볼 필요가 있다. 게다가, 제품이 소비자의 욕구를 만족시키지 못하거나 기대한 만큼 기능하지 못할 경우 구매자에게 부가시킬 수 있는 비용과, 또 이 같은 비용 부담에 따른 위험으로 인해 현저한 장기적 가격인상에 대응한 전환이 불가능한지의 여부에 대해서도 고려한다. 이 같은 비용은 전매자(reseller)로서의 구매자의 신용손상이나, 실패한 제품의 생산공정의 조업 정지에 따른 비용 등을 포함할 수 있다. 또한 구매자들이 제품의 전체공정을 명시하는 것을 너무 중시하기 때문에 이 제품들 가운데 한 가지만을 판매하는 업자가 전체공정의 공급자나 그 제품에 부과하는 현저한 장기적 가격인상을 제약할 수 없는 경우가 발생하는지도 고려해볼 필요가 있다.

가격의 연관성과 상대적 가격 수준

합병 바로 이전의 상당 기간 동안 두 제품의 가격변동이 밀접한 상관성을 갖지 않는다는 사실은 일반적으로 두 제품이 동일한 관련시장에 속해 있지 않음을 암시한다. 반대로 제품 A와 B의 가격변동 사이에 밀접한 관련이 있다면 이 두 제품 간에는 상당한 경쟁이 있음을 시사한다.

그러나, 이와 같은 관련성은 공동투입물의 가격변화, 인플레이션, 다양한 제품을 생산하는 기업, 또는 높은 수준의 대체성을 암시한다고는 볼 수 없는 그 밖의 변수들에 기인한 것일 수도 있다. 따라서 유사한 가격 변동이 A와 B 사이의 치열한 경쟁을 의미한다고 결론내리기 전에, 앞서의 원인들에 의해 설명될 수 있는지 생각해볼 필요가 있다.

마찬가지로, 과거의 가격대응(price response)은 B제품의 판매자로 하여금 A제품에 대한 미래의 현저한 장기간의 가격인상 범위를 짐작하게 할 수도 있다.

B제품의 판매자가 이와 같은 능력을 가졌다면 논의되어야 할 더 심층적인 문제는 기업들이 앞의 「일반적 접근」에서 설명한 방식대로 가격을 인상하는 가능성에 대한 것이다. 가격 변동과 그 수준에 관련된 정보의 설득력은 종종 실재 매개가 이루어지는 정가를 확정하기 어렵다는 이유로 인해 감소되곤 한다.

생산과정의 설치나 개조, 배달과 마케팅의 비용

잠재적 경쟁의 원인이 관련시장 내에서 판매되는 제품의 가격에 제한적 영향을 행사하는 범위를 측정할 경우 실제로 관련제품을 생산하지는 않지만 관련제품 생산을 위해 개조가능한 설비를 갖춘 판매자에 대한 평가도 함께 행해져야 한다. 이 같은 판매자가 기존의 설비를 개조하여 관련시장에서의 장기적 가격인상을 제한할 만큼 충분한 양의 관련제품을 생산할 경우, 이런 유형의 경쟁은 일반적으로 관련시장에 포함될 것이다. 그러나 설비를 개조하여 관련제품을 생산할 수는 있지만 현재 다른 제품을 생산하고 있는 판매자들에 의한 잠재적 경쟁은, 다음과 같은 합병 평가의 시장 정의 단계에서는 다루어지지 않는다.

① 이 같은 판매자가 관련제품의 배달 또는 마케팅에서 중대한 난관에 부딪칠 경우

② 대규모로 생산하고 판매하기 위해 새로운 생산이나 유통설비가 필요할 경우

위와 같은 상황에서는, 이러한 유형의 경쟁은 장래의 시장개입 가능성을 평가할 경우, 관련시장의 설계에 수반되는 것으로 간주한다. 수직적으로 결합한 판매자가 투입이나 하위제품(downstream product) 등의 내부 용도만을 위해 제품을 생산하고, 관련시장에 분명한 제약을 가할 경우에도 이와 유사한 접근이 시도된다. 다음과 같은 경우를 제외하고는 이 판매자들의 제품은 대체로 관련시장에 포함될 것이다.

① 이 판매자들은, 그들의 하위필요(downstream need)에서 벗어나 생산을 전환하거나 관련시장에 제품을 보급하고 마케팅하는 데 심각한 어려움을 겪기 쉽다.

② 대규모 생산판매를 위해 기존의 생산설비를 확장하는 데 반드시 실질적 투자를 해야 하는 경우가 많다.

기업의 생산이 전통적으로 특정구매자에게 모두 보급되는 경우를 평가할 때도 같은 방식으로 접근할 수 있다. 수직적으로 결합한 판매자들의 제

한적 영향력에 대해서는, 관련제품이 포함된 제품의 수직적 결합판매자에
의해 증가된 하위제품의 생산 잠재력이 관련제품의 실제 판매자들에게 중
대한 제한력을 행사하는지의 여부가 평가될 것이다.

중고품, 수리품 또는 대여품의 존재

중고품, 수리품, 재활용품이나 임대품의 유용성이 장기적 가격 인상을
방지할 수 있는 경우, 이것은 시장 정의 단계에서 앞서 언급한 일반적 접
근 방식에 따라 고려될 것이다.

4.3. 지리적 시장

지리적 시장(Geographic Market)에 대한 정의를 내리는 일은 일상
용어로 『실제 경쟁이 벌어지는 지역이 어디인가?』라는 질문에 답하
려는 시도라고 할 수 있다.

4.3.1. EU와 미국의 지리적 시장 정의

EU에서는 지리적 시장이 다음과 같이 정의되어왔다.

관련 지리적 시장(**relevent geographic market**) : 관련 지리적
시장은 문제의 사업이 제품이나 서비스의 공급에 관계하는 지역과 경
쟁의 조건이 충분히 동질적이고, 특히 현저하게 경쟁조건이 다르기
때문에 이웃지역과 구분되는 지역을 포함한다. 관련 지리적 시장의
평가와 관련된 요소로는, 문제상품이나 서비스의 특성과 가입장벽이
나 소비자 선호의 존재 여부, 이웃지역 간의 시장점유율의 현저한 차

이나 실질적 가격 차이 등을 들 수 있다(EU 합병 신고규칙).

 미국에서는 상품시장 정의를 위한 질문과 유사한 질문을 던짐으로써 지리적 시장에 대한 정의에 도달하려고 한다. 『5%의 이윤을 보기 위해 고객들이 얼마나 멀리까지 갈 것인가?』 더 정확히 말하면, 문제는 『만일 관련상품의 가격이 적지만 상당한 폭으로 증가했다면 소비자는 다른 어떤 제품으로 선회할 것인가?』 하는 것이다. 만일 상당수의 소비자가 다른 지역에서 구입한다면, 그 추가지역도 지리적 시장에 포함되어야 한다.

 지리적 시장 정의를 설명하는 이 두 가지 방법은 본질적으로 유사하다. 지역의 경쟁조건이 「충분히 동질적이고」 주변지역과 뚜렷이 구분되는지의 여부를 평가하는 것은, 소비자가 그 지역으로 선회할 것인가 또 할 수 있는가 라고 묻는 것과 마찬가지다. 만일 소비자들이 주변지역으로 선회할 수 있고 하고자 한다면 조건은 분명 거의 유사할 것이다. 왜냐하면 소비자들이 이 같은 선택권을 가진다는 사실이 조건을 유사하게 할 것이기 때문이다. 마찬가지로, 가입장벽이나 특정한 소비자 선호성이 소비자들의 선회가 불가능함을 의미한다면 그들은 다른 지역으로 선회하지 않을 것이다.

4.3.2. 지리적 시장의 정의 과정

 지리적 시장 문제를 검토하는 가장 전통적인 방식은, 문제의 지배적 기업이 보유하고 있는 각 생산설비가 점유하는 판매지역에 대한 검토부터 시작하는 것이다. 합병에 대한 조사일 경우에는 두 기업의 생산설비에 의한 경쟁적 중복지역부터 시작한다.

 다음 단계는 대체로 운송비용에 대한 검토다. 가령 Continental Can 사건의 경우, 위원회와 재판소는 지리적 시장을 정의하는 데 문제상품의 운송비용에 주목했다.

가령, 루블린에 콘크리트를 생산하는 기업이 두 개 있다고 가정해
보자. 와르소, 라돈, 킬스, 크라고에는 다른 콘크리트 생산업자가 있
다. 콘크리트는 제품의 가격에 비해 매우 무겁기 때문에 고객의 비용
가운데 운송이 높은 비율을 차지한다. 게다가 일단 혼합되고 난 뒤
빠른 시간 내에 사용하지 않으면 품질이 저하되기 시작한다. 이러한
이유 때문에 루블린의 고객들은 항상 루블린의 생산자로부터 콘크리
트를 구입한다.

루블린과 다른 생산자들로부터 중간지점에 위치한 소도시의 일부
고객들은 비슷한 거리에 위치한 여러 지역의 콘크리트 생산자들에 대
한 경쟁적 선택권을 갖는다. 하지만 루블린에서는 루블린의 생산자들
만 판매하고 있다. 이와 같은 상황에서는 지리적 관련시장이 루블린
인 것처럼 보인다.

루블린 지역의 콘크리트 가격이 인상된다 해도 대부분의 고객들은
다른 지역의 제품을 선택할 수 없다. 변두리의 극소수 고객만이 선택
권을 갖는다. 관련 경쟁조건은 루블린 지역의 조건과 같으며 다른 지
역의 경쟁조건과는 구분된다.

반대로, 루블린에 분말스프를 생산하는 두 기업이 있다고 가정해보
자. 폴란드의 다른 도시에도 각기 분말스프 생산자가 있다. 분말스프
의 경우 운송은 고객에 대한 최종비용에서 매우 적은 비중을 차지한
다. 따라서 지리적 관련시장이 루블린 지역보다 훨씬 넓을 것이다.
루블린의 분말스프 가격이 약간만 인상되어도 폴란드에 있는 다른 분
말스프 생산자들을 끌어들일 것이다. 관련 경쟁조건은 루블린만의 조
건보다 훨씬 광범위하다. 이것은 루블린의 생산자들이 지역적 위치로
인한 다른 비용상의 이점을 갖는다 해도 마찬가지다.

때로 판매지역의 외곽에서만 경쟁하게 되는 경우도 있다. 이러한
경우에는 비록 경쟁이 외곽지역에만 국한된다 해도 독점가격을 무익

하게 만들기에는 충분할 수 있다. 그러므로 이런 경우 시장은 더 광범위하게 정의되어야 한다. 예를 들어 A기업이 루블린에서는 유일하게 과일쥬스를 생산·판매하는 기업이지만, 와르소, 크라고, 그단스크, 바이알스토크 등 폴란드의 대부분 지역에 과일쥬스를 판매한다고 가정해보자. 이 기업이 루블린 지역의 유일한 판매자라 하더라도, 판매하는 다른 모든 지역에서 여러 기업과 경쟁을 해야 한다. 이 기업은 루블린과 다른 지역의 가격에 차이를 둘 수 없다. 왜냐하면 이 기업이 동부 폴란드 전역의 소매상들과 거래하는 도매업자들에게 제품을 판매하고 있기 때문이다. 만약 이 기업이 적지만 현저한 가격 인상을 시도한다면, 이 기업은 와르소, 크라고, 그단스크, 바이알스토크 등의 판매지역 외곽에 놓여 있는 고객 대부분을 잃게 될 것이기 때문이다. 이 지역에서의 판매는 전체 판매에서 매우 큰 비율을 차지한다. 고객을 잃는다는 것은 비록 가격인상으로 루블린의 고객을 잃지는 않더라도 그 가격인상이 무익하다는 것을 의미하는 것이다. 이는 과일쥬스의 지리적 관련시장이 루블린보다 크다는 것을 의미하며, 아마도 동부 폴란드 전체가 포함될 것이다. 왜냐하면 A기업의 판매지역 외곽에서 벌어지는 경쟁이 판매지역 중앙인 루블린에서의 과일쥬스 가격을 제한하기 때문이다. 따라서 기업이 생산설비 주변에서 지역적 이점을 가질 수는 있지만, 그 지역에서 개별적 시장을 운영하지는 않는다는 사실을 알 수 있다. 이 예가 앞의 콘크리트 예와 어떻게 다른지에 주목하라. 콘크리트의 예에서는 변두리의 고객이 중요하지 않았다. 과일쥬스의 예에서는 변두리의 고객들이 매우 중요하다. 가격인상은 상당수의 고객을 잃는 위험을 초래할 수도 있기 때문이다.

운송비용 외의 다른 요소들도 물론 지리적 시장 정의와 관련이 있다. 가장 일반적인 관련요소들로는 가입의 장애와 지역 서비스나 상담에서의 고객 선호 등을 들 수 있다. 이것들과 그 밖의 요소들이 다음 부분에 언급되어 있다. 앞에서 설명한 것과 유사한 방법으로, 이 요소들을 통해 특정지역이 고객을 경쟁이나 경쟁의 가능성으로부터 보호하는지의 여부 또는 일부 요소가 이 같은 경쟁을 억제하는지에 대해 살펴보아야 한다.

간단히 말해서, 생산설비가 위치한 판매지역에서부터 시작하여, 만일 가격이 인상된다면 그 지역의 고객들이 외부의 공급자들을 선택할 수 있고 또 선택할 것인가를 질문해야 한다. 만일 상당수가 그렇게 할 것이라면, 그 지역은 다른 지역과 구분될 수 있는 동질적 경쟁조건을 가진 지역이라고 볼 수 없다. 따라서 시장은 확장되어야 하고, 질문도 다시 반복되어야 한다. 궁극적으로 이 절차를 통해 서로 의존하고 충분히 동질적이며 다른 지역과 구분되는 지리적 관련시장을 정의할 수 있다. 그 지역에서는 시장력이 행사될 수 있으며, 따라서 독점금지 위험에 대한 분석이 필요하다.

4.3.3. 누가 시장의 구성원인가 — 시장 주변에 있는 기업의 영향

시장의 구성원을 파악하기 위해서는 기업의 위치가 문제가 아니라 어디에서 관련제품을 판매하느냐가 문제가 된다. 다른 지역에 위치한 기업들이라도 동일한 관련시장에 속할 수 있다.

연관성이 깊은 또 다른 문제는 시장 주변(on the edge of market)에 있는 기업의 영향이다. 일부 시장의 경우 현재 판매하고 있지는 않지만 매우 중요한 영향을 끼치는 기업들이 존재한다. 특히 이 기업들은 가격이 약간 인상되면 판매를 쉽게 시작할 수 있다. 가령, 어떤 기업이 관련시장에서는 아니지만 부근에서 제품을 판매하고 있다고 하자. 아마도 이 기업이 관련시장에서의 판매를 시작하고자 한다면, 단지 수송트럭 등 몇 가지만 새로이 추가하면 될 것이다(마찬가지로 어떤 기업이 관련제품 시장에 인접해 있을 수도 있다. 이 기업은 매우 유사한 제품을 판매할 수 있으며, 관련제품을 쉽게 생산·판매할 수 있을 것이다. 따라서, 이 논의는 앞에서 언급한 공급 대체 논의에 대한 지리적 시장 정의와 동일하다고 할 수 있다).

시장 주변의 이런 기업들은 현재 관련시장에 경쟁적 효과를 끼칠 수 있다. 이것은 아마도 시장에 있는 기존 기업이 이들 기업과의 새로운 경쟁이 가능하다는 것을 알고 있기 때문일 것이다. 이와 같은 사실이 시장 내의 기업 활동에 영향을 미친다. 만일 가격을 인상하면 시장 주변의 기업들이 시장 안으로 진출하여 판매를 시작하기 쉽다는 사실을 알고 있기 때문이다.

시장을 정의하는 데 시장주변 기업들에 대한 처리문제는 시장 진출이 얼마나 용이한가 하는 문제와 밀접한 관련을 갖고 있다. 사실 두 문제는 서로 뒤섞여 있다(시장 진출에 대한 별도의 논의는 제5장에서 다루어진다). 이 기업이 판매를 시작한 지 한 달 후 효과적인 경쟁사가 될 수 있겠는가? 6개월 후에? 1년 후? 2년 후? 모두 동일한 질문의 변형일 뿐이다.

이 기업들이 시장에 공급하기 위해 「투자비용(sunk cost)」이 필요한지의 여부를 평가하는 것 또한 중요하다(투자비용의 논의는 제5장을 참고할 것). 가령, 어떤 기업이 시장에 진출하기 위해 상당한 광고비를 투자해야 한다면, 이 광고비용은 대체로 회수가 불가능하다. 다시 말해, 「소진된 것이다.」 따라서 이 기업이 시장에 진출하여 판매를 시작할 확률은 줄어든다.

그렇다면, 이러한 주변의 기업들은 시장 정의에서 어떻게 다루어져야 하는가? 말 그대로 시장의 경계선 상에 있는 기업은 내부 혹은 외부로 분류될 수 있다. 1주일 혹은 한 달 이내에 경쟁을 시작할 수 있는 기업이 시장 내부의 기업으로 분류되는 것은 당연한 것처럼 보인다. 경쟁을 시작하는 데 2년 정도 걸리는 기업은 분명 시장 외부일 것이다(따라서 진출 분석에서 고려될 수 있다). 다른 여러 가지 문제와 마찬가지로, 이것은 연속체의 어느 부분에 선을 긋는 문제다. 가령 미국 합병지침에서는, 6개월 내에 효과적인 경쟁기업으로 관련시장에서 생산하고 판매할 수 있다면 시장 내부 기업으로 간주한다. 이러한 기업은 시장에 포함되며, 시장의 집중도 여부를 판단하기 위해 시장점유율을 할당받는다(얼마의 점유율을 할당받게 되는지는 다음 장에서 논의될 것이다).

아주 실용적인 의미에서 생각해볼 때, 이 같은 기업의 경쟁적 효과가 정확히 파악되는 한 어떻게 처리되는지는 별로 상관이 없다. 하지만 법률적 의미에서는, 실질적인 절차상의 차이가 발생할 수도 있다. 「지배적 위치」의 법적 정의가 시장점유율 측정에서 비롯되기 때문에, 「경계선상」의 기업들이 시장에 포함되는지의 여부는 중요하다. 이러한 기업이 점유율을 할당받는다면 40% 정도의 점유율을 가진 기업들 사이에서는 차이가 생길 수 있다.

이 문제는 법률이나 절차 상의 차이를 발생시킬 수도 있지만, 궁극적으로 본질적인 법률 상의 차이를 발생시켜서는 안 된다. 왜? 다음의 예를 생각해보자. 가령 A기업이 관련시장에서 현재 매출의 60%를 차지한다고 가정해보자. 나머지 40%는 부근에 설비를 갖추고 관련시장까지 트럭을 이용해 제품을 운송해 판매하는 다른 네 기업이 나누어 갖고 있다. 하지만 부근의 시장에는 새로운 배달구역만 추가하면 쉽게 관련시장에서 판매를 시작할 수 있는 다른 6개의 기업이 있다. 만일 이 같은 「경계선상」의 기업들이 시장에 포함된다면 (또 트럭 배달을 이용하는 네 기업과 비슷한 「점유율」을 부여받는다면) A기업은 시장의 40%도 차지하지 못할 것이다. 이것이 아마도 시장의 현실을 정확히 반영한 모습일 것이다. 만일 A기업이 가격을 인상하고자 한다면, 이 기업은 관련시장에 판매하고 있는 네 기업과 판매를 시작하려는 주변의 여섯 기업 모두에게 매출을 빼앗기게 될 것이다. A 기업은 사실 지배적 위치나 시장지배력을 갖고 있지 못한 것이다.

하지만 시장에 속하기 위한 아주 제한적 기준이 적용될 경우「경계 선상」의 기업들이 갖는 경쟁적 효과가 고려되어야 한다. 가령 기업이 시장 지배력이나 지배적 위치를 갖는지의 여부를 판단할 경우, 그리고 문제되는 관행이나 행위가 조약(유럽) 제6조에 근거해 경쟁에 유해한지의 여부를 판단할 때에도 고려되어야 한다. 어떤 경우에든「경계선상」의 강력한 경쟁에서는 시장 지배력이나 위반 행위가 존재하지 않음을 보여줄 것이다.

그렇다면 경계선상의 기업이 시장에 포함되는지의 여부가 중요한 것인가? 만약 이들 기업의 빠른 진출이 실질적 위협이 된다면, 그들은 현재 시장에 영향을 끼치고 있는 것이다. 그들이 시장에 포함된다고 하는 것이 가장 정확하다. 완전한 독점행위 분석을 통해 이와 같은 기업의 영향력을 평가하자면 독점금지 당국자들은 비용을 감수해야 한다. Continental Can 사건의 공급 대체에서와 마찬가지로, 시장을 정의하고 구성원을 파악하는 첫 단계에서부터 이 기업들에 대해 고려하는 것이 더 효율적이고 정확한 방법이 될 것이다.

4.3.4. 지리적 시장 정의의 증거

지리적 시장을 정의하기 위해 일반적으로 이용되는 증거는 캐나다 합병지침(Canadian Merger Guideline)에서 찾아볼 수 있다.

캐나다 합병 집행지침(1991)

지리적 범위

일반적 접근

관련시장의 지리적 범위를 정의하는 다음의 접근방식은 합병체가 관련 상품을 판매하는 각각의 지역에 개별적으로 적용된다. 하나의 기업이 도시의 일부, 구역, 지방, 캐나다, 북미 혹은 전세계와 같이 여러 곳의 뚜렷한 관련시장에서 경쟁하는 경우도 흔히 찾아볼 수 있다. 당국은 다음과 같은 질문을 던짐으로써 특정 관련시장의 지리적 경계를 정의하는 절차를 시작한다. 만일 합병체들 중 하나가 관련제품을 판매하는 지역에서 현저한 장기간의 가격인상을 시도한다면 어떻게 되겠는가? 이 가격인상이 구매자들로 하여금 다른 지역에서 판매되는 상당량의 제품을 구입하여 가격인상을 무익하게 하기 쉽다면, 당국은 문제의 합병체가 판매하는 제품과 가장 유사한 대체품을 관련상품으로 판매하고 있는 장소 또한 관련시장에 포함시킬 것이다. 다음 질문은 『만일 이 두 번째 장소의 판매자와 문제의 합병체가 가(假)독점가로서 두 장소에 현저한 장기간의 가격인상을 시도한다면 어떻게 될 것인가?』하는 점이다. 임시로 정의된 관련시장에서 독점가로서 가장 좋은 대체품에 대해 현저한 장기간의 가격인상을 유리하게 실시하고 유지할 수 있을 때까지 이 질문은 계속된다.

평가기준

• 구매자의 견해, 전략, 행위와 속성 : 구매자의 견해, 전략, 과거의 행위와 속성과 관련된 정보의 중요성에 대한 ─ 상품시장에 관한 ─ 논의는 관련시장의 지리적 범위분석에 똑같이 적용될 수 있다. 더욱이 편의에 관한 고려가 이 같은 가격 인상이 발생했을 경우 구매자의 행위에 영향을 끼치는 범위를 측정하는 것이 중요하다. 제품이 종종 중개될 수 없는 서비스 업의 경우 특히 그렇다.

● 거래에 관한 견해, 계획과 행위 : 관련시장의 과거와 미래의 발전에 관한 유익한 정보들은 종종 판매자에게 관련제품을 공급하는 사람들과 같이 업계에 대해 알고 있는 제3자들에 의해 제공된다. 마찬가지로, 업계의 조사가 분석을 보충하는 자료를 제공한다. 유용한 정보의 또 다른 출처는, 한 지역에서 관련제품을 판매하는 사람들이 두 번째 지역에서의 관련제품의 가격, 포장, 서비스 등의 변화에 반응하는 정도다. 사업 계획, 마케팅 전략, 그 밖의 서류 작성에서부터 원거리의 판매자들에 대한 고려 범위까지도 정보의 중요한 출처가 될 수 있다.

● 비용 전환 : 앞에서 설명한 상품시장과 관련한 전환과 다음의 운송비용 부분을 참조

● 운송 비용 : 운송비는 보통 관련시장의 지리적 범위를 설계하는 데 중심적 역할을 담당한다. 일반적으로, 먼 지역의 가격과 지리적 관련지역으로 제품을 수송하는 데 드는 비용의 합이, 후자지역의 가격과 가정해놓은 가격 인상의 합을 초과한 지역에서는, 먼 지역에 위치한 판매자들의 제품은 관련시장에 포함되지 않을 것이다. 전통적으로 먼 지역의 가격이 관련지역의 가격보다 운송비 이상으로 초과되는 지역에서는, 두 지역이 별개의 관련시장에 속했다는 것은 운송비보다 더 심각한 여러 가지 이유 때문에 대체로 좋은 신호라고 할 수 있다. 하지만 결정적인 것은 아니다. 관련시장의 가격인상이 먼 장소의 가격과 운송비의 합 이상의 수준으로 가격을 올릴 수도 있기 때문이다. 이런 경우, 또 원거리의 공급자가 관련시장에서 쉽게 판매를 시작할 수 없는 다른 이유들을 암시하는 부재증거(absent evidence)가 있을 경우, 공급자는 일반적으로 그런 결론을 내릴 것이다. 먼 지역의 가격이 지리적 관련지역의 가격보다 운송비 이상으로 낮을 경우 운송비 외의 다른 이유들로 인해 이것은 먼 지역이 별도의 관련시장에 속한다는 좋은 신호가 된다. 그러나 원거리의 공급자가 이 가격인상으로 초

래된 가격 차이를 증대시키는 것을 막는 데 운송비와 그 밖의 다른 이유들만으로는 충분치 않을 수도 있다. 이런 경우에는, 이와 같은 경쟁의 원인을 밝히기 위해 관련시장이 확장되어야 한다.

● 지점설치 비용 : 제2지역의 관련상품 판매자들이 지리적 관련지역의 현저한 장기적 인상에 대응하는 정도를 측정할 경우 이들이 감수할 수 있는, 회수 불가능한 지점설치 비용의 범위를 평가해볼 필요가 있다. 지점설치 비용으로는 창고용품, 상점까지의 직접 운송망, 마케팅 비용, 지점판매원의 고용 필요성, 지방의 허가 획득과 관련한 비용 등을 들 수 있다.

● 제품의 특성 : 원거리의 공급자들이 현저한 장기간의 가격인상에 대응하여 지리적 관련지역으로 관련제품을 전환시킬지의 여부를 판단할 경우 특정 제품이 부서지거나 부패하기 쉬워서 관련시장으로의 수송이 불가능해질 수 있는지 알아보아야 한다.

● 가격의 연관성 : 합병 바로 이전의 상당기간 동안 두 지역에서의 관련상품의 뚜렷한 가격변동 사이에 강한 연관성이 없다는 사실은 일반적으로 두 지역이 동일한 관련시장에 속하지 않음을 암시한다. 이와 반대로, 다른 두 지역의 관련제품의 가격변동이 밀접한 관련을 가질 때는 두 제품 간에 심각한 경쟁이 있음을 의미하는 경우가 많다. 하지만 이 연관성은 높은 대체성을 시사한다고 볼 수 없는 공동투입비의 변화, 인플레이션, 다수의 시장을 점유하고 있는 기업의 가격정책이나 그 밖의 변수에 의한 것일 수도 있다. 따라서, 평행적 가격변동이 두 지역 판매자 간의 심각한 경쟁을 나타내는 것으로 간주하기에 앞서, 이와 같은 원인들 가운데 하나로 설명될 수 있는 것인지 검토하는 것이 보통이다. 또한, 제2지역 판매자들의 가격대응은, 합병체가 경쟁 지역에서 앞으로 있을지도 모를 현저한 장기의 가격인상을 제한하려는 경향을 지니고 있는지의 여부를 얼마나 정확히 전

달할 수 있는가에 대한 판단도 행해질 것이다. 가격변동과 가격수준에 대한 정보의 가치는 실제로 매매되는 가격을 확정하기 어렵다는 이유로 종종 과소평가되기도 한다.

● 수송 패턴 : 제2지역으로부터 현저한 장기간의 가격 인상이 예상되는 지역으로 관련상품의 상당량이 수송되었다는 사실은 일반적으로 제2지역이 관련시장에 포함됨을 암시한다고 할 수 있다. 하지만, 제2지역의 공급원이 제1지역의 유리한 가격인상 능력을 제약할 수 있는 정도를 파악하는 데는 과거의 거래 패턴은 별로 좋은 지표가 되지 못한다. 제1지역에서 제2지역으로의 대량운송에 대한 정보는, 제1지역 판매자들이 유리한 가격 인상에 어느 정도까지 제약을 받을 수 있는지에 대해 거의 아무것도 알려주지 못한다. 두 지역 간에 대량운송이 없었다면 두 지역은 동일한 관련시장에 속하지 않는다고 할 수 있지만 절대적인 것은 아니다. 왜냐하면 제2지역에서 제1지역으로의 수송이, 예상되는 가격인상에 대한 대응에서 비롯된 것일 수 있기 때문이다. 각 지역의 판매자들은 구매자의 전환이 발생할 수 있는 수준 미만으로 가격을 유지함으로써 구매자들이 다른 지역으로 전환하는 것을 방지할 수도 있었다.

● 외국의 경쟁 : 일반적으로 앞에서 설명한 원리들은 국내와 국제의 경쟁원인을 파악하는 데 모두 적용될 것이다. 따라서 외국의 경쟁원(source of foreign competition)이 현저한 장기간의 가격 인상을 제약하기 쉽다면, 이는 두 가지 방법 가운데 하나로 설명할 수 있을 것이다. 문제의 합병체가 판매하고 있는 지역과 외국 경쟁원 사이의 전지역이 관련시장에 속하는 것이 확실할 경우, 시장의 경계는 외국 판매자의 판매장소를 포함하기 위해 캐나다 밖으로 확장될 것이다. 이 때의 시장점유율은 국내 기업의 시장점유율을 측정할 때와 같은 방법으로 측정될 것이다. 선택적으로, 캐나다 국경과 멀리 떨어져있는 외국 경쟁원과의 중간지점에 위치한 관련상품의

외국인 판매자가 있다면, 그리고 이 판매자들이 예상되는 가격인상을 막으려 하지 않는다면, 시장은 캐나다 밖으로 확장되지 않을 것이다. 이런 경우 문제의 원거리 판매자의 상품에 의한 시장점유율은 관련시장의 실제 매매를 기초로 파악될 것이며, 이렇게 파악된 시장점유율은 그 경쟁사의 상대적 경쟁의 중요성을 완전히 반영하지는 못한다는 것을 알 수 있다(이러한 접근방식은 캐나다에서 판매하는 원거리 판매자의 위치를 포함할 만큼 관련시장이 확장된다는 보장이 없을 때도 적용된다). 관세가 존재하고, 현저한 장기간의 가격인상이 관세보호가 허용하는 최대치 이상으로 가격을 인상하지 않는다면, 외국 경쟁의 효과는 시장 정의에 수반하여 측정될 것이다. 하지만 가격인상이 최대치를 초과할 경우, 외국 경쟁은 이 부분에 명시된 일반원칙에 따라 파악될 것이다.

4.4. 특별한 경우

앞에서 논의된 일반적인 원칙들이 관련상품 시장을 정의하는 기초가 된다. 여기에서는 몇 가지 흥미있는 상황들마다 일반적인 원칙들을 적용해보았다.

4.4.1. 독점이 아닌 상표명

가격보다는 상표(brand)가 약간의 영향력을 기업에 부여하지만 독점력을 가졌다는 의미는 아니다. 미국 대법원은 「셀로판 사건」에서 이 문제에 대해 다루었다. 『각각의 생산자가 자기 상품의 가격과 생산에 영향력을 미칠 수 있는 비규격화된(nonstandardized) 상품에 대해 생각해보자. 자동차나 청량음료 생산자가 자신의 상품에 행사하는 이러한 영향력은 비합법적인 독점은 아니다. 하지만 비합법적 영향력은 제품의 경쟁적 시장의 관점에서 평가되어야 한다.』라고 대법원은 판결했다[U.S. 대 E.I. du Pont de Nemours & Co. (Cellophane) 351 U.S. 377. 393(1956)].

4.4.2. 연속체―메르세데스와 라다는 동일한 상품시장에 속하는가?

때로는 상품들이 가격과 품질의 연속체에 따라 놓여지기도 하는데, 이것이 상품시장 정의를 어렵게 할 수도 있다. 가령 메르세데스(Mercedes)가 홀로 상품시장에 존재하는지의 여부를 궁금해할 경우 우리는 아마도 가격인상이 일부 소비자들을 BMW 쪽으로 옮기게 할 것이라고 결론을 내릴 것이다. 따라서 메르세데스와 BMW의 가격이 모두 포함하도록 시장을 확장할 것이다. 만약 메르세데스와 BMW의 가격이 인상된다면 소비자들이 캐딜락(Cadillac)이나 도요타(Toyota)를 선호할 것인지를 묻는 질문이 필요할 것이다. 『그렇다』라는 결론이 나온다면 이들도 시장에 포함시키고, 아우디(Audi)나 포드(Ford) 등으로 계속 확장해나갈 것이다. 하지만 이 과정이 무한할 필요는 없다. 가격 인상에 따라 변화가 발생하는지의 여부뿐 아니라, 가격 인상을 무익하게 할 만큼의 충분한 변화가 있을지도 생각해보아야 한다. 따라서 예로 든 자동차 시장의 경우 연속과정 전체에 걸쳐 가격에 민감한 소비자들이 있다 하더라도 경계는 그어질 수 있다. 시장 정의의 경계를 연속체를 따라 이동해감으로써, 일시적 시장 밖의 상품을 선택하지 않을 소비자의 수는 선택할 소비자의 수에 비해 높은 비율을 차지한다. 메르세데스, BMW, 캐딜락, 대형 도요타, 아우디는 포함되지만, 포드는 제외되는 대형 고급차 시장을 가정해보자. 그렇다면 문제는 『만일 모든 차들의 가격이 인상될 경우 포드(그리고 일시적 시장 밖의 상품들)를 선택할 고객의 수가 가격인상을 무익하게 할 만큼 많을 것인가?』라는 것이다. 이것은 물론 사실에 입각한 문제다. 그러나 대형 고급차를 위한 별도의 시장이 있을 수도 있다.

비록 일부 메르세데스 구매자가 BMW로 선택을 바꾸고 BMW 구매자가 캐딜락으로 전환한다 하더라도, 시장경제 내부에 남기를 고수하는 구매자들로부터 얻은 이익은, 아우디에서 포드로 전환하는 것처럼 정의된 시장경계 밖으로 전환한 구매자들에 의한 피해보다 클 것이다. 그러나 반대로 아우디와 포드 경계 상의 고객이 메르세데스와 BMW (그리고 다른 유사한) 경계에 있는 고객보다 너무 많아서 가격인상이 무익할 경우도 있을 수 있다. 이 때는 경계가 다른 부분에 그어져야 한다. 경계를 결정하는 이 같은 사실적 질문들은 답하기에 어려울 수도 있지만, 대체로 합리적인 추측이 가능하다. 간단히 말해서, 단지 메르세데스와 라다(Lada)가 모두 자동차이고, 두 가지 사이에 가격과 품질이 다양한 많은 자동차가 있다는 이유로 메르세데스와 라다가 동일한 시장에 속한다고 결론지을 필요는 없다.

유럽 형식으로 질문하든 북미 형식으로 질문하든 간에, 본질적으로 동일한 기준을 평가하고 거의 유사한 결론에 도달한다는 사실도 흥미롭다. 전형적인 유럽식 표현으로는, 자동차의 가격과 특성을 살펴서 대체가능한 범위를 알아내려 할 것이다. 북미 형식에서는 가격이 적지만 분명히 인상될 경우 소비자(물론 가격과 특성을 고려하는 소비자)가 선택을 바꿀지의 여부를 질문한다. 두 가지 모두 동일한 결과를 낳게 될 것이다(유사한 연속체 문제는 지리적 시장 정의의 문제를 야기할 수 있다. 예를 들어 고속도로 변에 일정한 간격으로 위치한 소매 주유소를 생각해보자. 각 주유소는 인접한 주유소들과 가장 가깝게 경쟁하지만, 한 주유소의 가격 변동은 더 먼 거리의 주유소까지 파급효과를 줄 수 있다(앞부분의 「지리적 시장」 참고).

4.4.3. 전환(과도기) 경제에서의 시장 정의

과도기적 경제에서 시장을 정의할 때는 더욱 복잡한 요소들이 추가

된다. 여기서는 어떠한 경험상의 규칙도 적용될 수 없다. 단순히 시장 정의의 범위가 전형적으로 더 넓거나 좁아져야 한다고 말할 수는 없는 것이다. 역설적으로, 전환의 효과는 일반적 기준을 넓히거나 좁히는 데 목적이 있다. 두 가지 효과가 동시에 동일한 시장에서 나타나는 경우도 있다. 또 두 가지 가운데 한 가지 효과만 나타나는 경우도 있다. 한 가지 효과가 나타난 시장에서 2년 후 또 다른 효과가 나타날 수도 있다. 아무 효과도 나타나지 않을 수도 있다.

우선, 일부시장에서 과도기는 매우 실질적이고 급격한 변화의 시기가 될 수 있다. 과거의 공급원이 교체되고, 새로운 기업이 등장하고, 기존의 기업이 파산할 수도 있는 것이다. 일부 공급자들이 전보다 더 광범위한 판매를 할 수 있게 됨으로써 행정적으로 결정되었던 기존의 판매구역이 급격한 변화를 겪을 수도 있다. 대체로 시장이 급격한 변화를 겪고 있을 때 기업의 참여나 공급의 대체가 좀더 수월하다고 볼 수 있다. 게다가 소비자들은 종종 오래된 습관이나 경향을 고수하려 하지 않는다. 새로운 또는 확장하는 어떤 기업이라도 이들 소비자를 끌어들일 수 있다. 따라서 이러한 요소 때문에 시장은 좀더 포괄적으로 정의된다. 게다가 이러한 시장의 기업들은 적극적으로 경쟁하여 시장점유율을 현저하게 확장할 수 있기 때문에 많은 이윤을 얻을 수 있다. 결과적으로, 역동적인 시장은 공모(collusion)나 소수독점, 단일기업에 의한 지속적인 지배에 영향을 덜 받는다고 간주되고 있다.

그러나 이와 반대로, 침체기 혹은 축소기의 시장은 특히 공모나 소수독점에 민감하다고 여겨진다. 새로운 기업은 이러한 시장에 뛰어들려고 하지 않으며, 기존의 기업들은 서로를 잘 파악하고 있기 때문에 쇠퇴기에 왕성히 경쟁하기를 주저할 수도 있다. 새로운 기업의 참여나 공급대체가 활발하지 않다는 것은 상대적으로 한정된 시장 정의를 의미할 수도 있다.

　과도기의 경제는 급격히 변화하는 시장과 침체 혹은 쇠퇴하는 시장 모두를 초래한다는 사실을 분명히 알 수 있다. 시장을 정의할 때 역동적 상황의 실질적인 모습을 현재 상황의 스냅사진과 혼동하지 않도록 항상 주의해야 함은 물론이다. 그러나 특히 과도기적 경제의 시장을 정의할 경우 시장 정의가 시장현실을 확실히 반영하도록 하기 위해서는 시장 내의 흐름을 자세히 살필 필요가 있다.

　과도기적 경제에서의 시장은 성숙된 경제의 시장보다 독점가를 만들어낼 확률이 높을 것이다. 따라서 「셀로판」 문제가 나타나기 쉽다(앞부분의 「독점이 아닌 상표명」 참고). 이 문제는 시장 정의 과정에서 특별한 관심을 필요로 하는 부분이다.

　몇 가지 다른 요소가 있을 수 있다. 먼저, 과도기 경제의 기업들은 비록 이윤의 기회가 더 크다 하더라도 성숙한 경제에서보다는 새로운 시장 진출이나 생산의 증대나 변경에 어려움을 겪을 수도 있다. 거기에는 몇 가지 이유가 있다. 기업은 생산단계에서 필요한 투입량을 확보하는 데 어려움을 겪을 수 있다. 또 이전의 안정된 공급원은 이윤이 없기 때문에 휴업을 하거나 또는 운영을 계속하되 새로운 시장과 구매자들을 확보할 수 있다는 이유로 실질적으로 가격인상을 할 수도 있다. 또한 판매단계에서는 상품을 고객에게 전달하기 위해 필요한 수직적 구조가 존재하지 않거나 발달이 미진할 수도 있다. 예를 들면 기업이 확실한 중개인이나 도매상들의 조직을 확보하지 못할 수도 있다. 더 나아가 경제적 진출이나 확장이 곤란할 수도 있다. 기업이 진출의 유리한 기회와 확고한 계획, 건실한 경영을 갖추었다 하더라도, 고리대금업자나 투자자를 보호하는 합리적 구조(예 : 파산법과 소송절차, 담보법(collateral law), 채권자의 구제, 주주의 권리)가 불충분하거나 검증되지 않았다면 이 기업은 필요한 재정을 확보하는 데 어려움을 겪을 수 있다. 이러한 각각의 상황에서, 특정시장의 실정은 다양하게 나타날 수 있다. 가령 폴란드의 소비재 소매점은 매우 급격히 발달했다. 반대로, 사업 확장에 필요한 재원은 적어도 여러 분야에서 다소 느리게 발달한 듯이 보인다. 따라서 철저한 일반화는 불가능하며, 어떤 경우에라도 급격히 시대에 뒤진 것이 될 것이다. 과도기 경제로 인한 기업의 진출이나 확장을 포함해서 특수한 경우의 모든 요소를 고려하는 것이 중요하다.

4.4.4. 가격 차별화가 가능한 시장

일부 시장에서는 가격의 차별화가 가능하다. 이러한 시장들은 시장 정의에서 특별한 문제점을 나타낸다. 두 가지 시장의 비교가 이 점을 명확히 해줄 것이다. 볼베어링과 같은 작은 공업제품을 판매하는 시장에서 일부 고객은 「규격화」된 볼베어링을 사용하는 반면, 다른 고객들은 생산자와 소비자 간의 긴밀하고 지속적인 협의를 통해 고안된 주문식 볼베어링을 사용한다고 가정해보자. 하지만 두 가지 볼베어링 모두 같은 공장에서 동일한 기계로 생산된다. 따라서 공급대체는 두 가지 유형이 동일한 시장에 속함을 암시한다.

지리적 시장 정의에 보편적으로 이용되는 대략의 증거들을 캐나다 합병지침에서 찾아볼 수 있다.

캐나다 합병 집행지침(1991)

● 가격 차별: 어떤 경우에는, 판매자들이 관련시장 내부의 특정 구매자를 분류하고 차별할 수 있다. 이 구매자들은 현저한 장기간의 인상이 있다 해도 관련시장 내의 지리적 대체품으로 쉽게 선택을 바꾸지는 않을 소비자들이다. 주문상품이나 특정지역에서 판매되는 상품과 관련하여 판매자들이

현저한 장기간의 가격인상을 유리하게 실시할 수 있을 경우 추가적으로 이와 같은 상품으로 구성된 더 좁은 관련시장을 정의할 수 있다. 이런 차별에 특히 영향을 받는 구매자의 예로는, 좀더 먼 거리의 공급원으로 전환하기에 충분할 만큼 대량으로 구입하지 않는 소비자들, 또 대체품 전환을 강요받았을 경우 실질적인 재정비, 재포장 또는 마케팅 비용을 부담하게 될 소비자들을 들 수 있다. 가격 차별이 성공하기 위해서는, 다른 구매자들이 유리하게 구매하여 차별의 대상이 되는 구매자들에게 재판매하여 중개이익을 얻는 일이 가능해서는 안 된다.

4.4.5. 독점가가 존재할 경우의 시장 정의(셀로판 오류)

시장 정의가 가장 어려운 상황 가운데 하나로 독점력이 이미 존재할 경우를 들 수 있다. 왜냐하면 기존의 독점력이 대체품의 일반적 질문에 대한 답을 왜곡할 수 있기 때문이다. 만일 가격이 독점수준까지 이미 인상되었다면, 비록 경쟁적 가격수준에서는 아닐지라도 일부 대체품들이 고객들을 끌어들일 수 있다. 이것이 시장의 규모를 실제보다 더 크게 보이도록 할 수도 있다.

미국 대법원의 셀로판 사건이 이 같은 오류의 대표적인 예라고 할 수 있다. 정부는 듀퐁이 셀로판 시장의 75% 이상을 점유한다고 주장하면서 셀로판 시장의 독점을 고발했다. 그러나 대법원은 대체와 상호 융통성(cross-elasticity)의 증거에 의존하여 이 시장 정의를 거부했다. 법원은, 셀로판이 단지 여러 상품 가운데 하나에 불과하며 듀퐁이 독점하지 않은 보다 큰 포장재 시장으로 정의했다. 법원은『신축성 있는 포장재 시장에서의 가격이나 품질 변화에 대한 소비자들의 민감성이 듀퐁이 가격에 대한 독점력을 갖지 못하도록 한다』라고 결론지었다.

많은 관찰자들은 법원이 잘못 판단했다고 생각하고 있다. 법원은,

셀로판 가격이 약간 오르면 많은 소비자가 다른 제품을 선택하고, 가격이 조금 내리면 다른 제품을 사용하던 소비자가 셀로판을 선택할 것이라는 증거에 의존했다. 다른 제품에는 포장지, 투명필름, 글래신지(glassine material) 등이 포함된다. 이러한 제품은 셀로판과 마찬가지로 식품이나 담배 등의 포장에 사용되었다. 법원은 일부 고객은 특정 용도를 위해 이미 대체품을 선택하여 사용하고 있다는 사실을 지적한 것이다.

이 증거의 문제점은, 가능한 두 가지의 설명 가운데 법원이 한 가지만을 고려했다는 데 있다. 첫 번째 설명은 다른 상품들이 셀로판 생산자가 경쟁 수준 이상으로 가격을 올리는 데 제약이 되었다는 것이다. 하지만 두 번째 설명은 셀로판 생산자가 이미 가격을 경쟁수준 이상으로 인상하고, 지나치게 많은 고객을 잃지 않으면서 가능한 최고의 가격을 책정했다는 것이다.

물론, 독점가는 가격을 경쟁수준 이상으로 인상한다. 하지만 독점가의 가격인상 능력 또한 제한된다. 만일 독점가가 가격을 지나치게 인상한다면, 저급한 대체품조차도 고객의 눈길을 끌게 될 것이며 일부 고객들은 이 같은 부적절한 대체품을 선택할 것이다. 지나친 가격인상으로 최대의 이윤을 얻을 수 있는 장점을 가진 것이 바로 독점가격이다. 다시 말해서, 다른 제품을 선택한 소비자들로 인한 손실을 제한 후 독점가가 보유한 고객들로부터 얻는 금액은 가능한 최고 수준인 것이다(제1장의 「현재 진행되고 있는 독점 사례」 참조). 이 독점가격은 항상 수요가 신축적인, 즉 고객들이 다른 제품을 선호할 가능성이 대체로 높은 수준에 머무를 것이다.

많은 관찰자들은 셀로판 사건의 경우가 이와 마찬가지라고 생각한다. 이 관점에서 증거를 다시 살펴보자. 만약 듀퐁이 독점가였다면, 이 회사는 많은 고객을 잃지 않고서도 셀로판의 가격을 가능한 최고

수준으로 유지했을 것이다. 사실 이 회사는 높은 가격 때문에 이미 일부 고객을 잃었다. 만일 이 회사가 가격을 더 인상했다면, 더 많은 고객이 다른 부적절한 대체품을 선호했을 것이다. 그럼에도 불구하고 이 회사는 독점력을 가졌으며, 가격을 독점수준으로 확립함으로써 영향력을 행사했다.

여러 관계자들이 셀로판 사건의 판결이 잘못되었다고 생각하는 이유를 살펴볼 필요가 있을 것이다. 듀퐁의 독점력을 확신하도록 한 증거는, 매우 높은 시장점유율과 대체품의 부적절성이 복합된 것이었다.

셀로판은 몇 가지 특성―접기 쉽고, 투명하며, 방수성, 방향성(odorproof)―을 갖는다. 많은 고객들이 선택했거나, 셀로판 가격을 인상할 경우 선택하게 될 대체품들은 사실 셀로판에 비해 조잡한 제품들이었다. 약간의 가격변화로 인해 고객들이 저급의 대체품을 선택할 경우에 할 수 있는 한 가지 논리적인 설명은 독점가가 고객을 잃지 않고도 이미 가능한 최고 수준으로 가격을 확립했다는 것이다. 일부 고객들이 이미 다른 대체품을 선택했다는 증거 또한 중요하다. 독점가가 독점가격을 확립하기 위해서는 일반적으로 약간의 생산감소를 감수해야 한다는 사실을 상기하라(제1장의 「현재 진행되고 있는 독점 사례」 참고). 이 같은 생산의 감소는 보통 셀로판사건의 경우처럼 부적절한 대체품을 사용하는 고객들이 있음을 의미한다. 그러나 각각의 증거들은 개별적으로는 결정적인 것이 되지 못한다. 이들은 불완전한 대체품이 서로를 제약하는 경쟁시장에서도 존재할 수 있다. 아마도 비평가들을 확신시킨 것은 셀로판 사건이 지닌 여러 사실들의 복합적인 요인일 것이다.

셀로판 문제는, 문제시되는 지배적 기업이 임시 관련시장에서 매우 높은 비중을 차지할 때마다 시장 정의에 문제점을 제기한다. 대체품과 소비자 선호에 대한 일반적 증거는 이러한 상황에서는 결정적인 것이 되지 못한다.

이 문제에 대한 간단한 답은 없다. 한 가지 가능한 일은 셀로판 문제가 적절한 경우에 나타나는지의 여부를 고려하는 것이다. 다음과 같은 경우에는 셀로판 문제가 나타나는지 살펴보아야 한다.

1. 문제의 지배적 기업이 임시 관련시장에서 매우 큰 시장점유율을 갖는다. —기업이 독점가격을 책정할 정도로 점유율이 높다. 대체로 70% 이상의 시장점유율을 필요로 한다. 셀로판 문제는 80% 혹은 90%의 높은 시장점유율이 나타날 때 존재하기 쉽다.

2. 제품의 특성 때문에 여러 가지 용도에서 유사한 대체품보다 실질적으로 우수하다. 다시 말해 유사한 대체품이 없다.

3. 문제의 지배적 기업이 독점가격을 취해왔었다는 다음과 같은 증거가 있다.

    a. 가격 때문에 일부 고객들은 부적절한 대체품을 선택했다. 만일 제품의 가격이 적지만 뚜렷하게 인하된다면 이 고객들은 이 제품을 사용하기 시작하거나 보다 많이 사용할 것이다.

    b. 약간의 가격인상 결과 고객의 상당수가 부적절한 대체품을 선택할 것이다.

    c. 기업이 다른 가격을 책정하기 위해 제품에 대한 다른 욕구 (기꺼이 가격을 지불하려는 마음)를 가진 다른 소비자 집단에 대해 보기 드문 조처를 취했다(즉, 기업이 가격차별에 관계했다). 특히, 중개(고객들 간의 혹은 중간자를 통한 제품의 재판매)를 방지하기 위해 많은 노력을 했으며, 이 같은 조치는 보급에서의 통제력을 유지하기 위해서나 판매에 따른 서비스 권장 등과 같은 수직적 결합(제6장 참조)의 일

반적인 이유로는 설명할 수 없는 것이다.

이와 같은 상황은, 독점가가 좋은 대체품을 갖지 못한 고객들에게 독점가격을 책정하려고 시도하면서 한편으로는 보다 나은 대체품을 갖는 고객들에게는 낮은 가격으로 판매하려 한다는 사실을 암시한다.

4. 문제의 지배적 기업이 독점가와 마찬가지로 행동한다는 다른 증거—경쟁 가능성을 지닌 기업의 존재 여부를 고려하지 않은 조처, 경쟁이 아닌 독점과 일치하는 방식의 고객대우, 그 밖의 유사한 암사

이러한 증거들은 개별적으로 보았을 경우 그 자체로는 모호하다. 이것들은 또한 비독점 시장에서도 나타날 수 있다. 이 문제에 대한 간단한 답은 없다. 유일하고 바람직한 접근법은 위의 상황이 나타날 경우 사건을 자세히 검토해보는 것이다. 독점력의 존재와 행사 여부에 대한 논리적 추론을 위해 있을 수 있는 모든 사실을 고려하라.

4.5. 구매자 독점 또는 구매자의 시장(지배)력

판매자에 대한 시장력이나 구매자 독점을 분석할 때 시장을 정의하는 것이 어려워질 수도 있다. 기억해야 할 중요한 원칙은 구매자 독점의 잠재적 희생자가 판매자들이고, 잠정적 피해는 경쟁 수준보다 낮은 가격이라는 것이다. 따라서 분석의 요점은 판매자의 선택권이다. 구매자 독점의 문제는 종종 농업시장에서 발생한다.

구매자 독점이나 구매력 문제와 관련한 시장력 분석과 시장 정의의 단계를 설명하는 분석점검표가 이 장의 뒷부분에 실려 있다.

4.6. 실무적 조언

4.6.1. 정보의 출처

앞에서 지적한 바와 같이, 상품시장 정의와 지리적 시장 정의 모두 사실적이고 실용적인 문제다. 특히 이러한 문제들은 과도기적 경제일 경우 해답을 얻기가 용이하지 않을 수도 있다. 소비자와 생산자는 가능한 모든 선택권(option)을 파악하지 못하고 있을 수도 있다. 바로 이 점에 대해 조사자는 고객들을 독창적이고 철저하게 면담해야 한다. 고객들에게 가장 좋은 대체품이나 대체원을 질문해야 한다. 운송비용과 같은 것에 대한 질문도 필요하다. 어떤 상황에서 제품이나 공급원의 전환을 결정한 것인지도 질문해야 한다.

어떤 면에서는, 과도기적 경제에서의 독점금지 조사자는 더 안정된 시장의 독점금지 조사자에 비해 좀더 나은 정보를 보유할 수 있다. 만일 제품 생산에 방해가 되는 부족(shortage)이나 파업, 또는 수입제한, 수송의 병목현상, 혹은 다른 제품과 관련한 가격인상 등이 있었다면 고객들에게 어떤 현상이 발생했는지 질문해야 한다. 조사자는 당연히 모든 관련사항을 고려해야 한다. 예를 들면, 수송 병목은 문제상품 뿐 아니라 대체품의 일부 또는 전부에 영향을 끼쳤을 수도 있다. 하지만 이러한 실제 사례들은 시장을 정의하는 데 매우 유용할 수도 있다. 실제로 이 사례들은 서구 조사자들이 종종 의존할 수밖에 없는 가설적 답보다는 한층 더 믿을 만하다. 어떤 경우에라도 조사자는 이와 같은 모든 사실을 검토함으로써 관련시장의 의미에 대한 가장 현실적인 판단을 내려야 한다.

시장 정의에 필요한 요소들을 수집하는 가장 효과적인 방법 가운데 하나는 관련단체들의 주장을 시험해보는 것이다. 종종 시장 지배와 합병에 관련된 기업은 시장 내에서 자신들의 중요성을 최소화하기 위해 관련시장이 광범위하다고 주장할 것이다. 이럴 경우 독점금지 조사자들은 일반적으로 주장을 시험함으로써 사실을 수집해야 한다. 예를 들면 『당신은 누구든지 쉽게 시장에 진출하여 이 제품을 생산할 수 있다고 주장하고 있습니다. 당신이 마지막으로 생산을 확장한 것은 언제였으며, 어느 정도의 기간 동안 얼마의 비용이 들었습니까?』, 또는 『당신은 다른 지역의 기업들로부터 치열한 경쟁을 받고 있다고 주장하고 있습니다. 이들 기업에 의한 판매손실의 기록을 갖고 있습니까?』 등이다. 종종 기업이 좋은 답을 할 수 있는지 없는지의 여부가 시장이 기업의 주장보다 좁다는 충분한 증거가 된다. 따라서 관련단체들이 완벽한 답을 하려는 열의는 꽤 강렬하다. 바로 이 때문에 조사의 일반적 방법이 될 수 있는 것이다.

4.6.2. 체크리스트

여기에서는 시장 정의에 필요한 점검사항을 제시했다. 먼저, 시장 정의의 단계적 절차를 보여주는 점검표가 있다. 그 다음으로, 시장 정의 과정에서 조사하게 될 다양한 단체들에 대한 질문들을 포함하는 연습문제가 제시되어 있다. 이 문제지는 시장 정의 과정에서 발생할 수 있는 모든 문제들을 다루고 있다. 어떤 경우에는 질문들 가운데 일부만이 필요하고, 일부 질문만이 관련있는 것일 수도 있다. 세 번째는, 시장을 정의할 때 이용될 수 있는 시장 정의에 대한 개요다. 조사과정 중 수집된 정보들은 이 개요를 이용해서 시장의 정의를 내리는 것을 가능하게 할 것이다.

또한, 구매자 독점 혹은 지배적 구매자에 관한 시장 정의나 시장력 분석을 위한 특별한 개요도 제시되었다.

이들 내용은 다음과 같이 구성되어 있다.

시장 정의 점검표 A	단계별 분석
시장 정의 점검표 B.1	지배적 사업자가 될 가능성이 있는 기업(또는 합병기업)에 대한 질문
시장 정의 점검표 B.2	고객들에 대한 질문
시장 정의 점검표 B.3	경쟁사(제품의 다른 생산자나 상품시장)에 대한 질문
시장 정의 점검표 B.4	가능한 대체품(상품시장)의 생산자에 대한 질문
시장 정의 점검표 B.5	가능한 신입회원(상품시장)에 대한 질문
시장 정의 점검표 B.6	인접한 지역의 제품생산자(지리적 시장)에 대한 질문
시장 정의 점검표 C	시장 정의 개요의 증거
시장 정의 점검표 D	구매자 독점력에 관한 시장 정의 개요와 시장력 분석

시장 정의 점검표 A
단계별 분석

Ⅰ. 상품시장 정의

A. 문제되는 지배적 기업의 상품에서부터 시작하라. 이것이 「임시 관련상품」이다.

1. 일반적 정의를 이용하라.
   a. 만일 제품이 공업제품이라면 업계의 표준용도를 따르라.
   b. 만일 소비재라면, 보통의 소비자가 제품에 대해 생각하는 것과 같은 관점으로 시작하라.
2. 좁은 범위에서 시작하라. 만일 확실치 않다면 두 가지 정의 가운데 범위가 좁은 것을 선택하라. 시장 정의 과정의 운영방식 (시장의 확장 가능성을 시험함으로써) 때문에 협소한 시장부터 시작하는 것이 가장 좋다. 만일 경제적 현실이 시장의 확장을 정당화한다면 시장은 확장될 것이다.
3. 서비스가 제품이 될 수 있다.
4. 합병의 경우, 합병기업들의 중복되는 제품(들)부터 시작하라. 실행·행위 조사를 위해서는, 실행으로 인해 영향을 받은 제품부터 시작하라.

B. **원칙적인 상품시장 정의—수요 측면**: 스스로에게 질문해보라. 만일 임시 관련시장의 가격이 적지만 뚜렷한 폭으로 인상했을 경우 고객의 반응은 어떠하겠는가?

1. 적은 폭의 뚜렷한 가격인상은 인플레이션이나 비용증대와 무관한 것이다. 이는 일시적 인상이 아니라 근본적이고 영구적인 것이다. 즉 이러한 종류의 가격인상은 독점이익을 취하려는 독점가에 의한 인상이라고 할 수 있다.
   a. 종종 성숙된 경제에서는 5%나 10%의 가격인상이 사용된다. 경제요소들이 급격히 변화하는 최근의 자유화된 경제에서는 여러 가지 상황에서 더 큰 폭의 인상이 바람직할 수도 있다.
2. 상당수의 고객이 다른 제품을 선호할 것인가?
3. 가격인상이 무익할 만큼 많은 고객들이 다른 제품을 선호하겠는가?
4. 만일 그렇다면 임시 상품시장이 확장되어야만 한다. 가장 좋은 대체품을 추가하라.
   a. 대체품의 유사성은 기능에 기초하여 결정된다. 구매자의 필요와 욕구를 대체품이 어느 정도까지 만족시켜줄 수 있는가?
5. 가장 유사한 대체품을 시장에 추가하라. 보다 넓어진 이 시장이 새로운 임시 관련상품 시장이다. 단계의 처음으로 돌아가 새로운 임시 관련상품 시장에서의 가격인상에 대한 고객의 반응을 고려해보라.
6. 적은 폭의 뚜렷한 가격인상을 부과할 수 있는 관련상품이 존재할 때까지 이 과정을 반복하라. 다시 말해, 독점력의 대상이

될 수 있는 관련상품이 있을 때까지 계속하라. 이것이 관련상품 시장이다.

C. **실질적인 상품시장 정의—수요 측면** : 앞에서는 원칙적으로 관련상품 시장을 정의하기 위해 필요한 질문을 설명했다. 시장을 정의할 때 이 같은 질문들을 기억할 필요는 있지만 직접적으로 답을 얻을 수는 없다. 독점금지 조사자는 다음 증거로부터 답을 추론해야만 한다. 어떠한 단편적 증거도 그 자체로는 질문에 답할 수 없다. 증거는 전체적으로 채택되어야 한다. 상품시장 정의에 이용되는 가장 일반적인 증거는 다음과 같다.

임시 관련상품이 바람직하게 정의된 상품시장임을 보여주는 증거들	임시 관련상품이 제대로 정의된 상품시장이 아니므로 시장이 확장되어야 함을 보여주는 증거들
과거의 고객들이 제품의 가격이 다른 제품에 비해 인상된 경우에도 다른 제품으로 선택을 바꾸지 않았다.	과거의 고객들은 상대적으로 낮은 가격변화에 대응하여 다른 제품을 선택했다.
지금의 고객들은 같은 용도를 위해 한 가지 제품만을 사용한다.	지금의 고객들은 같은 용도를 위해 한 가지 이상의 제품을 사용한다. 두 제품 중에서 선택할 수도 있다.
고객들은 이 용도를 위해 다른 제품을 써본 적이 없다. 다른 제품을 이용하려는 시도는 실패했거나 아니면 너무 비싸다.	고객들은 이 용도를 위해 다른 제품을 사용해왔다. 그 제품은 합리적인 대체품이었으며 가격도 비슷했다.

임시 관련상품의 특성과 가격은 가장 유사한 대체품의 특성과 상당히 다르다.	임시 관련상품의 특성과 가격은 가능한 대체품들과 비교적 유사하다.
고객들은 대체품을 구입하기 위해 돌아다니지 않는다. 가능한 대체품의 판매자들은 제품 판매를 위해 이들과 접촉하려는 시도조차 하지 않는다.	고객들은 대체품 구입을 위해 정기적으로 돌아다닌다. 대체품 판매자들은 제품 판매를 위해 이들과 접촉한다.
(상당한 시장점유율을 갖는 기업들의 경우) 만일 가격이 적지만 뚜렷하게 인하된다면 고객들은 실질적으로 더 많은 제품을 구입할 것이다.	
가능한 대체품으로 전환하기 어렵거나 비용이 많이 들 것이다.	가능한 대체품으로 전환하기 쉽고 비용도 저렴할 것이다.
가능한 대체품은 소비자의 필요와 욕구를 만족시키기엔 부족한, 차선의 제품일 것이다.	가능한 대체품은 고객의 필요와 욕구를 합리적으로 만족시킬 것이다.
기업의 중요한 서류들(계획, 전략서, 판매나 마케팅 보고서)은 가능한 대체품을 무시한다.	기업의 중요한 서류들(계획, 전략서, 판매나 마케팅 보고서)은 가능한 대체품을 경쟁적 요소로 간주한다.
가능한 대체품의 가격이 변화하더라도 기업은 가격을 변동시키지 않는	기업은 일반적으로 가능한 대체품의 가격변화에 대응하여 가격을 변동시

다.

기업은 고객들이 대체품을 선택할 가능성을 고려하지 않고 사업 상의 결정을 내려왔다.

기업은 가능한 대체품의 판매자들로 인해 고객(또는 판매)의 손실을 입지 않았다.

고객들은 그들의 시장(하위 부문의)에서 지배적 기업의 다른 고객들과 경쟁하고, 가격인상은 아마도 소비자들에게 전달될 수 있을 것이다.

만일 가격차별이 가능하다면 [즉, 중개(각각의 고객들을 위해 특별히 생산된 서비스나 제품과 같이 저가 고객이나 고가 고객에게 재판매하여 이윤을 취하는 행위)를 유발하지 않으면서 고객들이 비싼 가격을 요구받을 경우] 대체품을 선택할 수 없는 고객들도 상당수 있다. 이 집단은 별도의 시장을 구성할 수 있다.

킨다.

기업은 고객들이 대체품을 선택할 가능성에 기초하여 사업 상의 결정을 한다.

기업은 대체품의 판매자들로 인해 고객(또는 판매)의 손실을 입었다.

고객들은 그들의 시장(하위부문의)에서 문제의 지배적 기업의 제품을 구입하지 않는 기업들과 경쟁한다. 따라서 지배적 기업이 가격을 인상하면 고객은 대체품을 선택할 뚜렷한 이유를 갖게 된다.

비록 가격차별이 가능한 것처럼 보인다 해도 제품의 의도된 용도 때문에 비교적 욕구가 제한된 일단의 고객들에게 가격을 인상하려 시도한다면 즉시 실패할 것이다. 이와 같은 고객들은 다른 고객(집단 밖의)들이나 중간상인으로부터 제품을 구입할 수 있다. 다시 말해 중개(전매)가 가능하다.

D. 원칙적인 상품시장 정의 — 공급대체(또는 시장에 속한 기업의 확인) : 만일 관련상품의 가격이 적지만 뚜렷이 인상될 경우 다

른 기업들이 쉽고 빠르게 그 제품을 생산하겠는가?

1. 공급대체는 추가적 기업들이 기존의 생산능력을(약간의 저렴한
   변화만으로) 이용하여 제품생산을 시작할 가능성을 의미한다.
2. 그 제품을 쉽고 빠르게 생산할 수 있는 기업은 현재 시장에 경
   쟁적 영향력을 행사할 수 있다. 이와 같은 기업의 시장 진출 가
   능성은 시장 내의 기업들이 가격을 인상하거나 반경쟁적으로
   행동하는 것을 막을 수 있다.
3. 이와 같은 기업이 시장에 대해 갖는 영향력의 중요성은, 경쟁의
   저하에 대응하여 이 기업이 진출해서 생산할 가능성이 얼마나
   사실적인가를 나타내는 기능이라 할 수 있다. 가능성이 희박할
   수록 효과는 적다. 가능성이 높을수록 효과는 크다.
4. 따라서 공급대체의 관련성과 중요성에 대한 평가는, 가격이 적
   지만 뚜렷이 인상되었을 경우 다른 기업들이 제품생산을 시작
   할 수 있는가, 또 생산할 것인가에 대한 문제다.
   a. 그들이 생산을 시작할 수 있는가? 이 질문에 답하려면 기
      술적 가능성(원료, 기술, 공장, 설비 등)을 검토하라
   b. 가격이 적지만 뚜렷하게 인상된다면 그들이 생산을 시작할
      것인가? 이 질문에 답하려면 그들이 이를 통해 이윤을 얻
      을 수 있는 가능성을 살펴보라. 이윤을 얻을 수 있는 기회
      와 비교해본 시장진출의 비용, 진출비용의 회수가능성 여
      부, 새로운 기업에 대한 고객의 저항을 극복할 가능성 등이
      그것이다.
5. 공급대체의 가능성은 종종 1년이라는 기간 내에 평가된다. 다시
   말해서, 기업이 운영을 시작하고 1년 내에 경쟁적 효과를 가질
   수 있다면 시장에 속한 것으로 간주한다(생산을 시작할 수 있

을 때까지의 기간이 오래 걸린다거나 또 새로운 설비에 실질적인 투자가 필요할 경우 시장 진출의 용이함을 평가하는 데 개별적으로 다루어지는 것이 일반적이다. 공급대체의 문제점과 진출의 용이성은 서로 합쳐질 수도 있다. 공급대체를 보장해주는 것은 짧은 기간과 기존 설비를 이용하는 것이다).

6. 1년 내에 생산을 시작할 수 있고 또 경쟁효과를 가질 수 있는 기업들은 상품시장에 속한 것으로 간주될 수 있다.

E. **실질적인 상품시장 정의 – 공급대체** : 시장 정의에서 공급대체를 평가하는 데 이용되는 가장 일반적인 증거는 다음과 같다.

기업이 공급대체를 통해 시장에 진출하지 않을 것이므로 관련상품 시장에서 제외되어야 함을 보여주는 증거	기업이 공급대체를 통해 시장에 진출할 것이므로 관련상품 시장에 포함되어야 함을 보여주는 증거
관련상품을 생산하기 위해 기업은 값비싼 설비를 상당량 새롭게 구입해야 한다.	기업이 갖춘 기존의 공장과 설비를 거의 개조하지 않고 관련상품을 생산할 수 있다.
생산을 시작하려면 신기술이나 새로운 디자인을 개발하거나 혹은 새로운 노하우를 습득해야 하고, 이를 위해서는 1년 이상이 소요될 것이며 비용(이윤기회에 비해)이 들 것이다.	기업이 가진 기존의 기술, 디자인, 노하우 등을 관련상품 생산에 응용할 수 있다. 새로운 기술, 디자인, 노하우 등은 시장에서 손쉽게 입수할 수 있다.
기업이 아직 보유하지 못한 전문인력이 필요하고, 이들을 고용하기 힘	기업이 보유한 기존의 직원들이 제품의 생산에 쉽고 빠르게 적응할 수

들 것이다.	있다.
생산과 판매 초기의 실질적 비용은 진출이 실패할 경우 회수가 불가능하다. 이러한 비용의 예로는 광고, 기술, 노하우나 디자인의 개발, 재판매될 수 없는 전문적 설비의 구입 등을 들 수 있다.	생산 초기의 비용 대부분은 진출이 실패할 경우 회수가능하다. 이러한 예로 재판매 시장이 형성되어 있는 일반 용도의 설비(예 : 트럭), 다른 용도로도 이용할 수 있는 설비의 구입, 토지와 다용도 건물의 구입 등을 들 수 있다.
시장이 정체하거나 침체하고 있어 시장진출에 대한 흥미가 없다.	시장이 성장하고 있으며 역동적이고, 시장진출의 기회를 제공한다.
상품의 신뢰도가 고객에게 매우 중요하며(예를 들면, 기계설비 가운데 한 부분의 고장이 전체 생산공정을 정지시킬 수 있는 경우), 고객은 경험이 없는 새로운 생산자를 신뢰하지 않는다.	가격이 만족스럽고 새로운 생산자의 상품에 대해 고품질로 신뢰를 얻고 있다면 고객들은 새로운 생산자의 상품을 기꺼이 구입해볼 것이다.
생산이 가능하다 해도, 기업이 제품을 보급하고, 마케팅하고, 판매하기는 어려울 것이다.	기업은 특별한 어려움 없이 보급, 마케팅, 판매를 해결할 수 있다. 가령, 기존의 유통업자가 신제품을 보급하거나, 다른 제품의 판매를 통해 이미 기업이 고객들과 친숙할 수도 있고, 업계의 기존 중개인(intermediary)을 이용할 수도 있다.

Ⅱ. 지리적 관련시장

A. 지배의 가능성이 있는 기업이 관련제품을 판매하고 있는 지역부터 시작하라. 이것이 임시 지리적 시장이다(기업이 한 곳 이상의 지역에서 판매하고 있을 경우 각각의 공장이나 유사지역에서부터 개별적으로 시작하라).

B. 원칙적인 지리적 시장 정의 : 스스로에게 질문하라. 이 지역(임시 지리적 관련시장)에서 관련상품의 적지만 뚜렷한 가격인상이 있을 경우 고객들은 어떤 반응을 나타내겠는가? (적지만 뚜렷한 가격인상에 대해서는 앞부분 참고)

1. 상당수의 고객들이 이 지역 밖의 새로운 공급원으로 전환할 것인가? 이와 같은 상황은, 고객들이 제품을 구입하기 위해 지역을 벗어나거나, 외부의 공급자가 빠르고 쉽게 이 지역에서 판매를 시작할 경우에 발생할 수 있다.
2. 가격인상이 무익할 만큼 많은 수의 고객들이 전환할 것인가?
3. 만일 그렇다면, 임시 지리적 시장은 확장되어야 한다.
4. 가장 많은 고객들이 선택할 차선의 제품 지역을 추가하라. 이 확대된 새로운 지역이 새로운 임시 관련상품 시장이다. B로 되돌아가, 새로운 임시 지리적 관련시장에서의 가격인상에 대응한 고객의 반응을 검토하라.
5. 적지만 뚜렷한 가격인상이 실시될 수 있는 지리적 관련시장

이 있을 때까지 이 과정을 반복하라. 다시 말해서 독점력이 대상이 되는 지리적 관련시장이 존재할 때까지 반복하라. 이것이 지리적 관련시장이다.

6. 필요하다면 문제의 지배적 기업의 모든 지역에서 이 과정을 반복하라. 각각의 지역은 개별적인 지리적 시장에 포함될 수 있다.

C. **실질적 지리적 시장 정의** : 지금까지는 지리적 관련시장 정의에 필요한 원칙적 질문을 설명했다. 이러한 질문들은 시장을 정의 내리는 과정 내내 늘 염두에 두어야 한다. 하지만 직접적인 답을 찾을 수는 없다. 독점금지 조사자들은 다른 증거로부터 답을 추론해야 한다. 증거는 단편이 아닌 전체로서 평가되어야 한다. 가장 일반적인 증거는 다음과 같다.

지리적 관련시장이라는 증거	임시 지리적 시장이 너무 작아 확정되어야 한다는 증거
고객들은 이 지역 밖의 공급자로부터 구입해본 적이 없다. 또는 만일 구입했다면 매우 불편하고 신뢰할 수 없었거나, 운송을 포함한 가격이 이 지역의 가격보다 높았다.	고객들은 이 지역 밖에서 구입한 경험을 갖고 있다. 충분히 편리하고 믿을 만했다. 운송을 포함한 가격 차이는 5~10% 이내다.
이 지역의 고객들은 이 지역의 판매자로부터만 구입한다.	이 지역의 고객들은 현재 하나 이상의 판매자로부터 제품을 구입하고 있으며, 이 지역 밖의 판매자들로부터 일부를 구입할 수도 있다.

과거에는, 이 지역의 가격변화가 지역 외의 판매자로부터 제품을 구입하도록 하지는 않았다.	과거에는 이 지역의 가격변화에 대응하여 지역 외의 판매자들로부터 구입해왔다.
과거에는 이 지역의 가격이 다른 지역과는 별도로 변화했다.	과거에는 이 지역의 가격변화가 다른 지역의 가격변화와 밀접하게 관련이 있었다. 즉 가격변화가 동시에, 같은 방향으로, 비슷한 폭으로 일어났다.
고객들은 대체품을 위해 지역 밖으로 벗어나지 않는다. 지역 밖의 판매자들은 판매를 위해 이들과 접촉하지 않는다.	고객들은 대체품을 위해 지역을 벗어나 구입한다. 지역 밖의 판매자들은 제품 판매를 위해 이들과 접촉한다.
고객들이 지역 외부의 공급자로 전환하기 어렵거나 비용이 들 것이다.	고객들이 지역 외부의 공급자로 전환하기가 비교적 간단하고 저렴하다.
(이 지역에 상당한 시장점유율을 확보한 기업이 있을 경우) 가격이 적지만 뚜렷하게 인하되었다면, 이 지역의 고객들은 실질적으로 더 많이 구입할 것이고, 외부의 고객들도 이 기업의 제품을 구입하기 시작할 것이다.	
기업의 중요한 서류들(계획, 전략	기업의 중요한 서류들(계획, 전략,

서, 판매와 마케팅 보고서)은 지역 밖의 판매자를 무시한다.	판매나 마케팅 보고서)은 지역 밖의 판매자를 경쟁적 요소로 간주한다.
이 지역의 기업은 인접 지역의 상품 가격을 고려하지 않고 가격을 결정한다.	이 지역의 기업은 인접 지역의 상품 가격 변화에 대응하여 가격을 변화시킨다.
기업은 고객이 다른 지역의 판매자들로 전환할 가능성을 고려하지 않고 사업 상의 결정을 한다.	기업은 고객이 다른 지역의 판매자들로 전환할 가능성에 기초하여 사업 상의 결정을 한다.
이 지역의 기업은 외부 지역의 판매자에게 고객(또는 판매)을 잃지 않았다.	이 지역의 기업은 외부지역의 판매자에게 고객(또는 판매)을 잃었다.
외부 지역의 기업이 힘들고 오랜 과정을 거쳐 회수가 불가능한 비용을 투자해야만 이 지역의 일부 혹은 전체에서 판매를 시작할 수 있다.	외부 지역의 기업은 비교적 간단한 절차를 통해 이 지역 일부 혹은 전체에서 판매를 시작할 수 있다. 이때 소요되는 비용의 상당부분은 회수가능하다.
비록 외부 지역보다 가격이 높다고 해도 인근 지역의 판매자들은 이 지역에서 판매하지 않을 것이다.	만일 외부 지역보다 가격이 비싸다면 인근 지역의 판매자들은 이 지역에서 판매를 시작할 확률이 높다.
지역 내의 고객들은 지역 외부로부터의 심각한 경쟁에 그다지 영향을 받지 않는다.	지역 내의 고객들은 지역 외부로부터의 경쟁에 직면하여 가격인상을 용인하지 못한다.

<table>
<tr><td>

만일 가격차별이 가능하다면(즉, 각
각의 고객을 위해 특별히 생산된 서
비스나 상품에 대해 재판매를 야기
하지 않으면서 고객에게 다른 가격
을 책정할 수 있다면) 외부 지역으
로 전환할 수 없는 고객이 상당수
있다. 이 고객의 집단이 관련시장이
될 수 있다.

</td><td>

가격차별이 가능한 것처럼 보여도
사실은 그렇지 않다. 가격차별에 취
약한 것처럼 보이는 고객들도 지역
의 다른 고객이나 외부지역에서 제
품을 들여오는 사람들로부터 구입할
수 있다.

</td></tr>
</table>

Ⅲ. 정보의 결합 : 시장의 정의

A. 앞에서 설명한 정보를 이용하여 시장을 정의하라. 이는 「ABC 지역에서의 X제품의 판매」와 같이 설명되는 것이 보통이다.

B. 정의가 의미 있는 것이 되기 위해서 때때로 제품들이 결합되기도 한다. 가령, 각각의 고객들은 약간씩 차이가 있는 특수화된 제품(예를 들어, 공업제품 시장으로 통합될 볼베어링은 각각의 고객을 위해 특별히 구분될 수 있다)을 구입할 수 있다. 이 제품들은 사실상 서로 대체될 수 없는 것들이지만, 기업들은 이 제품들을 동일한 설비로 제작한다. 이와 같은 제품들은 관련제품시장을 정의할 때 「볼베어링의 판매」와 같은 시장에 통합된다.

C. 상식적으로 의미가 통하는지 이 정의를 재확인하라. 이 정의가 현실과 부합되는가? 이 시장의 기업들이 독점가로서 활동할 수 있다면, 독점적 가격인상을 실행할 수 있겠는가? 다시 말하자면, 시장 정의의 목적을 기억하라. 독점력과 지배적 위치

가 존재하고 남용될 위험이 있는지를 판단하기 위한 것이다. 시장 정의는 이론적 행위가 아니라 경쟁이 위협받을 수 있는지를 엄밀히 판단하기 위한 실질적 방법이며, 시장은 이 원칙에 따라 정의되어야 한다.

시장 정의 점검표 B.1

시장지배 가능기업(혹은 합병기업)에 대한 질문과 서류 요구

임시 관련상품

1. 임시 관련상품의 고객들은 누구인가? 그들이 제품을 이용하는 용도는 무엇인가?
2. 고객에 대한 제품의 중요한 특성은 무엇인가? 고객이 중시하는 경쟁적 변수는 무엇인가(가격, 품질, 신용, 유용성, 편의성 등)?
3. 기업이 제품을 판매하는 방식은 어떠한가(예를 들면, 고객에게 직접 판매하는가, 보급망을 통해서 판매하는가 등)?
4. 경쟁사는 어디인가? 그들이 지닌 경쟁력의 강점에 대해 어떻게 평가하는가?

제품시장

5. 임시 관련상품의 좋은 대체품이라고 생각되는 것이 있는가?

열거하라.

6. 고객들이 대체품으로 전환할 가능성과 의지에 대해 기업은 어떻게 생각하는가? 기업의 행위와 문서가 이 믿음과 일치하는가?

7. 기업의 중요 서류들(계획, 전략서, 판매나 마케팅 보고서)은 가능성을 지닌 대체품을 경쟁적 요소로 간주하는가?

8. 이 기업이 가능성을 지닌 대체품의 가격변화에 대응하여 가격을 변화시킨 적이 있는가? 기업은 고객들이 가능성을 지닌 대체품으로 전환할 경우에 기초하여 사업 상의 어떤 결정을 내렸는가?

9. 기업은 가능성을 지닌 대체품의 판매자에게 고객(또는 판매)을 빼앗긴 적이 있는가? 같은 시기의 서류에 이 사실이 나타나는가?

공급대체

10. 다른 어떤 기업이 비교적 쉽고 빠르게(예를 들어 1년 안에) 이 제품을 생산하고 판매할 수 있는가? 제품을 생산하고 판매하기 위해 이 기업이 해야 할 일은 무엇인가? 이들 기업은 이 같은 계획을 가진 기업이나 시도하려 했고 또는 실제로 실행했던 기업에 대해 알고 있는가?

11. 최근 새로운 공장을 건설했는가(또는 기존의 공장을 확장했는가)? 소요된 기간과 비용은 얼마인가?

지리적 시장

12. 기업의 입장에서, 제품의 판매를 위한 지리적 시장은 무엇인

가? 이유는? 그 시장에서 이 기업의 점유율은 얼마인가?

13. 기업이 판매하는 장소는 어디인가? 기업은 얼마나 멀리 제품을 운송하는가?

14. 기업의 중요한 서류들(계획, 전략서, 판매나 마케팅 보고서)에 외부의 공급자들이 경쟁적 요소로 간주되어 있는가?

15. 기업이 인근 지역 제품의 가격변화에 대응하여 가격을 변화시킨 적이 있는가? 기업은 고객이 외부 지역의 공급자로 전환할 경우에 대응하는 어떠한 사업상의 결정을 내렸는가?

16. 기업은 외부의 판매자에게 고객(또는 판매)을 빼앗긴 적이 있는가?
같은 시기의 서류에 이 사실이 나타나는가?

17. 고객이 외부의 판매자로 전환할 가능성과 의지에 대한 기업의 견해는 어떠한가? 기업의 행위와 문서가 이 견해와 일치하는가?

18. 외부 지역의 판매자들이 이 지역에서 판매를 시작할 가능성이나 의지에 대한 기업의 견해는 어떠한가? 기업의 행위와 문서가 이 견해와 일치하는가?

시장 정의 점검표 B.2

고객에 대한 질문

임시 관련상품

1. 고객 이름 :

2. 사업 유형 :

3. 제품의 사용목적은 무엇인가 ?

4. 당신의 고객들은 누구인가 ? 그들이 제품을 이용하는 목적은 ? 그들은 어떤 선택권을 가지는가 ?

5. 이 목적을 위해 당신은 하나 이상의 제품을 사용하는가 ? 두 제품 간의 전환이 가능한가 ? 비용은 ?

6. 이 목적을 위해 다른 제품을 이용한 경험이 있는가 ? 그 대체품은 얼마나 만족스러웠는가 ? 대체품의 가격은 ?

7. 제품을 구입할 수 없다면 어떻게 하겠는가 ?

   a. 이용할 수 있는 대체품이 있는가 ?

     ① 임시 관련상품과 비교한 이 제품의 비용은 ?

     ② 용도에 얼마나 유용한가 ?

   b. 그 밖의 가능한 대체품은 ?

     ① 임시 관련상품과 비교한 이 제품의 비용은 ?

     ② 용도에 얼마나 유용한가 ?

8. 경기침체기에 제품이 실질적으로 부족했던 경우가 있었는가 ? 그 상황에서 당신이 취한 행동은 무엇이었는가 ? 대체품을 이용했다면 그에 대한 당신의 경험은 ?

9. 과거 가격변화에 대응하여 당신은 무엇을 했는가 ?

   a. 실질적인 인플레이션이 존재했던 최근 들어 자유화된 경제의 궁극적인 문제는 가격이 「상대적으로」 인상됐을 경우, 다시 말해 통상적인 인플레이션을 넘어서는 것일 때 어떤 일이 발생하겠는가 하는 것이다. 그러나 실질적인 인플레이션 시기에는 일부 가격이 타제품과 다른 비율로 인상되었던 적도 있을 수 있다. 이 같은 상황에서 행한 고객들의 반응

에 대해 질문하라.

10. 대체품을 위해 다른 지역을 다녀본 적이 있는가? 가능한 대체품의 생산자들이 제품판매를 위해 당신과 접촉한 적이 있는가? 외부의 공급자들이 판매를 위해 당신과 접촉한 일이 있는가?

11. 당신이 가능성을 지닌 대체품으로 전환하고자 한다면 얼마나 어렵고, 또 비용은 얼마나 들겠는가? 대체품이 당신의 필요와 욕구를 얼마나 만족시킬 수 있는가?

12. 만일 가격이 적지만 뚜렷이 인하될 경우 어떤 일이 발생하겠는가? 더 많이 구입하겠는가? 얼마나 더 많이 구입하겠는가? 지역 외부 또는 경계선 상의 고객들이 가능성을 지닌 지배적 기업으로부터 구입하기 시작할 것인가?

13. 지금 당신은 하나 이상의 공급자를 이용하는가? 두 공급자 간의 전환이 가능한가?

14. 외부의 공급자를 이용한 경험이 있는가? 얼마나 편리하고 믿을 만했는가? 운송을 포함한 가격은 얼마였는가?

15. 외부의 공급자로 전환한다면 얼마나 어렵고, 또 비용은 얼마나 들겠는가? 이들 공급자가 고객의 필요와 욕구를 얼마나 만족시킬 수 있는가?

16. 이 지역에서 파업 등으로 인해 제품의 실질적 부족이 있었는가? 그 상황에서 당신은 무엇을 했는가? 다른 공급자를 이용했다면, 이에 대한 당신의 경험은 어떠했는가?

17. 제품을 새로운 생산자로부터 구입할 용의가 있는가? 당신은 어떤 요소들을, 왜 고려하겠는가?

시장 정의 점검표 B.3

경쟁사(제품의 다른 생산자)에 대한 질문

(상품시장)

임시 관련상품

1. 기업 이름 :
2. 사업 유형 :
3. 당신은 임시 관련상품을 생산(혹은 판매)하는가? 당신의 상품과 문제가 되는 지배적 기업의 상품 간에 차이점이 있는가?
4. 고객은 누구인가? 그들의 제품 이용목적은 무엇인가?
5. 문제의 지배적 기업과 당신은 직접적으로 경쟁하는가? 당신은 문제의 기업에게 판매를 침식당하는가 또는 침식하는가?
6. 어떤 고객들을 놓고 당신은 문제의 지배적 기업과 경쟁하는가? 고객 전부인가, 혹은 특정유형이나 특정집단의 고객인가?
7. 고객에 대한 당신 제품의 중요한 특성은 무엇인가? 고객이 중시하는 경쟁적 변수(가격, 품질, 신용, 유용성, 편의성 등)는 무엇인가?
8. 당신의 경쟁자는 누구인가? 경쟁에 대한 그들의 강점을 어떻게 평가하는가? 그들 또한 문제의 지배적 기업과 경쟁하는가?
9. 만일 임시 관련상품의 가격이 인상된다면 다른 기업들이 이 제

품을 판매하기 시작하겠는가? 이유는? 확률이 가장 높은 기
업은 어떤 기업이고, 그들의 성공 가능성은?

다른 제품들 : 가능한 대체품

10. 당신의 제품과 같은 용도로 이용할 수 있는 다른 상품이 있는
    가? 그것은 무엇인가? 당신의 제품과 얼마나 유사한가? 또
    얼마나 다른가?
11. 이에 대한 고객의 반응은? 고객이나 판매를 다른 제품에 빼앗
    기는가? 다른 제품보다 많이 판매하는가? 다른 제품을 이용
    하려는 고객에게 당신의 제품을 판매하기 위해 극복해야 할 것
    은 무엇인가?
12. 다른 제품에 비해 당신 제품의 가격이 변화한 적이 있는가(가
    령, 다른 제품의 가격이 변동하지 않을 때 당신 제품의 가격이
    올랐거나, 이와 반대의 경우가 있었는가)?
13. 새로운 기업이 임시 관련제품을 생산하여 당신의 기업과 경쟁
    하기 위해 필요한 것은 무엇인가? 생산에 필요한 절차는? 마
    케팅과 판매에 필요한 절차는 무엇인가? 소요되는 기간은?
    이윤을 남길 수 있겠는가? 얼마나 빨리 가능하겠는가?
14. 최근에 새로운 공장을 건설하거나 기존 설비를 확장하여 생산
    을 대폭 증대한 적이 있는가? 소요된 기간과 비용은 얼마인
    가?

시장 정의 점검표 B.4

임시 관련상품의 가능성을 지닌 대체품 생산자를 위한 질문

임시 관련상품

1. 기업 이름 :

2. 사업 유형 :

3. 임시 관련상품을 생산(혹은 판매)하는가?

4. 임시 관련상품으로서 동일한 용도로 사용될 수 있는 상품을 생산하고 있는가? 그것이 무엇인가? 이 제품과 임시 관련상품의 유사점은 무엇인가? 차이점은 무엇인가?

5. 고객들은 누구인가? 그들의 제품 이용목적은 무엇인가?

6. 문제의 지배적 기업과 직접 경쟁하는가? 문제가 되는 기업과의 경쟁에서 판매의 이익 혹은 손해를 보는가?

7. 어떤 고객들을 사이에 두고 문제의 지배적 기업과 경쟁하는가? 고객 전부인가, 혹은 특정유형이나 특정집단의 고객인가?

8. 당신의 제품에 대한 소비자의 반응은 어떠한가? 임시 관련상품을 이용할 수도 있는 고객들에게 제품을 판매하기 위해 극복해야 할 장애는 무엇인가?

9. 임시 관련상품과 관련하여 당신 제품의 가격이 변화한 적이 있는가(예를 들어, 임시 관련상품의 가격에 변동이 없을 때 당신 제품의 가격이 인상되었거나 또는 그 반대인 경우)? 가격변화

로 인해 판매수량에 변화가 있었는가 ? 변화량은 얼마였는가 ?

10. 만일 임시 관련상품의 가격이 인상된다면, 당신 제품의 판매량이 증가하겠는가 ?

11. 만일 임시 관련상품의 가격이 인하된다면, 당신 제품의 판매량이 감소하겠는가 ? 이유는 ? 감소량은 ?

시장 정의 점검표 B.5

신규진입 가능성을 지닌 회사를 위한 질문
(상품시장)

임시 관련상품

1. 기업 이름 :
2. 사업 유형 :
3. 임시 관련상품을 생산(또는 판매)하는가 ?
4. 고객들은 누구인가 ? 그들이 제품을 사용하는 목적은 ?
5. 임시 관련상품의 생산을 시작할 수 있는가 ? 어떤 과정을 거쳐야 하는가 ? 생산을 시작하는 데 걸리는 기간은 ? 이윤을 남길 정도의 비용으로 생산을 할 수 있는가 ? 이를 위해 필요한 기간은 ?

   1년에 얼마나 많은 임시 관련상품을 생산할 수 있는가 ? 2년 동안에는 ?
6. 임시 관련상품을 생산할 수 있다면 이를 보급하고 판매할 수 있

겠는가? 판매하고 이윤을 얻기 위해 거쳐야 할 과정은 무엇인
가? 판매에서 이윤을 남길 때까지는 어느 정도의 기간이 필요
하겠는가?

7. 관련상품의 생산을 고려해본 경험이 있는가? 이와 관련한 조
사를 했는가? 생산을 시작하기 위해 취한 조처가 있었는가?
어떤 결정을 내렸는가? 이유는?

8. 만일 임시 관련상품의 가격이 인상된다면, 생산을 시작하겠는
가? 이유는?

시장 정의 점검표 B.6

부근의 생산자(인접 지역의 관련상품 생산자)에 대한 질문들
(지리적 시장)

임시 지리적 관련시장

1. 기업 이름 :

2. 사업 유형 :

3. 현재 임시 지리적 시장 내의 고객들에게 판매를 하고 있는가?
만일 그렇다면 얼마나 많은 양을, 어떤 유형의 고객들에게 판
매하는가? 그렇지 않다면 그 이유는?

4. 임시 지리적 시장 내의 일부 혹은 모든 고객에게 판매하기 위해
필요한 절차는 무엇인가?

　　a. 예를 들면, 그 지역으로 판매사원을 보내서 판매를 시작할

수 있겠는가？ 이유는？

b. 예를 들면, 그 지역으로 제품을 수송하여 판매를 시작할 수 있겠는가？ 이유는？

c. 예를 들면, 창고를 임대하여 판매를 시작할 수 있겠는가？ 그 이유는？

5. 만일 임시 지리적 시장의 가격이 더 높다면, 이 지역에서 판매를 시작하겠는가？ 이유는？

6. 임시 지리적 시장 내의 생산자들이 당신의 경쟁이나 가격변화에 대응하여 가격을 변화시키는 것을 관찰해본 일이 있는가？

시장 정의 점검표 C

시장 정의 개요에 대한 증거

다음은 시장 정의에서 다루어져야 할 문제들이다. 시장을 정의할 경우, 이 개요의 형식에 따라 시장에 대한 정의를 설명할 수 있어야 한다.

1. 상품시장 : 관련 상품시장은 (제품)____________의 판매이다.

a. 관련상품의 정의 _________________________________

b. **수요 측면의 대체성** : 가능성을 지닌 대체품을 분류하고, 포함되거나 제외된 이유를 설명하라.

① 가능성을 지닌 대체품인 ____________는 시장에서 제외

되었다. 왜냐하면,

ⓐ **특성** : ＿＿＿＿＿＿의 이유로 이 제품은 고객의 필요를 만족시키기에 부적합하다(예를 들면, 제품의 기능적 특성이 다음과 같은 측면에서 관련상품과 상당한 차이가 있다＿＿＿＿＿＿＿＿＿＿＿＿＿

＿＿＿＿＿＿＿＿＿＿＿＿＿＿＿＿＿＿).

ⓑ **가격** : 기능적 특성에 비해 가격이 너무 비싸서 고객들이 선택하지 않을 것이다(이유를 설명하라 : ＿＿＿＿

＿＿＿＿).

ⓒ **사용 용도** : 이 제품은 관련상품과는 다른 용도로 고안되었다. 관련상품 가격이 인상된다 해도 판매자들의 전환(관련상품의 용도를 위해 더 많이 판매하는 데 필요한)이나 재판매(고객이나 중간상인에 의한)조차도 관련상품의 가격인상을 막을 수 없다.

② (위와 마찬가지로) 대체될 가능성을 지닌 다른 대체품들은 시장에 속하지 않는다.

c. **공급 측면의 대체성** : 관련상품의 다른 가능한 생산자들을 구분하고 이들이 포함될지 또는 제외될지 결정하라.

① 관련상품의 생산가능성을 지닌 다른 생산자(혹은 생산자 계층)인 ＿＿＿＿＿는 시장에서 제외되었다. 왜냐하면,

ⓐ 가능성을 지닌 생산자는 단시일(예를 들어 1년)에 관련상품의 생산에 들어갈 수 있는 물리적 혹은 기술적 가능성을 갖추지 못했다. 왜냐하면, ＿＿＿＿＿＿＿＿

(예를 들면, 근본적 설비나 노하우가 부족하다)

ⓑ 가능성을 지닌 생산자가 물리적으로 제품을 생산할 수 있다 하더라도 판매를 시작할 수는 없다. 왜냐하면 ________________________________(예를 들면, 고객들이 경험이 부족한 생산자를 신뢰하지 않거나, 공급망을 빨리 구축할 수 없다).

ⓒ 가능성을 지닌 생산자가 관련상품을 생산하고 판매할 수 있다 하더라도 시장에 중대한 영향을 끼칠 만큼 빠른 시일에는 불가능하다. 왜냐하면 ________________________________(예를 들면, 단기간에 가격에 영향을 끼칠 수 있을 만큼의 충분한 양을 판매할 능력이 부족하거나, 비용이 너무 비싸 가격을 제한할 수 없거나, 또는 이윤의 기회가 적고 불확실하여 시장에 진출할 가능성이 없다.)

② (위와 마찬가지로) 생산가능성을 지닌 다른 생산자들은 시장에 포함되지 않는다.

2. **지리적 시장** : 관련상품의 판매를 위한 지리적 관련시장은 ________이다.

  a. 지리적 관련시장 내의 경쟁조건은 상당히 동일하다. 가격과 판매조건은 유사하게 변화한다.

     (설명하라 : ________________________.)

  b. 그 밖의 가능한 지리적 지역을 고려하였으므로, 이미 기존

시장에 포함되었거나 아니면 시장에서 제외되어야만 한다.
지리적 관련시장 내의 고객들은 가격이 약간 인상된다 해도
다른 지역 공급원으로 전환하지 않을 것이다. 왜냐하면,
_______________________________(예를 들면, 다음
의 이유에서다.)
① 수송비용이 너무 비싸다.
② 사업의 효율적 운영을 위해서는 공급자와의 거리가 가까
운 것이 필수적이다.
③ 먼 거리를 수송하기에는 제품이 너무 약하거나 부패하기
쉽다.

3. **관련시장** : 관련시장은 (지리적 지역) _______에서의 (제품)
_____의 판매이다. 이 지역에서의 제품판매는 독점화될 수 있
다. 다시 말해 단일 판매자라면 단일가격은 경쟁적 수준 이상
으로 인상되어 장기간 유지될 수 있다.

시장 정의 점검표 D

구매자 독점력과 관련한 시장 정의의 개요와 시장력 분석

1. **구매자 독점의 문제** : 시장 정의의 기본원칙은 독점력 뿐만 아
니라 구매자 독점력(monopsony Power)이 잠재적인 문제가
되는 상황에도 적용된다. 그러나 시장을 정의할 때 두 가지 상
황을 상기시키기 위해 그 차이점을 지적할 필요가 있다.

A. 독점의 근본적인 문제는 단일한 판매자(또는 판매 카르텔)가 생산을 줄이고 판매가격을 인상하려 한다는 것이다.

B. 이와 반대로「구매자 독점」의 근본적인 문제는 단일한 구매자(또는 구매 카르텔)가「구입을 줄이고」,「구매가격을 인하하려 한다」는 것이다.

C. 대체로 독점적 구매자(monopsony buyer)가 구매가격을 낮추기 위해서는 구입을 감소시켜야만 한다. 이 두 가지는 독점가의 판매가격 인상과 산출량 감소와 마찬가지로 서로 균형을 이룬다.

1) 구매자의 독점이 이윤을 남기기 위해 구입의 크고 작은 삭감이 필요한지의 여부는 판매자가 그들에게 제공하는 선택권에 달려 있다. 경제학자들은 이 개념을 공급의 신축성이라고 한다.

   a. 공급은, 판매자들이 구매 독점가(monopsonist)에서 판매하는 데 좋은 선택권을 가질 경우 더 신축성을 갖는다. 선택권이 거의 없을 경우 공급의 신축성은 감소한다.

   b. 장기적으로 볼 때 선택권은 매우 다를 수 있다. 예를 들면 딸기가 숙성했을 때 공급은 매우 비탄력적이다. 단일한 구매자는 가격은 크게 인하하고 구입량은 약간만 감소시킬 것이다. 하지만 다음 딸기철에는 이들 딸기 생산업자들이 밀이나 당근업자가 되어 있을 수도 있다. 장기적으로 볼 때 딸기 생산자에게 선택권이 있기 때문에 공급이 신축적인 것이다.

D. 「독점이익」은 경쟁적으로 생산하고 비싸게 판매하는 데서, 「독점이윤」은 경쟁적 비용(투입 부품, 노동력 등을 포함하는)으로 제품을 생산한 후 경쟁가격 이상으로 판매함으로써 얻어진다.

E. 「구매자 독점이익」은 싸게 구입해서 경쟁적으로 판매하는 데서 얻어진다. 「독점이익」과는 반대로 「구매자 독점이익」은 경쟁가격 이하로 구입해서 경쟁가격으로 판매할 때 얻어진다.

F. 한 기업이 독점력과 구매자 독점력 모두를 가질 수도 있다. 따라서 저렴하게 구입해서 비싸게 판매하는 것이 가능하다. 그러나 구매자 독점의 문제는 지불되는 가격과 경쟁가격 간의 차이로 인해 발생한다.

G. 구매자 독점력은 독점력보다는 드물게 나타나는 것처럼 보인다. 좀더 긴 안목으로 볼 때 일반적으로 투입 판매자(input seller)들이 독점가의 고객들보다 많은 선택권을 갖기 때문일 것이다.

(또 다른 이유로는 대부분의 제품이 많은 투입량을 필요로 하기 때문에 한 가지의 투입가격을 인하시킨다 해도 이윤에 중대한 영향을 미치기는 어렵다는 사실을 들 수 있다)

H. 그러므로 「핵심적인 문제」는, 투입 판매자들이 받아들일 수밖에 없는 경쟁가격 이하로 거래를 제의받았을 때 피해를 입게 될 것이냐의 여부다.

I. 다음의 접근방식은 표준 시장 정의 원칙을 구매자 독점의 상황에 적용시키고 있다. 이러한 문제는 대체적으로 농업시장에서 발생하기 때문에 대체로 농업시장이 예로 이용된다. 따라서 이 사례에서는 재배자(grower)들이 판매자가 된다.

2. **출발점** : 임시 관련상품과 지리적 시장을 결정하라.

  A. 지배적 기업의 조사를 위해 : 문제가 되는 지배적 기업의 모든 공장으로부터 시작하라. 구입하는 제품과 장소를 정의하라. 이들을 임시 관련시장으로 이용하라.

  B. 합병조사를 위해 : 하나의 기업(또는 각 기업의 모든 공장)에 대해 구입하는 제품과 장소를 정의하라. 그리고 두 번째 기업의 공장이 그 지역에서 해당제품의 구입을 위해 경쟁하는지를 판단하라.

    1) 그렇지 않다면 두 기업은 현재 경쟁하고 있지 않으며, 이 지역에서는 합병으로 인한 구입경쟁의 손실이 발생하지 않는 것으로 보인다[한 가지 유일한 예외는, 한 기업이 또 다른 기업의 판매자들에게 최선의 대체기업이 될 경우이다(앞의 「지리적 시장」 논의 참고). 그렇다면 경쟁의 손실이 있을 수 있다].

    2) 만일 그렇다면(다시 말해서, 해당 제품을 구입하기 위해 그 지역에서 경쟁을 한다면) 우선적으로 중복경쟁(competitive overlap)이 나타나는 지역에 비중을 두면서 분석을 계속하라.

    3) 이 중복을 임시 관련상품과 지리적 시장으로 이용하라.

  C. 임시 관련상품과 지리적 시장을 정의하라. 가령, 임시 관련시장은 ________지역에서의 ________의 구입이다. 그리고 이 시장이 확장되어야 하는지를 판단하라. 대체로 지리적 시장 문제부터 살펴보는 것이 가장 쉬운 방법이다.

3. **지리적 시장** : 현재 판매자들은 어떤 지리적 선택권을 갖는가 (또는 만일 가격이 5%나 10%로 약간 인하되었다면 어떤 선택권을 갖게 될 것인가)?

A. 운송비용은 무엇인가?

  1) 운송비용이 거리와 밀접한 관련을 갖지 않을 수도 있음을 기억해야 한다. 예를 들면, 트럭에 짐을 싣고 내리는 비용이 일단 파악되면, 거리를 추가시키는 비용은 비교적 적을 수 있다. 본질적으로 연료와 운전자의 시간만이 문제가 된다.

B. 이 지역의 현재 구매자들은 어디 있는가? 인접한 잠재적 구매자들은 어디 있는가?

C. 제품(배달되지 않은, 생산지에서의) 가격의 5%(혹은 10%)에 상당하는 추가 수송비용으로 도달할 수 있는 거리 내의 구매자들은 지리적 시장에 포함되어야만 한다. 이 경우 지리적 시장은 확장되어야만 하며, 새로운 넓은 지역으로 더 확장될 필요가 있는지를 판단하기 위해서는 같은 절차에 따라 평가해야 한다. 더 이상의 확장이 불필요할 때까지 계속하라.

D. 지역의 중심 부근 재배자뿐 아니라 경계 주변 재배자들의 선택권 또한 살펴보아야 한다. 물론 사탕무 가공공장으로부터 500m 거리에 위치한 재배자들은 이 공장에 사탕무를 판매할 것이며 아마도 다른 선택의 여지가 없을 것이다. 보다 중요한 문제는 구매지역 경계에 사탕무 재배자들이 충분한 선택권을 갖는지의 여부다. 왜냐하면 가격을 낮추기 위해

(가령 구매자 독점을 위해) 구입을 줄이려는 시도가 지역의 경계 부분에 위치하는 상당수의 재배자를 다른 구매자에게로 전환하게 하는 계기가 된다면 구매자 독점력을 획득하려는 시도는 실패할 것이기 때문이다. 이 경우에는 시장이 이 구매지역보다 넓다고 할 수 있다.

4. **시장진입**(entry) : 새로운 기업이 이 지역에서 구매지점(purc-hase point)을 개설할 수 있는가? 가격이 5%나 10% 인하한다면 보다 많은 기업들이 이 지역에서 구입을 시작할 것인가? 새로운 기업이 이 지역에 진출하여 구입을 시작하기가(또 다른 지역의 공장으로 운송하기가) 비교적 쉬울 경우 이러한 전략은 유리할 수 있으며, 구매자 독점력은 그리 문제되지 않을 것이다.

5. **상품시장 / 공급대체** : 판매자들은 자신의 생산적 장점에 대해 그 밖의 어떤 선택권을 갖는가?

  A. 구매자 독점과 관련해서, 상품시장 문제는 판매자(재배자)가 그들의 생산적 장점에 따른 그 밖의 어떤 선택권을 갖는지를 질문하도록 한다. 재배자들은 구매자 독점력의 잠재적 희생자다. 만일 재배자들이 만족스러운 대체품이 될 수 있는 다른 작물로 쉽게 전환할 수 있다면 구매자 독점으로 인해 손해를 입지는 않는다.

  B. 대체성의 핵심요소는 재배자들이 얻을 수 있는 수익이다. 약간(가령 5%)의 가격인하는 대체로 훨씬 큰 폭의 인하로 되돌아온다는 사실을 기억할 필요가 있다.

C. 생산적 장점이 유사한 또는 거의 동일한 이윤을 낳을 수 있는 또 다른 용도를 갖고 있는가? 특히, 그들이 지금 재배하고 있거나 재배할 수 있는 다른 작물이 있는가? 이들 선택적 작물들은 어느 정도의 수익을 가져올 수 있는가? 토지는 선택적 작물을 재배하기에 얼마나 적합한가? 다른 자산(트랙터, 관개설비 등)들이 선택작물 재배에 유용한가(만일 그렇지 않다면 비용의 회수가 불가능하거나 중고설비 시장에서 판매될 수 있는 것인가)?

D. 전환하는 데 얼마나 시간이 걸리겠는가? 작물은 1년생인가, 다년생인가? 나무나 덩굴식물(vine)에 대한 투자가 있는가? 윤작이 필요한가?

E. 구입의 감소가 무익할 만큼 충분한 수의 재배자들이 전환할 것인가? 모든 재배자가 전환할 필요는 없다. 소수 재배자들의 전환이 구매자 독점력을 획득하려는 시도를 막을 수도 있다. 마찬가지로 다수 재배자들의 약간의 전환이 이 같은 시도를 막을 수도 있다.

F. 만일 재배자들이 구매자 독점 가능성이 있는 작물만큼 수익성이 있는 실질적인 선택작물을 갖고 있다면, 구매자 독점은 별로 문제가 되지 않는다. 반면에, 토지가 특정작물에 적합하거나, 재배자들이 특수화된 설비에 실질적 투자를 하거나, 선택 작물의 마케팅이 곤란하거나 비용이 많이 들 경우 구매자 독점은 문제가 될 수 있다.

6. **지배(dominance) 또는 경쟁적 효과의 분석** : 이 지역의 제품판매자들은 이제 어떤 선택권을 갖는가? 이 관련시장에 구매자 독점의 문제가 있을 것으로 보이는가?

A. 현재의 경쟁자들을 파악하라(구매경쟁에 집중하라. 서로 다
   른 목적으로 제품을 구입하는 기업도 경쟁자가 될 수 있
   다. 가령 목재 회사와 펄프 회사는 목재 구입을 위해 서로
   경쟁할 수 있다).
   1) 현재 이 지역에서는 어떤 기업들이 이 제품을 구입하고
      있는가?
   2) 이들 기업이 쉽게 구입량을 증대시킬 수 있는가? 구입
      을 얼마나 증가시킬 수 있는가? 이 기업들은 초과용량
      (excess capacity)을 갖고 있는가?

B. 단일기업 지배 : 문제의 지배적 기업(또는 합병조사에서 합
   병된 기업)이 단독으로 가격과 구입을 낮추고 따라서 구매
   자 독점이윤을 얻을 수 있는가? 혹은 (만일 이 기업이 상
   당한 점유율을 가진다면) 이 기업이 이미 이를 실행한 것처
   럼 보이는가?
   1) 만일 다른 기업들이 구입량을 늘릴 수 있고 늘리려 한다
      면, 이러한 구입증가가 문제의 지배적 기업에 의한 삭감
      을 상쇄할 수 있을 것인가?
   2) 만일 그렇다면, 이 기업은 지배하고 있지 않으며 현재
      구입 경쟁사들에 의한 제약을 받고 있는 것이다.
   3) 이 지역의 제품 가격들이, 구입경쟁이 존재하는 지역의
      가격보다 일정하게 저렴한가? 만일 그렇다면, 이것은
      현재 구매자 독점력의 증거가 될 수 있다. 하지만 가격
      의 비교는 공정해야 한다(다시 말해, 품질, 구입가능한
      시기, 구매자의 비용, 운송 등을 고려해야 한다).

C. 공모(collusion) : 합병이나 그 밖의 다른 조사에서 현재 구매자들 간에 공모의 가능성이 있는지를 질문하라.

1) 구매 또는 구매능력(capacity)의 집중도

2) 공동행위(coordination)의 용이성 또는 어려움, 가격이 공개적인가? 속임수(카르텔 가격보다 높은 가격에 비밀리에 구입함으로써)가 일어날 수 있는가?

3) 구매자들의 동질성 : 모든 구매자들은 공급을 통해 같은 이윤을 얻게 되는가? 예를 들면, 원목에 대한 구매감소는 목재 회사보다는 펄프 회사에 다른 결과를 가져올 수 있다. 구매자들은 서로 신뢰할 수 있는가?

4) 최종제품의 투입품으로서의 제품의 중요성(가령, 구매자 독점공모를 통해 큰 이윤을 얻을 수 있는가?) : 소량의 투입품보다는 대량의 투입품에서 구매자 독점을 노린 결탁이 발생하기 쉽다.

D. 합병조사의 경우, (직접적인 공모 없이) 상호 의존적인 구매과정(oligopsony)이 가능한지 질문하라.

1) 앞의 항목에 해당하는 요소들을 고려해볼 때, 기업들이 ─공모하지 않고─ 상호 의존성을 인식하고 있으며, 구매자 독점의 이윤을 얻기 위해 구매를 삭감할 가능성이 있는가?

2) 특히, 기업들이 서로 구매자 독점의 이윤을 인식하고, 행동을 통일하며, 일탈압력에 대항하여 낮은 구매과정 가격을 유지할 수 있을 만큼 기업의 수가 적은가? 예를 들면, 한 기업이 구매가격을 선도하고 다른 기업들이 이를 따르게 될 가능성이 있는가?

7. **다른 요소들** : 다른 요소들이 구매자 독점력을 획득하려는 시도
를 방해할 수 있는지에 대해 고려하라.

   A. 특히 재배자들 간의 합의가 이 시장을 쌍방(bilateral) 독점
(독점 판매자가 독점 구매자에게 판매하는 경우)으로 만들
것인지를 고려하라. 만일 재배자들이 효과적인 카르텔과 같
은 집단행동을 할 수 있다면 잠정적인 구매자 독점력을 극
복할 수도 있을 것이다.

   B. 정부의 일부 농업 프로그램은 농업 재배자들이 판매가격을
결정하기 위해 집단적으로 행동하는 것을 허용한다. 이러한
프로그램은 재배되거나 판매되는 작물의 양에 대한 규제가
없는 한 효과적인 카르텔을 형성시키지는 않는다. 왜냐하면
재배자의 수가 너무 많아서 소수독점 카르텔처럼 행동을 통
일할 수 없기 때문이다. 그러나 정부 프로그램이 다소 문제
의 소지를 지닌 카르텔을 허용하는 경우도 있다. 이와 같은
문제점이 존재한다면 반드시 살펴보아야 한다.

8. **결론** : 다음의 조건들을 만족시킬 경우에만 구매자 독점에 의한
피해위험이 존재한다.

   A. 문제의 지배적 기업이 지역 상품의 구입에 상당량의 점유율
을 갖고 있다. (혹은 합병의 경우, 합병하려는 기업들은 특
정지역에서의 상품구입에 실질적인 경쟁자들이며, 한 지역
의 제품 구입에서 공동으로 큰 몫을 차지한다).

   B. 이 지역에서 이 제품의 구매자 독점(가격과 구매량의 감
소)이 다음 요인들에 의해 무익해지지는 않는다.

1) 재배자들이 다른 지역으로 제품을 운송함(지리적 시장 정의의 문제)
2) 재배자들이 유사한 이익을 얻을 수 있는 다른 작물로 전환함(상품시장 정의의 문제)
3) 지역에 새로운 구매자들이 등장함

C. 관련시장에서의 구매자 독점화는
1) 다음의 경우 가능하다.
   a. 단일한 지배적 합병기업
   b. 공모
   c. 상호 의존적인 구매과정
2) 그리고 다른 관련요소를 고려할 경우 또는 가능한 이윤, 비용, 위험 등을 고려할 때 구매자 독점이 발생할 확률이 높다.

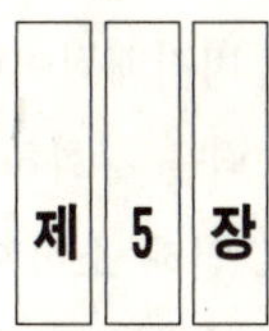

제 5 장

관련시장에서의 지배적 지위
— 시장력 : 시장력의 정의 방법 —

5.1. 개요

이 장에서는 기업의 지배적 지위나 시장(지배)력의 보유 여부를 판단하는 절차를 다루고 있다. 물론 제4장에서 언급한 대로 우선 관련 시장을 정의할 필요가 있다. 반면, 이 장에서의 분석은 이러한 관련 시장 내에서의 영향력과 지위에 대한 평가를 다루고 있다. 지금부터 설명할 내용을 통해서도 알게 되겠지만, 지배적 지위평가에 대한 가장 중요한 견해의 많은 부분은 바로 시장 정의 절차의 일부다. 그렇기 때문에 이 절차가 매우 중요한 것이다.

지배력의 평가는 독점금지법 집행에서 중요한 단계다. 행위(con-duct)의 많은 유형들이 비지배적 기업에 의해 이용되었을 때보다 지배적 기업에 의해 이용되었을 때 상당히 다른 효과를 갖는다. 따라서 실질적으로 지배적인 기업이 비지배적이라는 결론이 났다면, 기업은 가격인상 능력과 경쟁배제 능력을 강화하기 위해 자신의 위치를 굳건히 하려고 할 것이므로, 이로 인해 소비자들은 장기적인 피해를 감수해야 할지도 모른다. 하지만 반대의 경우 또한 가능하다. 실제로 비지배적인 기업을 지배적이라고 판단했을 경우에는, 독점금지 당국이 경쟁을 향상시키고 소비자에게 더 나은 제품이나 서비스, 보다 저렴한 가격을 제공할 수 있는 행위들을 금지하게 되는 결과를 가져올 수도 있다.

이 장에서는 먼저 EU와 미국의 관련 법규들을 논의하고, 지배의 존재 여부를 검토하기 위한 테스트들을 종합할 것이다. 또한 잠재적으로 오도의 여지가 있는 일부 증거, 암시적인 증거지만 지배를 판단하기에는 불충분한 증거들에 대해 소개할 것이다. 끝으로 시장 지배의 존재를 평가하기 위한 점검표로 결론을 맺고 있다.

5.2. 지배적 지위와 시장력에 관한 유럽과 북미의 법규

EU에서는 지배적 지위를 다음과 같이 정의한다. 『기업이 향유하는 경제적으로 유리한 지위로, 경쟁사와 고객 또 궁극적으로 소비자들과는 독립적으로 작용하는 상당한 범위의 영향력을 관련시장에 행사함으로써 그 동안 유지되어온 효과적 경쟁을 방지하도록 해준다 [Hoffmann-La Roche & Co. AG. 대 EU위원회(사건 85176), 유럽재판소(1979), ECR 461, (1979) CMLR 211, (1980) FSR 13, p38 (1979, 2, 13)]』.

이것은 독점력에 대해 「시장 가격을 통제하거나 경쟁을 배제시킬 수 있는 능력」이라는 정의를 내린 미국의 경우와 매우 유사하다

[U.S. 대 E.I. du Pont de Nemours & Co. 351 U.S. 377, 391 (1956). 「시장 가격을 통제」할 수 있는(미국의 표현) 기업은 거의 확실히 「경쟁자들……또 궁극적으로는 소비자들로부터(EU의 표현) 독립적으로」 행동할 수 있다].

「시장력」이라는 용어는 경제학으로부터 비롯된 것이다. 시장력의 경제학적인 본래의 의미는 생산에 대한 자체결정의 크기 여부에 관계없이 시장 가격에 영향력을 끼칠 수 있는 기업의 능력을 뜻하는 것이었다. 이 용어는 미국 독점금지법에서 고려할 가치는 있지만 더 정도가 낮은 독점력을 의미하는 말로 종종 사용되었다. 이 책에서도 이 같은 의미 — 가격에 대한 실질적 영향력 — 로 사용되고 있다.

간단히 말해서, 시장력에 대한 미국의 개념과 지배적 지위에 대한 EU의 견해에 차이가 있긴 하지만 이 책에서는 동일한 의미로 간주된다는 것이다. 두 가지 개념 모두 동일한 문제를 지적하기 위한 시도다. 차이점이 있는 반면 상당수의 실제 사건들의 경우에 두 가지 개념은 동일하다. 따라서 「지배적 지위」와 「시장력」은 상호 교환적으로 사용될 수 있다.

시장력이라는 개념에 대한 훌륭한 요약은 캐나다 법제에서 찾아볼 수 있는데, 캐나다 법률은 시장의 「실질적 혹은 완벽한 통제」에 대해 언급하고 있다.

Director 대 Laidlaw Waste Systems, Ltd.
[CT-91/2(1992) 캐나다 경쟁법정]

기업이 시장의 실질적 혹은 완벽한 통제력을 갖는지를 판단할 때, 이 기업의 경제적 의미의 시장력 보유에 대해 의문을 갖게 된다. 경제적 의미의 시장력은, 가격을 경쟁적 수준 이상으로 유지하면서 더 비싼 가격이 무익하도록 너무 많은 판매량을 손실하지 않는 능력이다. 그것은 생산을 줄이고 제품의 가격을 경쟁적인 수준 이상으로 책정함으로써 보통 이상의 이윤을 얻는 「능력」이다. 가격을 경쟁적인 수준 이상으로 책정하는 이 능력은 효과적인 개념적 접근이기는 하지만 즉각적으로 적용될 수는 없다. 시장점유율과 진입장벽(entry barrier) 같은 시장력의 징후들을 살펴보아야 한다. 조정력이나 시장력 평가 시에 고려되어야 할 구체적 요소들은 사건에 따라 달라진다.

기업의 시장력 보유 여부에 관한 「일차적인(prima facie)」 판단은 이 기업이 관련시장에서 갖고 있는 점유율을 고려함으로써 이루어질 수 있다. 점유율이 크다면 이 기업이 시장력을 가질 확률이 크다. 그러나 다음과 같은 다른 견해들도 고려되어야 한다. 시장 내에 얼마나 많은 경쟁사가 있으며, 이들 각각의 시장점유율은 얼마인가? 시장의 기업들은 얼마의 초과용량(excess capacity)을 갖는가? 새로운 기업이 경쟁사로 확립되기가 얼마나 용이한가?

5.3. 지배적 지위 판단의 분석요소들

5.3.1. 시장점유율

지배적 지위와 관련된 가장 중요한 증거는 관련시장에서의 기업의 점유율이다. 하지만 시장점유율 그 자체만으로는 결정적인 증거가 되지 못한다. 시장점유율의 중요성을 간단히 설명함으로써 이 문제를 분명히 해보자.

전형적인 공업제품으로 시장의 10%를 차지하고 있는 A기업의 예를 들어보자. 만일 이 기업이 가격을 대폭 인상한다면 고객들은 이에 대한 불만으로 다른 공급자들로부터 구입하길 원할 것이다. 시장의

90%를 차지하는 다른 공급자들은 각각 생산량을 조금씩 증대시켜 모든 불만족스러운 고객들에게 공급할 수 있다. 따라서 A기업은 가격인상 시도에서 성공하지 못할 것이다. 이 기업은 고객이나 경쟁사를 벗어나 독립적으로 행동할 수 없다.

이제 이 시장의 70%를 점유하고 있는 B기업의 경우를 생각해보자. 만일 B기업이 가격을 크게 인상한다면 고객들은 다른 공급자들에게로 전환하기를 원할 것이다. 하지만 이들 공급자는 불만족스런 고객들 가운데 일부에게만 공급할 수 있을 뿐이다. 왜냐하면 이들의 공장에는 충분한 공급능력이 없기 때문이다. 많은 고객들은 인상된 가격을 지불할 수밖에 다른 선택권이 없다. 간단히 말해서, B기업은 「훨씬 적은 시장점유율을 가진 기업들이 공급자를 전환하길 원하는 고객들의 수요를 급격히 만족시킬 것」이라는 압력 없이 자유롭게 행동할 수 있다(Hoffmann-La Roche, p. 41). B기업은 일정한 범위까지는 경쟁사와 고객들로부터 독립적으로 행동할 수 있다. 이 사례를 통해 지배적 지위 평가에서 시장점유율이 중요하게 다루어지는 이유에 대해 알 수 있다. 나아가서 B기업의 큰 시장점유율이 중요한 이유는 이 점유율이 B기업의 독립적인 행위를 허용할 뿐 아니라 이 사실이 시장의 다른 기업에 의해 인식되기 때문이다. 만일 다른 기업들이 B기업의 실질적인 독립적 영향력을 인식하고 있다면 이들 기업은 가격인상과 같은 문제가 발생했을 때 B기업의 선도를 따를 확률이 높다.

하지만 큰 시장점유율 그 자체만으로는 결정적인 것이 아니다. 지배적 지위의 존재에 대한 증거로서의 상당한 시장점유율은 불변하는 요소가 아니며, 특히 생산 그리고 공급과 수요가 관련되는 한 그 중요성은 이들 시장의 구조에 따라 다양하게 변화한다. 앞에서의 예는 또한 다음의 원리를 설명해준다. 생산과 공급이 지극히 탄력적인 시장에서 C기업이 70%의 점유율을 갖는다고 가정해보자. 다른 모든 기업들은 특별히 새로운 설비를 추가하지 않더라도 생산을 두 배로 늘릴 수 있으며 아무 문제 없이 고객들에게 판매할 수 있다. 이럴 경우 C기업의 70%라는 시장점유율이 갖는 중요성은 현저히 감소한다. 다른 공급자로 전환하기를 원하는 불만족스러운 고객들은 아마도 그렇게 할 것이다. C기업은 경쟁사와 고객들로부터 독립적으로 행위할 수 없다.

A, B, C 기업의 예를 통해 시장점유율이 중요하기는 하지만 결정적인 것은 아니라는 사실을 알 수 있다. 또한 시장점유율의 중요성을 더 감소시키는 요소들도 나타나고 있다. 매우 탄력적인 생산과 공급조건은 시장점유율의 중요성을 감소시킨다(5장의 참조). 매우 용이한 진출 조건도 같은 효과를 가져온다(5장의 참조).

다음에 소개할 두 표는 EU와 미국 법제의 사례를 보여줄 것이다. 첫 번째 표는 EU에서의 지배적 지위의 증거가 되는 다양한 시장점유율의 중요성을 나타낸다. 두 번째 표는 더욱 제한적인 미국의 독점력을 판단하는 데 기준역할을 하는 다양한 시장점유율의 중대성을 보여준다. 물론 A, B, C 기업의 예에서 드러난 것처럼 시장의 생산과 공급의 특성이 시장점유율의 중요성을 판가름한다. 표의 사례들은, 대규모 생산공장이 필요하며 기존의 판매망이 수요측의 중요한 특성이 되는 시장으로부터 도출한 것이다. 같은 맥락에서 EU의 Hoffmann-La Roche 사건의 예는, 시장점유율이 크기 때문에 지배적 지위를 판단하는 데 시장점유율에 대한 신뢰도가 커진다는 사실을 나타내고 있다. 〈표 5-1〉에는 가장 큰 기업의 시장점유율뿐 아니라 시장의 모든 기업의 상대적 중요성을 반영하는 시장구조의 또 다른 측정 방법인 허핀달-허슈만 지수(Herfindahl-Hirschman Index : HHI)의 수치가 나타나 있다. HHI는 제8장에서 설명될 것이다).

〈표 5-1〉 Hoffman-La Roche의 시장점유율 평가

제 품	시장점유율(HHI)	유럽재판소의 시장점유율을 증거로 한 평가
비타민 B₃	19~51% (평균 33%) (HHI=1989)	이 정도 크기의 시장점유율은……그 자체만으로는 위원회가 고려하는 대부분의 기간 동안 지배적 지위의 존재를 증명하기에는 충분한 요소가 되지 못한다……1973년 일본 경쟁사의 수입이 시장의 30%를 차지했다.……지배적 지위의 존재를 증명하기엔 증거가 불충분하다.
비타민 A	47% (HHI=3312)	(경쟁사들의 점유율 ; 27%, 18%, 7%, 1%) 관련시장이 이처럼 경쟁의 정도가 본질적으로 약한 협소한 과점적 시장의 특성을 가지므로, Roche의 점유율은 두 번째로 점유율이 큰 두 기업의 총계와 같은데, 이는 경쟁에 부딪쳤을 때 어떠한 태도를 취하든 완전히 자유롭다는 사실을 증명해준다.
비타민 E	50~64% (HHI=4389)	(가장 큰 경쟁사 : 16%, 수입 : 19%) (비타민 A 시장과 동일한 분석) 이 시장에는 지배적 지위가 존재한다고 볼 수 있다.
비타민 C	63~66% (HHI=4486)	시장점유율은……지배적 지위가 존재한다는 증거다.
비타민 B₆	84~90% (HHI=7700)	시장점유율이……너무 커서 지배적 지위의 존재를 증명해준다. 이것은 더욱 사실임이 입증된다. 왜냐하면……나머지 네 기업의 시장점유율은 모두 10%에도 미치지 못하기 때문이다.
비타민 B	86% (HHI=7700)	시장점유율이……너무 커서 그 자체로 지배적 지위의 증거가 된다.
비타민 H	93~100% (HHI=9216)	독점

〈표 5-1〉은 법원의 견해를 참조한 것이다. HHI 정보는 법원 견해의 자료에서 계산된 것이며, 일부 HHI 계산은 대략적인 것이다.

따라서, 선두 기업이 47%를 차지하는 비타민 A 시장의 경우 법원은 결론을 내리기 전에 다른 시장들의 상황에 대해 언급하고 있다. 그러나 선두기업이 86%를 점유하는 비타민 B 시장에 대해서 법원은 점유율이 너무 커서「그 자체로」지배적 지위의 증거가 된다고 결론짓는다.

〈표 5-2〉에 나타난 미국 사건의 사례들은 독점력에 대해 훨씬 엄격한 미국의 기준을 적용한다. 하지만 이들 사례들은 시장점유율의 증거가 시장력을 나타낸다는 결론에 대한 확신과 시장점유율의 크기 사

<표 5-2> 미국 법원의 판결에 나타난 시장점유율 평가

사 건	시장점유율	법원의 시장점유율 평가
U.S. 대 du Pont (셀로판)	20%	독점력 없음.
U.S. 대 Alcoa (알루미늄)	33% (가정)	독점을 형성하기에 「확실히 부족하다.」
U.S. 대 Alcoa (알루미늄)	60~64% (가정)	60%나 64%가 (독점을 형성하기에) 충분한지 의심스럽다.
U.S. 대 du Pont (셀로판)	75% (가정)	셀로판이 시장이라면 독점력을 「가정해볼 수 있다.」
U.S. 대 Grinnell (중앙경보 서비스)	87%	『(독점)력의 존재는 보통 시장의 두드러진 점유에 의해 추정되어질 수 있다.』 업계의……87%(Grinnell 기업들)가 독점력을 갖고 있음을 확실히 보여준다.
U.S. 대 Alcoa (알루미늄)	90%	독점을 형성하기에 충분하다.

U.S. 대 E.I. du Pont de Nemours & Co., 351 U.S. 377, 379, 391, 404(1956) ;
U.S. 대 Aluminum Co. of America, 148 F. 2d 416, 424(2d Cir. 1945)
〔대법원이 사건을 심리할 수 없을 경우 항소법원(appellate court)이 이를 대신하도록 되어 있다〕
U.S. 대 Grinnell Corp., 384 U.S. 563, 570~71(1966).

이에 동일한 관계를 보여주고 있다.

물론, 폴란드 법에 따르면, 40%의 시장점유율은 지배적 지위를 판단하는 데 논란의 여지가 될 수 있다. 특정 사건의 경우 지배적 지위라고 상정하기 위해 고려되어야 하는 요소들은 이후의 「진입 조건」 부분에서 논의될 것이다.

5.3.1.1. 시장점유율의 측정

시장점유율을 측정하기 위해 이용될 수 있는 방법이 몇 가지 있다. 세 가지 주된 방식은 생산능력과 생산량—가격에 의한—과 매출액(sales)이다. 보통 선택은 입수가능한 정보가 어떤 것인가에 따라 먼저 결정된다. 만일 선택이 가능하다면, 시장력을 가장 잘 드러낼 수

있는 정보를 이용하는 것이 바람직하다. [6]

전형적인 공업제품의 경우—공장에서 생산된 제품은 매우 규격화되어 있으며 소비자가 아닌 중간자들에게 판매된다—제품생산 능력이 가장 좋은 측정수단이다. 앞에서 설명했듯이 생산능력은 시장점유율이 중요한 이유와 밀접히 관련되어 있다.

종종 생산능력에 관한 정보는 입수가 불가능하다. 게다가 기업 간의 비교가 가능한—신빙성 있는—생산력에 대한 정보는 얻기 힘든 경우가 많다. 「총생산능력(full capacity)」은 공장의 크기를 나타내는 기능을 하기도 하지만, 투입물품의 품질이나 노동자의 수, 주당 공장 운영 시간 등의 요소를 나타내기도 한다. 따라서 한 기업의 「총생산능력」의 정의는 다른 기업의 정의와 근본적으로 다를 수 있다.

결과적으로 생산량(생산된 단위의 수)은 생산능력 대신 이용되곤 한다. 또한 생산량은 기업의 위치로 인해 기업마다 다른 집단의 고객들에 대한 공급능력에 차이가 있는 시장에서의 적절한 측정기준이 되기도 한다.

판매력이 생산능력 외의 다른 요인들에 의해 심하게 영향을 받는 시장에서는 매출액이 최선의 측정기준이다. 예를 들어, 상표명을 특히 중시하는 시장에서 고객에게 직접 판매되는 상품들은 매출액의 가격에 의해 측정되는 것이 보통이다. 이 방법은 다양한 요소를 포함하는 제품, 예를 들면 전기 오디오 설비 등과 같은 제품에 특히 유용하다. 이와 같은 시장에서는 판매단위 수보다는 판매단위 가격이 시장적 중요성을 측정하는 데 보다 나은 방법이 된다. 하지만 급격한 인플레이션 시기에는 여러 기업들이나 다른 출처로부터 입수한 정보가

---

6) 우리 나라 공정거래법은 시장 지배적 지위의 남용 행위를 금지하면서, 시장 지배적 사업자를 「시장점유율」을 기준으로 보고 점유율은 「국내 총공급액」을 기준으로 하도록 규정하여, 너무 획일화된 면이 없지 않다(공정거래법 제2조 제7호, 제3~6조, 동법 시행령 제4조).

비교할 수 있는 것이라고 확신하기 어렵다. 이런 경우에는 비록 이같은 유형의 시장일지라도 판매단위 수가 더 신빙성 있는 수단이 될 수도 있다.

시장점유율 측정에 관한 다음의 설명은 미국 합병지침에서 발췌한 것이다.

수평적 합병지침서
미국 법무성과 연방거래위원회(1992)

시장점유율은 기업의 장래의 경쟁적 중요성을 가장 잘 나타내는 지표를 이용하여 측정될 것이다. 만일 기업들이 제품의 차별화에 의해 구분된다면 일반적으로 달러 매출액이나 수송이 이용될 것이다. 만일 기업들이 여러 구매자나 여러 구매자 집단들에게 공급하는 상대적 이점에 근거하여 구분된다면 일반적으로 단위매출액이 이용될 것이다. 만일 이 같은 수단들이 기업을 가장 효과적으로 분류한다면 물리적 능력이나 보유(reserve)가 이용되는 것이 보통이다.* 전형적으로 연간 자료가 이용되지만, 개별적 매출이 크고 빈번하지 않아서 연간 자료가 부적절한 경우에는 당국이 더 장기간에 걸쳐 시장점유율을 측정할 수도 있다.

기업의 시장점유율을 측정할 때 당국은, 기업의 생산능력이 위탁되거나(committed) 관련시장 외부에서 이루어지기 때문에 시장의 가격인상에 반응하지 못할 경우의 매출액이나 생산능력은 포함시키지 않을 것이다.

---

* 장래를 고려한 관점에서, 모든 기업이 안정된 매출액의 가능성을 동일하게 갖는 경우 당국은 기업들에 동일한 점유율을 할당할 것이다.

5.3.2. (시장)진입 조건

시장진입 조건(entry condition)은 지배적 지위의 존재 여부를 평가할 때 고려해야 할 가장 중요한 요소 가운데 하나다. 극단적인 경우로 만일 진입이 매우 쉽고 저렴하다면, 매우 큰 시장점유율일지라도 지배적 지위를 형성하지는 못할 것이다. 어느 기업의 점유율이 상당히 크다고 가정해보자. 만일 이 기업이 이 특정시장에서 가격을 인상한다면, 다른 많은 기업들이 시장에 진입하여 경쟁하고, 많은 고객들을 빼앗고 성장할 것이다. 이 기업은 지배적 지위를 갖지 않는다. 이 기업은 경쟁사나 고객들로부터 벗어나 독립적으로 행동할 수 없다.

「잠재적 경쟁의 부재」는 유럽재판소가 지배적 지위의 증거로 고려한 요소였는데『그것은 새로운 경쟁사들의 진입 기회를 제어하는 장애물의 존재에 의한 결과이기 때문이다(Hoffmann-La Roche, p. 48).』마찬가지로 캐나다 경쟁법정은 시장력을 판단하는 데 진입을 고려해야 하는 중요성에 대해 설명했다. 『시장점유율은 시장력의 피상적인 지표일 뿐이다. 이미 지적했듯이 다른 요소들도 고려되어야 한다. 그 가운데 하나가 진입의 장애물이다. 기업은 얼마나 쉽게 관련시장에서 사업을 시작하고 존립할 수 있는 경쟁사로서 확립될 수 있는가(Laidlaw, p. 77) ?』

시장진입에 대해 얘기할 때 이따금 「진입장벽」의 존재에 대한 질문이 부각되기도 한다. 그러나 이 용어는 시장진입이 전부가 아니면 아예 포기하는 문제로 보이도록 하는 경향이 있다. 물론 시장진입에 절대적 장벽(absolute barriers)이 존재하는 경우도 있다. 가령 수입에 대한 정부의 허가를 절대적 장벽의 예로 들 수 있다. 하지만 대체로 시장진입은 시간과 돈에 관련된 문제다. 시간이 얼마나 걸릴 것인가? 비용은 얼마나 들 것인가? 관련된 시간과 돈을 고려할 때 이 기업의 진입 가능성은 어떠한가?

그러므로 진입조건을 평가할 경우 진입장벽의 존재를 질문하기보다는, 진입에 필요한 시간과 돈은 얼마이며, 시장의 이윤 기회를 고려할 때 기업들이 그만큼의 시간과 돈을 들일 가능성이 어떠한지를 질문하는 것이 바람직하다.

제4장에서 논의되었듯이 공급대체와 시장진출은 밀접한 관련이 있는 개념이다. 대체로 기업이 시장에서 경쟁하기 위해 상당량의 새로운 설비를 갖추어야 하는 경우를 「진입」이라 하고, 「공급대체」는 기업이 기존의 설비를 이용할 수 있는 경우를 의미한다. 제4장의 「공급대체」에서의 대부분의 논의는 진입에도 똑같이 적용되며, 제4장의 시장 정의 점검표 B.5와 B.6도 마찬가지다.

시장진입 조건을 평가할 경우 진입에 필요한 비용이 회수 불가능한지를 고려할 필요가 있다(회수 불가능한 비용에 대한 설명은 이 장의 뒷부분 참고). 여기서는, 회수 불가능한 비용이란 진입에 성공했을 경우를 제외하고는 회복할 수 없는 비용을 의미한다. 시장진입을 위해 회수 불가능한 비용을 상당량 투자했을 경우 기업은 비용의 회수가 가능하다고 생각하기보다는 성공을 확신하고 있음이 틀림없다. 시장진입을 위해 트럭을 구입해야 하는 기업은 트럭 가격만큼을 광고에 소비해야 하는 기업보다는 진입할 가능성이 크다고 할 수 있다. 기업이 진입에 실패할 경우 트럭은 팔 수 있지만 광고비는 회수가 불가능하다. 일반적으로 회수 불가능한 비용이 클 경우 비용이 적게 필요한 기업보다 진입 가능성이 적다.

5.3.3. 다른 관련요소들

5.3.3.1. 시장의 제품 특성

시장의 제품 특성이 시장점유율의 중요성 여부를 드러내는 경우가 종종 있다. 기업의 제품생산력이 실질적인 자본투자에 의해 결정되는 시장, 예를 들어 정유업계나 화학업계와 같은 시장에서는 시장점유율이 시장력을 나타내는 좋은 지표라고 할 수 있다. 반면 생산이 매우 탄력적인 시장에서는 시장점유율이 그리 좋은 지표가 되지 못한다. 여성의류 소매시장이 그런 예다. 의류는 여러 출처를 통해 구입할 수 있으며, 소매상의 구입량도 쉽게 늘어나거나 줄어들 수 있다. 옷을 더 많이 판매하기 위해 더 많은 판매직원을 쉽게 추가할 수도 있다. 이와 같은 시장에서는 독점금지 당국자가 지배적 지위의 존재를 결정하기보다는 훨씬 높은 시장점유율을 조사하는 데 우선순위를 둘 수도 있다. 아마도 이러한 시장은 지배적 지위가 존재할 수 없는 시장일 것이다.

이 문제는 진입조건과 또 앞에서 논의되었던 공급대체와 연관이 있음이 분명하다. 이 문제들과 연관된 사실들이 시장의 제품특성을 평가하는 데 도움이 될 수 있다.

5.3.3.2. 초과생산 능력

만일 경쟁사들이 상당한 초과용량을 보유하고 있다면 불만족스러운 고객들에게 공급할 수 있을 것이다. 이는 이런 시장에서는 높은 시장점유율이 시장력의 좋은 증거가 될 수 없음을 의미한다(Hoffmann-La Roche, p. 48).

5.3.3.3. 역동적 시장과 안정적 시장

성장하고 있거나 급격히 변화하고 있는 역동적 시장에서는, 기업의 현재 시장점유율은 기업의 영향력을 측정하는 데 그리 중요하지 않다. 시장은 변화하고 있기 때문이다. 다른 기업들은 고객을 얻고 성장할 수 있는 좋은 기회를 가진다. 이런 시장에서는 가장 큰 기업이라 할지라도 시장점유율을 유지하고자 할 경우 끊임없이 고객과 경쟁사들에 대해 반응해야 한다. 따라서 독자적으로 행동하기는 어렵다. 반대로 성숙한 또는 안정된 시장에서는 기업의 시장점유율이 시장력의 좋은 증거가 된다.

5.3.3.4. 시장에서의 상대적 크기

어느 기업이 두 번째로 큰 기업보다 훨씬 규모가 크다면, 이 기업은 다른 기업들이 따르기 쉬운 선두기업이 될 가능성이 크다. 반면 다른 기업의 도전을 받을 가능성은 적다. 이 요인이 유럽재판소에서는 지배적 지위 평가에 고려되어야 할 증거로 지적되었다(Hoff-mann-La Roche, p.48). 그러나 이를 상쇄시킬 수 있는 요인으로, 소수의 대기업이 행동을 통일하기가 보다 수월하다는 점을 들 수 있다. 미국의 법은 이러한 시장력의 위험뿐 아니라 단일기업 지배의 위험 또한 강조하고 있다(이 장 뒷부분의 「공동지배」에 관한 논의 참고).

5.3.3.5. 정부의 조치

때로는 정부의 조치가 경쟁을 방해하고 기업의 시장력을 생성시킬 수도 있다. 예를 들면, 정부는 한 기업에 독점권을 허가할 수도 있다. 만일 관련시장에 독점권이 존재한다면 일반적으로 지배적 지위가 형성될 것이다.

정부는 또한 몇몇 기업에 수입 규제를 받는 상품의 수입권과 같은 중요한 제한적 권리를 부여할 수도 있다. 일반적으로 이 권리는 이들 기업 내에서 시장력을 생성할 것이다. 하지만 이들 가운데 어느 한 기업도 일반적인 의미의 지배적 지위를 갖지는 못한다.

정부가 할 수 있는 또 다른 조치는, 제품 판매에 필요한 기업의 자질이나 적합성을 보증하는 것과 같이 경쟁사들에 비해 더 큰 영향력을 한 기업에 부여하는 것이다. 예를 들면, 한 국내 자동차 생산업체는 경쟁사들의 수입 자동차가 국내 요구사항을 준수하는지를 보증하는 기능을 부여받았다(General Motors, 1975 ECR 1367, 1377~78, 1976~1 CMLR 95, 109(p. 4~10) 1975. 11. 31). 이와 같은 정부의 권위는 특정 기업에 경쟁사들과는 비교되는 큰 영향력을 부여한다는 사실을 확실히 알 수 있다. 따라서 이 기업은 비록 점유율이 크지 않더라도 지배적 지위를 형성할 수 있다.

5.3.3.6. 기업의 구조와 특성

때로는 기업의 구조와 특성이 지배적 지위에 대한 증거로 채택되기도 한다. 기업의 가장 일반적인 두 가지 특성은 다른 기업을 압도하는 기술적 우위와 기업의 보급망이라 할 수 있다. 이것들은 종종 기업의 특성이라기보다는 산업적 특성이나 진입 특성으로 간주되기도 한다. 가령, 시장에서 효과적으로 기능하기 위해 특정한 기술이 필요할 경우 이러한 사실은 시장에 진입하려는 새로운 기업들에게 영향을 미친다. 이것이 바로 위에서 말한 요인들이 지배적 지위의 존재 여부에 영향을 끼치는 가장 분명한 방법인 것이다.

5.3.3.6.1. 기 술

「경쟁사들을 압도하는 기업의 기술적 우위」는 유럽재판소의 Hoff-mann-La Roche 사건에서 지배적 지위를 평가할 경우 고려되어야 할 요인으로 지적되었다. 상당한 기술적 강점을 가진 기업은 현저하게 저렴한 비용으로 가격을 조정할 수 있는 영향력을 가질 수 있다. 하지만 이 장의 뒷부분의 「지적 재산」에서 논의되듯이 재산권 형태의 기술이 반드시 독점이나 지배적 지위를 발생시키는 것은 아니다.

5.3.3.6.2. 보급망

「고도로 발달된 판매망의 존재」 또한 유럽재판소에 의해 지배적 지위의 존재를 뒷받침하는 요인으로 지적되었다. 만일 다른 기업들이 이 같은 보급체계를 형성하거나 확장하기 곤란하다면, 이러한 보급망은 이 기업의 지배적 지위에 기여할 수 있다. 하지만 그 영향력을 과장해서는 안 된다. 보급망은, 새로운 기업이 진입하기 위해 형성할 많은 요인 가운데 하나로 간주하는 것이 가장 확실할 것이다. 그렇게 해야만 지배적 지위를 평가하는 데 보급망이 가장 정확히 고려될 수 있다.

5.3.4. 대체로 관련이 없는 요인들

5.3.4.1. 단순한 기업규모

정의된 관련시장의 점유율과는 별도로 기업의 규모는 기업의 시장력 보유 여부의 판단에 아무런 관련이 없다. 맥도널드(McDonald's)사가 와르소에 단 하나의 식당만 운영했을 때는, 비록 절대적 규모로는 매우 큰 기업이었지만 지배적 지위를 갖지 못했음이 분명하다. 유럽재판소가 Hoffmann-La Roche 사건에서 밝힌 한 가지 중요한 사실은 『Roche가 세계 최대의 비타민 생산업체라는 사실은 관련요인으로 인정될 수 없다. 각 비타민 집단은 개별적 시장을 형성한다.』 시장력 혹은 지배적 지위는 시장과 관련해서만 존재할 수 있는 것이다.

5.3.4.2. 다각화

마찬가지로, 한 기업이 여러 가지 제품을 생산한다는 사실이 그 기업에 시장력을 부여하지는 않는다. 『마찬가지로 Roche가 경쟁사보다 훨씬 다양한 종류의 비타민을 생산한다는 사실은 하찮은 것으로 거부되어야 한다. ……비타민의 각 집단은 특정한 시장을 형성하며, 다른 집단이나 제품과의 상호 교환은 적어도 심각할 정도로 불가능하다.』

5.3.4.3. 장기간에 걸친 시장점유율의 안정성

장기간에 걸쳐 안정적인 시장점유율을 유지하고 있다고 해서 반드시 지배적 지위를 획득했다고는 볼 수 없다. 『시장점유율의 유지 여부에 근거한 기준은 승인되어서는 안 된다. 이것은 효과적인 경쟁적 행위의 결과일 수도 있지만 Roche가 경쟁사들과는 독립적으로 행동할 수 있는 위치에 있기 때문일 수도 있다.』

그러나 장기간의 불안정한 시장점유율은 지배적 지위가 존재하지 않는다는 증거가 된다. 이런 시장의 기업들은 독자적으로 행동하는 것처럼 보인다기보다는 서로 반응하는 것처럼 보인다.

5.3.4.4. 이윤만으로는?

이윤 또한 시장력을 판단하는 데 신빙성 없는 지표다. 기업은 높은 이윤을 보이지 않고도 지배적 지위를 가질 수 있으며, 지배적 지위를 갖지 않고서도 높은 이윤을 얻을 수 있다. 또한 이윤을 정확히 파악하기는 어렵다.

독점의 전형적 모델(제1장 참조)에서는 이러한 기업이 높은 이윤을 얻는 것이 사실이다. 이들의 가격은 비용보다 높다. 상당히 높은 경우가 많다. 따라서 이윤이 독점력이나 지배적 지위의 증거로 지적되곤 한다. 그러나 고수익이라는 증거 그 자체만으로는 지배적 지위를 나타내지 못한다. 반대의 경우 또한 마찬가지다. 고수익이 없다는 사실만으로 지배적 지위를 갖고 있지 못하다고 단정지을 수는 없다.

이윤의 첫 번째 문제점은 수치다. 「경제적 이윤」이 「회계적(accounting) 이윤」과는 다르다고 말하곤 한다. 이는 기업에 투자된 자본이 비용을 가진다는 사실을 경제학자들이 인식하고 있음을 의미한다. 투자의 일부는 회수되는 것이 보통이며 기업이 사업을 계속하기 위해서는 필수적이다. 이 회수된 투자액이 회계적 이윤인 것처럼 보인다. 반면, 독점이익과 같은 경제적 이윤은 이런 정상적인 투자액의 회수에 추가된 이윤을 말한다. 하지만 독점금지 당국이 기업이 보통 이상의 수익을 얻고 있는지를 판단하기 위해서는 「보통(normal)」이 무엇인지를 알아야 한다. 이것은 산업의 종류, 관련된 위험, 시장의 장래성, 투자자에게 주어진 다른 선택권, 경제의 성장이나 정체, 그 밖의 유사한 요인들에 따라 크게 다양해질 수 있다. 이 때문에 수익이 보통 이상임을 판단하기는 어렵다. 또한 비교가 이루어지기 위해서는 믿을 수 있고 일관성 있는 회계기준이 필수적이다. 이 모든 문제들이 과도기적인 경제에서는 실질적인 것들이다.

하지만 지배적 기업이라 할지라도 특별히 높은 수익을 보이지는 않는다. 가령, 어느 기업이 오랫동안 독점가의 위치에 있었다면, 이 기업은 비용을 너무 올려, 독점가격을 받더라도 보통의 회계적 이윤밖에 얻지 못할 수도 있다. 특히 후기 사회주의 경제의 국영기업(state enterprise)이나 이전의 국영기업은 높은 가격에 따른 높은 비용 때문에 상당수의 근로자를 보유할 수도 있다. 이런 기업은 수익이 높지 않더라도 지배적일 수 있다. 마찬가지로, 쇠퇴 혹은 축소되는 경제의 지배적 기업은 높은 이윤을 얻지 못할 수도 있다. 만일 시장이 경제적이라면 기업은 손실을 감수해야 할 것이고, 지배적 지위는 낮은 이윤을 보장하는 것일 뿐이다. 더 나아가서 시장력을 확보할 수 있는 기회를 포착한 기업은 이를 위해 상당한 투자를 할 수도 있다. 예를 들면, 국제항공로나 제한된 수입허가와 같이 정부가 제한된 권한을 배포할 경우 기업들은 이를 얻기 위해 컨설턴트, 변호사, 정치고문들을 고용하는 데 상당한 비용을 들일 수도 있다. 만일 권리를 위해 충분한 비용을 투자했다면 투자의 회수액이 그리 크지 않게 보일 수도 있다. 권리를 얻기 위한 자금도 투자액에 포함되기 때문이다. 이 같은 기업은 지배적 위치에는 있지만 회수액의 비율에는 나타나지 않을 수도 있다.

또한 지배적이지 않은 기업이 고수익을 얻을 수도 있다. 시장은 역동적이다. 끊임없이 성장하거나 축소하고 변화한다. 성장하거나 급격히 변화하는 시장에서는 시장의 일부 기업이 높은 수익을 얻을 것이다. 이것은 시장진입이나 확장의 전망이 좋다는 시장체제의 신호다. 경쟁이 치열한 업계에서도 마찬가지일 수 있다.

결론적으로, 이윤에 관한 증거는 해석이 어렵고 신중하게 이용되어야 한다. 해석에 문제점을 야기할 수 있는 대부분의 요인들은 과도기적 경제에서 나타나며, 이런 경우 해석을 더욱 어렵게 한다.

5.4. 지배적 지위로 보이지만 그렇지 않은 시장조건들

5.4.1. 시장력인가, 계약능력인가?

기업이 시장력 또는 지배력을 갖는지를 평가할 경우 계약상의 합의와 시장력을 혼동해서는 안 된다. 계약법(contract law)에 따르면, 계약의 쌍방은 후에 비록 어느 한 쪽이 계약에서 벗어나기를 원하더라도 서로에게 계약조건을 준수하도록 강요할 수 있다. 계약상 합의된 「회수 불가능한 비용」과 시장력을 혼동해서는 안 된다. 계약이 체결되고 쌍방이 계약을 준수했다면, 한쪽이 다른 쪽에 대해 어떤 영향력을 가질 수도 있다. 계약의 한편이 시간이나 돈을 투자하거나 또는 다른 기회들을 포기함으로써 계약을 준수했을 경우 특히 그렇다. 이 같은 계약상의 능력은 계약의 한편이 계약을 통하지 않고는 회수가 불가능한 「회수 불가능한 비용」을 투자했을 때 특히 강하다.

　만일 계약 당사자가 계약적 상황을 이용하고자 할 경우 이러한 행위를 「후기 계약적 기회주의」라고 부르기도 한다. 계약의 상대방이 계약이행을 위해 약간의 회수 불가능한 비용을 투자한 후 발생하는 기회를 부당하게 이용하려는 행위를 말한다.

　요점을 명확히하기 위해 한두 가지 사례를 들어보자. 때로는 고용인이 고용주의 사업에서 전문가가 되기 위해 몇 년 동안 일한 후 고용주가 고용인에게 특정한 영향력을 갖게 되는 경우가 있다. 고용인이 직업을 바꾸기 어렵거나 비용이 많이 들 경우 고용주는 자신의 위치를 악용하여 고용인에게 낮은 급료를 지불할 수도 있다(전문가가 되기 위해 보낸 기간이 고용인에게는 회수 불가능한 비용이 된다).

　이 경우 고용주에 의한 후기 계약적 기회주의라 할 수 있다. 이와 반대로 고용인이 고용주에 대해 특정한 영향력을 행사할 수도 있다. 고용인은 특정 지식을 보유하거나 특정고객과 관계가 있는, 회사 내에서 유일한 사람일 수 있다. 고용주가 고용인을 교체하기 어렵거나 비용이 많이 든다면, 고용인은 높은 급료를 요구함으로써 그 지

> ### 회수 불가능한 비용
> ### (sunk costs)
>
> 　어느 기계공장이 신발 생산업자를 위해 특수화된 기계를 만들기로 계약했다고 가정해보자. 이 기계는 특수한 것이기 때문에 아무도 원하지 않을 것이다. 이 기계 설비에 필요한 기계공장의 비용은 회수 불가능한 비용이다. 신발 생산업자가 지불하지 않을 경우 기계공장은 이 기계로 아무것도 할 수 없다. 설비에 든 비용은 바다에 가라앉은 것이나 다름없다. 비용의 회복은 계약에 달려있다. 반대로, 많은 신발 생산업자들이 사용하는 일반기계를 위한 계약이라고 가정해보자. 만일 계약이 파기된다면 공장은 다른 신발 생산업자에게 기계를 팔 수 있다. 회수 불가능한 비용은 없다.

위를 이용할 수 있다(고용인의 훈련을 위해 고용주가 투자한 비용이 회수 불가능한 비용이 된다). 이 경우는 고용인에 의한 후기 계약적 기회주의라 할 수 있다. 하지만 이와 같은 상황은 독점력에 의해 야기된 것이 아니다. 이 고용관계는 경쟁적 조건 속에서 발생한 것이다. 고용인이 고용주에 의해 채용되었을 당시 그들은 경쟁적 시장에 속해 있었다. 고용인은 많은 고용주 가운데 아무나 선택할 수 있었다. 당시의 경쟁적 시장에서 계약적 관계를 맺음으로써 나타나는 결과로부터 자신을 보호하기 위해 그들은 조치를 취할 수 있었다. 물론 그들이 취하는 조치는 고용법, 관례, 당시의 상대적인 거래위치에 의존한 것들이다. 예를 들면, 일정 기간 동안의 임금과 보너스를 보장하는 고용계약은, 고용주와 고용인 모두를 상대방의 후기 계약적 기회주의로부터 보호할 수 있다.

또 다른 일반적 예로 체인점의 영업권 관계를 들 수 있다. 총판권을 주는 사람(franchisor)은 총판권을 받는 사람(franchisee)이 체인점(franchise)에 투자한 이후에는 약간의 영향력을 갖는다. 하지만 이 영향력은 독점보다는 프랜차이즈 계약을 준수하기 위한 쌍방의 계약적인 관계에서 비롯된 것이다. 앞에서 설명한 고용의 경우와 마찬가지로, 경쟁을 평가할 시기는 바로 계약이 성립된 시기다. 그 당시에는 총판권을 주는 사람에게 선택권이 있었다. 다시 말해 경쟁이 존재했다. 계약이 성립된 시기의 총판권을 받는 사람이나 후에 상대방에 대해 의존적이라는 사실을 알게 된 어느 한쪽, 둘 가운데 누구도 시장력의 희생자라고 할 수는 없다.

모든 계약에서 당사자들은 서로를 제한한다. 당사자들은 몇 가지 선택권을 제시하고, 결과적으로 다른 선택권을 거부한다. 이 같은 선택의 제한은 계약이 의미하는 것 가운데 일부에 불과하다. 소수의 경우를 제외하고 이들을 독점력의 산물이라고 볼 수는 없다.

독점금지 정책에서 이것은 어떤 의미를 지니는가? 계약능력과 독점력, 후기 계약적 기회주의와 지배적 지위의 남용 사이에 구분이 필요함을 뜻한다.

인생은 공평치 않다. 때로는 협상이나 계약에서 한쪽이 상대편보다 훨씬 유리한 위치에 있을 수도 있다. 부당한 것처럼 보이겠지만, 그렇다고 해서 이 계약이 독점적인 것은 아니다. 독점금지법이 경제 전반에 걸쳐 공평함을 실현하는 데 필요한 허가장은 아니다. 계약의 한쪽이 상대방보다 유리하다고 해서 독점력 문제로 야기된 경우는 매우 적다. 독점금지법과 정책은 이런 경우에 집중되어야 한다.

따라서 계약관계에서 독점관행이라는 주장에 의해 고소당한 사람이 있다면 이 계약의 당사자가 지금 다른 어떤 선택권이 있는가 라는 질문을 해선 안 된다. 이것은 계약법 상의 문제다. 대신 관련된 독점금지법에 대한 질문을 해야 한다.

• **계약이 체결될 당시** : 이 계약 당사자에게 다른 선택권이 있었는가? 이 질문을 통해서만 계약이 시장력의 결과인지를 판단할 수 있다.

5.4.2. 상 표

일반적으로 상표명은 그 자체로는 지배적 지위를 알리는 중요한 지표라고 할 수 없다. 상표는 좋은 상표명을 가진 기업으로 하여금 상품에 대한 약간의 영향력을 갖도록 하며 상품을 선호하는 고객들을 생기게 한다. 하지만 유명상표 제품은 경쟁하는 유명제품으로 인해 상당한 제약을 받곤 한다. 때로는 유명하지 않은 제품에 의해서도 제약을 받는다. 상표가 그 자체만으로 지배적 지위를 확립한다고 여겨져서는 안 된다. 상표 확립의 이유에 대한 간단한 논의를 통해 지배적 지위와 혼동해서는 안 되는 이유를 알 수 있을 것이다.

경쟁 정책에서 상표명은 무엇을 의미하는가? 이를 알기 위해서는 기업이 상표명을 사용하는 이유를 고려해볼 필요가 있다. 일반적으로 상표는 품질의 표시다. 상표는 품질을 중시하는 시장, 특히 소비자가 품질을 판단하기 힘든 시장에 존재하기 쉽다. 기업은 상표를 창출하고 소비자에게 인식시키기 위해 비용을 들여야만 한다. 때로는 이를 위해 상당한 금액을 투자하기도 한다. 왜 차라리 그 돈을 절약해서 제품을 좀더 싼 가격에 판매하지 않는가? 긴 안목으로 볼 때 싸게 판매하는 것보다 상표를 확립하는 것이 이익이라고 판단했음이 분명하다. 어떻게 그럴 수가 있는가? 소비자들이 상표명에 개의치 않고 값이 저렴한 제품을 사지 않을 것인가? 일부 시장에서의 답은 분명히 『반드시 그렇지는 않다』이다. 일부 소비자들은 비록 더 비쌀지라도 유명상표 제품을 선택할 것이다. 이런 소비자들을 합리적이라고 할 수 있는가? 아니면 단지 어리석게 광고에 현혹된 것인가? 정답은 그들 자신만이 스스로 판단할 수 있다는 것이다. 하지만 일부 시장에서는 상표명이 존재해야 할 타당한 이유가 있다.

예를 들어, 오디오 기기를 구입하려는 소비자를 생각해보자. 이 소비자는 상점에서 음질을 평가해보려고 할 수도 있다. 하지만 상점에서 판단을 내리기란 쉽지 않다. 여러 가지 집의 여건에 따라 음질에 상당한 차이가 있을 수 있고, 여러 종류의 음악을 감상함으로써만 음질에 관한 올바른 판단이 가능하기 때문이다. 또한, 상점에서는 스테레오 기기가 장기간에 걸쳐 신뢰할 수 있는 것인지를 판단하기 어렵다.

소비자들에게 상품의 품질과 신뢰도를 확신시키기 위해 기업은 상표명을 정할 수도 있다. 기업은 자사의 상표명이 품질과 신뢰에 대한 약속을 대변한다는 것을 소비자들에게 설득시키려 한다. 상표명은 소비자에게 정보를 제공한다. 기업은 생산하는 설비의 모든 부품이 상표명에 기여할 것임을 알고 있다. 만일 기업이 상표명을 확립하기 위해 시간과 돈을 투자했다면, 이 기업이 낮은 품질의 제품에 상표명을 붙여 판매할 경우 상표명의 가치가 떨어질 것이 틀림없다. 그러므로 기업은 양질의 제품을 생산하려는 일반적인 동기(incentive)와 아울러 품질을 유지하려는 동기를 갖게 된다. 소비자들도 이 사실을 알고 있다. 이것이 바로 소비자들이 비싸더라도 믿고 확신할 수 있는 유명상표 제품을 구입하곤 하는 이유다. 소비자들은 기업이 제품의 품질에 기업의 명성을 걸고 있다고 확신한다. 그것은 소비자들에 대한 재확신이라고 할 수 있다.

물론 상표명이 주는 효과가 항상 작용하는 것은 아니다. 절대적인 보장은 아닌 것이다. 일부 기업은 상표 광고에 투자는 하지만 품질을 유지하지는 않는다. 이 같은 전략은 단기간 동안은 성공할 수도 있다. 그러나 소비자들은 저질의 제품을 구입한 뒤 이런 기업을 비난할 것이며 친구와 동료들에게 그러한 정보를 전할 것이다. 어느 유명한 프랑스 패션회사가 너무 많은 오류, 그리고 저급한 제품에 상표명을 사용함으로써 상표의 명성을 낭비했기 때문에 상표가 더 이상 의미를 갖지 못하게 된 사례도 있다.

하지만 일반적으로 상당수의 소비자들이 상표의 명성이 품질을 판단하는 데 도움이 된다고 생각할 경우 그 시장은 상표명을 가질 확률이 높다. 상표명은, 품질이 매우 중요하고 평범한 소비자가 그것을 판단하기 어려운 제품에서 찾아볼 수가 있다. 벽돌보다는 TV에서, 타이프용지 묶음보다는 크림 한 병에서, 꽃다발보다는 막대사탕에서 상표명을 발견하기가 쉬운 것이다.

한 가지 결론은 상표명이 시장이 되어서는 안 된다는 것이다(제4장의 「독점이 아닌 상표명」 참고). 각 기업의 유명상표 제품들이 어떤 특징을 갖는 것은 사실이다. 또한 유명상표를 가진 기업은 그렇지 않은 기업보다 높은 가격을 책정할 수 있는 것도 사실이다. 이것은 상표가 개별적 시장임을 의미하는 것은 아니다. 또 기업이 시장력을 갖는다는 의미도 아니다. 오히려 기업이 상표의 투자에서 이익을 얻고 있음을 의미한다. 따라서 강한 상표명이 시장력이나 지배적 지위처럼 보일 수도 있지만 사실은 그렇지 않음을 알 수 있다.

5.4.3. 지적 재산

때로 지적 재산권(intellectual propetry right)이 막연히 「독점」으로 표현되는 경우가 있다. 하지만 반드시 옳다고는 할 수 없다. 사실 이것은 대체적으로 사실이 아니다. 가령 특허권(patent)은 특정제품을 생산할 독점적 권한을 기업에 부여한다. 하지만 이 제품은 다른 특허품들과의 치열한 경쟁에 직면하게 된다. 특허를 받지 못한 제품들과 경쟁할 수도 있다. 많은 특허들이 제품에 대한 약간의 향상에 의한 것이기 때문에 특허제품은 경쟁제품에 비해 조금만 나은 것일 수 있다. 그래서 이들 모두는 동일한 관련시장에 속한다. 실제로 많은 특허들은 상업적으로 전혀 쓸모가 없다.

저작권의 사례에서도 같은 경우를 볼 수 있다. 소설의 저작권은 그 소설을 출판할 독점적 권한을 부여한다. 하지만 이것이 독점은 아니다. 이 소설은 관련시장의 다른 많은 소설들과 경쟁해야만 하며, 또한 비소설이나 시와 같은 다른 종류의 책들과도 경쟁해야 하기 때문이다.

간단히 말해서, 지적 재산은 다른 재산과 마찬가지다. 모든 사실에 근거해볼 때, 지배적 지위를 형성할 수도, 그렇지 않을 수도 있다. 하지만 대체로 지배적 지위를 형성하지 않는다.

5.4.4. 신상품

때로는 신상품이 시장에 소개될 경우 지배적 지위나 심지어는 독점을 형성한 것처럼 보일 수도 있다. 기업은 높은 수익을 얻고 즉각적인 어떤 경쟁도 치루지 않을 수 있다. 그러나 상황이 일시적이고 또 바람직한 것이기 때문에 이것은 독점이 아닌 경우가 많다.

상품이 처음 시장에 소개될 경우 막강한 수요가 있기 마련이다. 기업은 한동안 매우 높은 가격을 책정할 수도 있다. 결국 이런 상황이 알려져 다른 기업들이 시장에 진입하려 할 수도 있으며, 이러한 경쟁은 가격을 내리게 할 것이다. 그러나 이 기업이 처음 시장에 진입했을 때 진정한 지배적 지위를 차지했었는가? 아마 아닐 것이다. 높은 가격을 책정한 초기에도 보급망 형성 등과 같은 제품소개에 높은 비용을 들였을 것이다. 더욱이 이 기업은 신상품이 시장에서 실패할 수도 있는 위험을 무릅쓰고 있었으며, 그 위험을 보상받아야만 한다. 기업의 위치가 너무나 명백하게 일시적이기 때문에 시장은 매우 역동적이다. 사실상 이 기업은 지배적 지위를 구성하는 꾸준한 시장력을 갖지 못한다.

5.5. 공동지배

이론상으로는, 몇몇 기업이 공동의 지배적 위치를 갖는다고 결론을 지을 수도 있다. 실질적으로 공동지배는 소수의 기업으로 구성된 시장의 보통 과점행위와 구분하기 힘든 것처럼 보인다. 이러한 시장에서 기업들은 자신의 행위가 시장과 경쟁사들에게 영향을 끼친다는 사실을 인식하고 있다. 공동지배는 이런 피할 수 없는 상황 이상을 의미하는 것이 틀림없다.

그러나 공동지배는 제3장에서 설명한 수평적 협정보다는 약할 수

밖에 없다. 그렇지 않다면 수평적 협정에 적용되는 법 조항에 위반되는 사건이 발생하게 될 것이다.

이 같은 이유 때문에 만일 과도기적 경제에서 공동 지배의 개념이 이용된다면 매우 조심스럽게 다루어져야 한다. 수평적 협정 사건이든 단일기업 지배 사건이든, 독점금지국의 희귀한 자료가 될 수 있는 명백한 사건들은 대체로 충분할 것이다.

5.6. 지배적 구매자

지배적 지위는 일반적으로 지배적 판매자의 입장에서 논의되지만, 지배적 구매자에게도 적용될 수 있다. 지배적 구매자에 대한 개념은 판매하는 지배적 지위와 비슷하다. 지배적 구매자는 구매자 독점력을 가진 이를 뜻한다. 다시 말해 경쟁 구매자와 판매자들로부터 독립적으로 행동할 수 있는 능력이라고 할 수 있다. 분석의 요점은 판매자가 선택할 수 있는 능력과, 가격을 내리고 낮은 가격을 유지할 수 있는 구매자의 능력에 있다. 판매하는 지배적 지위의 경우와 마찬가지로, 구매능력과 밀접한 관련이 없는 한 시장점유율만으로는 구매자 독점력의 좋은 지표가 될 수 없다. 만일 소규모 구매자들이 구매량을 상당히 늘릴 수 있다면 아주 큰 규모의 구매자라 할지라도 지배적 지위를 갖지 못할 수도 있다.

지배적 구매자의 문제는 농업시장에서 종종 발생하곤 한다. 지배적 구매자의 문제와 이 같은 상황의 존재 여부를 파악하는 방법에 대한 설명은 제4장의 「시장 정의 점검표 D」를 참고하라.

5.7. 실무적 조언

5.7.1. 지배적 지위문제 분석방법

지배적 지위의 존재 여부를 판단하기 위한 가장 효과적인 방법은 비교적 쉽고 결론적인 질문을 먼저 시도하는 것이다. 그러므로 먼저 시장진입이 용이한가를 살펴보는 것이 효과적이다. 만일 답이 『그렇다』라면, 시장점유율과 그 밖의 관련요소에 대한 정보입수는 그리 중요하지 않다. 마찬가지로 일부 시장에서는 공급대체나 생산확장의 신축성, 초과 생산력 등을 살펴보는 것이 현명할 수 있다. 지배적 지위가 존재하지 않는다고 판단될 경우 이와 같은 문제들이 결정적인 것일 수 있기 때문이다.

이러한 분석 다음으로는 문제의 지배적 기업과 다른 기업들의 시장점유율에 관한 정보수집이 필요하다. 그리고 지배적 지위의 존재 여부를 판단하는 데 시장점유율 정보만으로 충분한지를 결정하기 위해 필요한 시장에 관한 다른 정보도 확보해야 한다. 일반적으로 이런 과정에서는 시장 정의를 위해 입수된 정보가 유용하다. 제4장의 설명과 점검표가 조사에 유용히 쓰일 수도 있다.

다음은 시장점유율 정보입수에 이용될 수 있는 질문들의 목록이다. 그 다음은 지배적 지위의 존재 여부를 판단할 때 거쳐야 할 절차에 대한 점검표다.

5.7.2. 시장점유율 정보입수를 위한 질문
(문제의 지배적 기업과 시장의 다른 기업들에 대한 질문)

생산능력, 산출(생산), 판매와 예비품(reserve)을 측정하기 위한 질문들이 개별적으로 제시되었다. 특정시장에 대한 최선의 정보 설명은 본문을 참고하라. 다음은 미국의 독점금지 당국에서 사용하는 질문을 변형시켜 작성한 질문들이다.

◎ 생산능력의 시장점유율에 대한 질문

관련상품 시장 :

지리적 관련시장 :

당신 기업의 모든 공장, 또는 지리적 관련시장에 공급하기 위해 현재 사용하고 있는 다른 설비에서 관련상품을 생산할 능력은 어느 정도인가?

각각의 설비에 대해 개별적으로 답하시오.

다음의 사항을 가정해보라.

- 공장에서 일하는 노동자의 수는 정상적이며, 그들은 정상적인 근무시간 동안 일한다(과거의 경우에 근거하여 초과근무가 전형적이라면 그 전형적인 근무시간을 명시하라 : ＿＿＿＿＿ ＿＿＿＿).

- 필요한 모든 원료와 그 밖의 투입물(input)에 대한 이용이 가능하다.

- 수리를 하는 데 드는 통상적인 시간과 설비에 대한 정기점검이 허가된다.

이 같은 가정에 따라, 생산능력은 연간 ＿＿＿＿단위이다(필요하다면「단위」를 정의하라).

생산능력을 측정하기 위해 필요한 다른 가정이 있는가? 어떤 것인가?

이 생산능력 측정이 얼마나 실질적인가? 그 동안 이만큼을 생산한 적이 있는가?

예정되어 있는 생산확장 계획이 있는가? 설명하라.

지리적 관련시장에서 판매될 제품을 생산하는 데 사용되는 다른 설비에 대해서 이 질문들을 반복하라.

당신의 기업에서 다른 기업들의 생산력에 대한, 또는 시장점유율에 대한 보고서나 추정자료를 보유하고 있다면, 필요한 모든 설명을 포함하여 이를 열거하라.

◎ 산출(생산)의 시장점유율에 대한 질문

관련상품 시장 :

지리적 관련시장 :

당신의 기업은 지난 2년(통상적으로 쓰이고 있는 기간이나, 통계적 목적을 위한 다른 연도) 동안 매년 지리적 관련시장에서 판매되는 관련제품을 생산하기 위해 사용하고 있는 공장(또는 다른 설비)에서 몇 단위의 관련제품을 생산하였는가? 각 설비에 대해 개별적으로 답하라(필요하다면 「단위」를 정의하라).

이 공장이나 공장들에서 생산된 제품들 가운데 관련시장 외의 다른 시장에서 판매된 것이 있는가? 만일 있다면 그 수량을 별도로 열거하라.

만일 당신의 기업에서 시장 내 다른 기업들의 생산에 대한, 또는 시장점유율에 대한 보고서나 추정자료를 보유하고 있다면, 필요한 설명을 포함하여 이를 제시하라.

공장 명 :		
년　도	관련제품의 총생산량	지리적 관련시장 밖에서 판매된 제품

공장 명 :		
년　도	관련제품의 총생산량	지리적 관련시장 밖에서 판매된 제품

◎ 판매의 시장점유율에 대한 질문

관련상품 시장 :

지리적 관련시장 :

당신의 기업은 지난 2년(통상적으로 쓰이고 있는 기간이나, 통계적 목적을 위한 다른 연도) 동안 매년 지리적 관련시장에서 몇 단위의 관련상품을 판매하였는가(필요하다면 「단위」를 정의하라) ?

지리적 관련시장에서 판매된 관련상품의 단위총계(기업이 받은 판매가격)는 얼마였는가 ?

만일 자료가 부정확하다면 가장·근접한 추정액과 추정의 근거를 제

년　도	지리적 관련시장에서 판매된 단위의 수	지리적 관련시장 밖에서 판매된 단위의 총계 (기업이 받은 판매가격)

시하라.

만일 당신의 기업이, 시장 내 다른 기업들의 판매에 대한 혹은 시장 점유율에 대한 보고서나 추정자료를 보유하고 있다면 이를 제시하라.

◎ 예비품의 시장점유율에 대한 질문

관련상품 시장 :

지리적 관련시장 :

기업이 소유한 관련제품의 예비품(예를 들어, 지하의 석탄이나 광석, 숲의 목재 등)을 추정하는 업계의 가장 일반적인 방법을 설명하라.

이 측정방법을 이용할 경우 지리적 관련시장에 보급하기 위해 그동안 이용되었던, 또는 이용이 가능했던 지역에 위치한 기업이 보유하고 있는 총예비품은 얼마인가? 예비품의 출처(가령, 광산, 원유나 천연가스 발생지, 숲 등)에 따라 개별적으로 열거하라.

비경제적인 예비품, 다시 말해 시장의 현재 가격보다 상당히 비싼 비용(10%나 20% 이상)을 들여야만 추출(채굴, 수확 등)이 가능한 예비품은 제외시켜라.

시장 내 다른 기업들의 예비품에 대한 추정자료가 있다면 필요한 설명과 함께 이를 열거하라.

출처(광산, 생산지 등)	(경제적으로 회수 가능한) 예비품의 수량	해당 출처에 적용되는 특별한 조건이나 설명

5.7.3. 지배적 지위 체크리스트

1. 먼저 관련시장을 정의하라(제4장 참고).
2. 시장 내 기업들의 점유율을 측정하라.
   a. 기본원칙은 합리적으로 입수가능한 정보라면 무엇이든 이용한다는 것이다. 절충이 불가피하다.
   b. 시장경쟁에서 기업이 갖는 중요성을 파악하기에 가장 좋은 정보가 선택된다. 일부 관습적인 규칙은 다음과 같다.
   ① 산업용 제품의 생산재 시장에서는 관련제품의 생산능력(최대)이 가장 좋은 자료가 된다. 이는 기업의 상품생산력을 반영하는 것으로, 대부분의 시장에서 가장 중요한 요소다(필요한 경우 생산품이 생산능력을 대신하기도 한다).
   ② 소비재 시장에서는 기업의 판매가격이 가장 좋은 수치가 된다. 이들 상품이 종종 상표나 그 밖의 차이로 인해 차별화되기 때문에, 생산능력이 판매능력과 대등하다거나 시장에 영향력을 갖는다고는 할 수 없다(생산품은 추가 정보로 이용되거나, 특히 인플레이션으로 인해 여러 기업 간의 판매액에 대한 정보비교가 어려울 때 대신 쓰이기도 한다).
   ③ 천연자원 시장에서는 기업의 예비품(지하의 석탄 매장량과 같은)이 가장 좋은 수치다. 이는 기업이 시장에서 장기간 동안 갖게 되는 중요성을 나타내는 가장 좋은 지표가 된다.

3. 시장의 집중도를 평가하라.
   a. 문제의 지배적 기업이 관련시장에서 40% 이상의 점유율을

차지하는가? 그렇다면 계속하라. 그렇지 않다면 6번으로
가라.

4. 시장진입이 비교적 용이한가를 판단하기 위해 진입조건을 평가
   하라. 진입조건을 평가하기 위해 다음 사항을 질문하라. 이 시
   장에서, 새로운 기업의 진입이, 최대 기업의 고가(高價)책정
   시도나 경쟁사나 고객으로부터 독립적으로 행위하려는 시도를
   좌절시킬 가능성이 높은가?

   a. **진입을 위한 기술적인 생산 필요조건** : 생산 시작에 필요한
      설비, 원료, 기술을 습득하는 데 얼마나 용이한가, 또는 어
      려운가? 효율적이기 위해 필요한 경영방법은 무엇인가?
      진입에 소요되는 기간은 어느 정도인가? 비용의 상당부분
      이 회수 불가능한가?

   b. **시장 진출을 위한 마케팅, 판매 필요조건** : 시장에서 관련상
      품의 판매가 얼마나 용이한가, 또는 어려운가? 면허나 허
      가가 필요한가? 이용 가능한 보급망이 존재하거나 또는 형
      성 가능한가? 새로 진입한 기업의 제품을 구입하도록 소비
      자들을 설득할 수 있는가? 이 비용의 상당부분이 회수 불
      가능한가?

   c. **진입 가능성** : 새로운 기업의 시장진입 가능성은 어느 정도
      인가? 비용과 비교한 수익의 기회는 어떠한가? 자금조달
      (financing)이 가능한가? 시장이 성장 중인가, 안정적인
      가, 아니면 쇠퇴하고 있는가? 진입 가능성이 문제의 지배
      적 기업의 행위에 크게 영향을 끼칠 것인가?

만일 진입이 용이하다면 시장에서 지배적 지위를 갖기는 쉽지 않을

것이다. 큰 시장점유율을 갖는 기업이 지배적 지위를 차지한다는 가정은 반박되고 있다. 만일 진입이 쉽지 않다면 다음 단계에 제시된 대로 어려움의 정도를 고려하라.

5. 40%의 시장점유율을 차지하는 기업이 지배적이라는 가정을 반박할 수 있는 다른 요인들을 고려해보라. 이 기업이 경쟁사들과 고객들로부터 독립적으로 행위할 수 있겠는가? 이 기업이 가격을 조정하거나 경쟁을 배제시킬 수 있는가?

높은 시장점유율이 시장력이나 지배적 지위를 야기할 가능성을 감소시키는 시장조건들	높은 시장점유율이 시장력이나 지배적 지위를 야기할 가능성을 증대시키는 시장조건들
(이들 조건의 일부가 만족될 경우, 시장에 지배적 지위가 존재한다는 결론을 내리기 위해서는 더 큰 시장점유율이 필요하다. 조건이 강하게 나타날 경우 그 시장에는 어떤 지배적 지위도 존재할 수 없다.)	(이들 조건 가운데 일부 또는 전부가 만족될 경우, 지배의 가정이 받아들여질 가능성이 높다.)
시장에서 기업들의 생산량은 탄력적이며 확장될 수도 있다(서비스나 보급, 단순 제조와 같은).	시장에서 기업들의 생산량은 각 기업의 대규모 공장단지와 같은 실질적인 주요 설비와 밀접한 관련이 있다.
	시장에서 기업들의 생산량은 기업소유의 중요한 원료보유(광산 같은)와 밀접한 관련이 있다.

시장의 기업들은 상당한 초과생산능력을 가진다(또한 이것은 일시적인 현상이 아니다).	시장의 기업들은 이용할 수 있는 모든 능력을 거의 모두 사용하고 있다.
공급대체가 비교적 쉽다. 연관된 시장의 기업들은 생산을 전환하여 관련상품을 생산할 수 있다.	공급대체가 어렵다. 연관된 시장의 기업들조차도 관련상품 생산은 힘들 것이다.
시장은 성장하고 있다.	(안정된 시장이란 모호하다)
시장은 급격히 변화하고 있다. 기업이 최근 시장에 신상품을 소개했기 때문에 높은 시장점유율을 가진다.	
시장의 다른 기업들 또한 규모가 상당하다.	최대 기업의 시장점유율과 두 번째로 큰 기업의 점유율 사이에는 큰 차이가 있다.
수입 경쟁이 중요하며 수입할당량이나 다른 수량 제한에 의해 제약을 받지 않는다.	수입 경쟁은 중요하지 않다. 예를 들면, (1)수입이 거의 없으며, 적은 폭이지만 뚜렷하게 가격이 인상되더라도 수입량이 늘어날 확률은 적다. (2)수입량은 수입할당량에 의해 제한된다.
비록 진입이 쉽지 않아 네 번째 항목의 결론에 도달했지만, 매우 어려지는 않다.	시장진입이 어렵거나 불가능하다.

6. 문제가 되는 지배적 기업의 시장점유율이 40% 미만일 경우 매우 특수한 상황에서만 기업이 지배적 지위를 갖는다는 결론을 이끌어낼 것이다.

    a. 이 기업에게 경쟁사보다 영향력을 행사할 수 있는 정부적 또는 준정부적 권한이 있는가? 인가나 수입허가, 경쟁되는 품질이나 기준의 확인, 또는 경쟁사들을 배제하거나 실질적으로 피해를 줄 수 있는 그 밖의 다른 영향력 등을 예로 들 수 있다.

7. 전체적인 결론의 실제성(realism)을 점검하라. 시장에서 경쟁사나 고객들에 대해 크게 신경쓰지 않으면서 이 기업의 경영이 가능하겠는가?

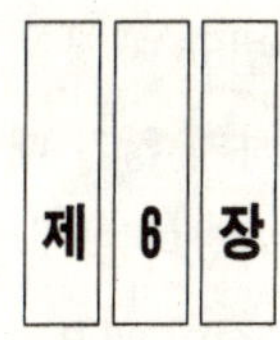

제6장

지배적 기업의 독점적 행위와 우월적 지위남용
— 시장지배력의 창출과 유지 —

6.1. 개요

이 장에서는 지배적 기업의 독점적 행위와 우월적 지위의 남용이라고 알려진 것에 대하여 논의한다. 카르텔, 다른 수평적 협정, 수직적 협정 등 한 개 이상의 기업에 의한 행위는 다른 곳에서 논의되었다. 여기서는 단일기업에 의한 행위에 대해서만 설명한다.

6.2. 무엇이 독점적 행위인가?

「독점적 행위」라는 용어는 독점금지법에서 널리 쓰이고 있다. 때로는 간단히 기술되는 것이 아니라 폴란드 법에서처럼 예로서 명시되어 있기도 하다.[7] 직접적인 정의규정이 없는 것이 이상하게 보일지도 모르지만 실제로는 지각 있는 법규 제정일 수도 있다. 이것은 「독점적 행위」의 적정한 정의가 간단하지 않기 때문이다. 독점적 행위에 대한 정의를 내릴 경우 독점력을 가졌다는 것이 무엇을 의미하고, 그 힘이 어떻게 쓰여지는가에 대한 분석이 필요하다. 이것은 실제의 행위에서 가장 잘 발전되는 것이지, 법 제정으로 도출되어지는 것은 아니다.

비록 용어는 정의되지 않더라도 「독점적 행위」는 뜻을 가진다. 폴란드 독점금지법에 나열되어 있는 것들처럼 통상 「독점적 행위」로 분류되는 모든 것의 평가에서 「독점적 행위」에 대한 적정한 적용은 무엇보다도 핵심이 된다. 다음 절에는 종종 단일기업의 독점적 행위라고 정의되는 행위들을 설명하고, 이 절에서는 독점적 행위의 일반적인 의미에 대해 논하려고 한다. 이 절의 일반적인 분석은 다음 절부터 논의될 특정한 행위에 관한 특정한 분석의 기초가 된다.

독점적 행위의 뜻을 분석하기 위한 가장 논리적인 첫걸음은 단어의 뜻을 살펴보는 것이다. 다음의 두 암시는 모호하면서도 유용한 것이다. 첫 번째로, 독점적 행위는 독점가 또는 시장력을 가진 기업에 의하여 행해진 것임에 틀림없을 것이다. 제5장에서 논의된 바와 같이, 기업이 시장력을 가졌는지를 결정하는 데는 여러 단계가 필요하다. 첫째로 관련시장이 정의되어야 하고, 둘째로 시장점유율이 살펴져야 하며, 셋째로 시장점유율이 시장력을 정확히 반영하는지 결정하기 위한 분석이 행해져야 하고, 넷째로 그 시장력이 지속적인지 분석해봐야 한다.

두 번째 암시 역시 모호하다. 그것은 행위(practice)일 것이다. 그것은 행동(activity), 즉 뭔가 행해진 것이다. 단순히 독점가인 상태

---

7) 폴란드 독점금지법은 독점적 행위로서 제4조에서 아홉 가지, 제5조에서 다섯 가지를 규정하고 있다. 부록 참고.

는 그 자체만으로 금지되어지는 것은 아니다(제8장의 「구조적 처방」 참고).

앞에서 언급한 두 가지는 모호하지만 이제 본질적인 관찰을 떠나서 어려운 질문으로 들어간다. 여기서 우리는 앞의 두 가지 암시에서 만난 행위만을 고려한다. 그것은 적절히 정의된 관련시장에서 지속적인 시장력을 가진 기업에 의한 행동이라는 것이다. 어려운 질문은 이 행동들의 어느 것이 독점적 행위인가 하는 것이다.

앞의 첫 번째 논점은 분명하나 유용하다. 독점가가 하는 모든 것이 독점적 행위라는 것은 잘못된 것일 수도 있다. 두 가지 이유 때문이다. 첫째, 그런 규칙은 독점 그 자체가 불법화(outlawing)되는 것과 같은 의미를 지니게 되며, 분명하게도 독점적 행위에 대한 규칙의 목적이 아닌 것이다. 둘째로, 그런 규칙은 시장력을 가진 기업들의 행위에 대한 세부적 규제자로 독점금지 당국을 전환시키게 될 것인 바, 이것은 분명히 독점적 행위에 대해 법이 의도한 것이 아니다(대조적으로 자연독점에 대한 규제는 좀더 세부적인 감시를 필요로 한다).

따라서, 시장력을 가진 기업의 어떤 행위는 합법적 행위로 허용될 수도 있으며, 다른 어떤 행위는 독점적 행위로 금지되어야만 한다. 이것 역시 분명한 것이긴 하지만 실제로 적용하는 일이 매우 중요하다. 허용된 행위로부터 독점적 행위를 구별해내는 지침적 원칙이 있어야 한다. 이 지침적 원칙은 독점력과 핵심적인 관련을 가져야 한다. 왜냐하면 금지된 것은 독점적 행위이기 때문이다.

이 핵심적인 관련 여부를 알아보기 위해서는 두 가지의 접근방법이 존재한다. 첫째로, 독점적 행위는 독점력이 사용되거나 실행되어진 것 중에서 하나의 행위일 것이다. 이것은 회사가 시장력을 이기적으로 사용하고 있기 때문에 착취행위(exploiting conduct)로 불리워진다. 둘째로, 독점적 행위는 독점력을 창출하거나 유지하는 행위일 것이다. 이것은 경쟁자나 경쟁을 배제하는 일에 관여되므로 배타적 행위라고 불리워진다. 이들 접근방법에 대해서는 아래에 차례로 설명되어 있다.

의심스러운 독점적 행위를 분석하기 위한 적정한 방법은 의심받는 행위가 위의 두 유형 가운데 어느 것인가에 달려 있다. 따라서 분석 초기에 어떤 유형의 독점적 행위가 의심스러운지 구분하는 것이 중요하다. 다행히 이것은 어렵지 않다. 두 유형은 일반적으로 매우 다르기 때문이다.

두 가지 유형의 행위를 보여주는 각각의 예를 사용해보는 것이 가장 쉬울 것이다. 알루미늄 제련시장의 독점가를 상정해보자. 우선, 독점가가 가격을 독점수준으로 인상했다고 가정해보자. 이것은 독점가만이 할 수 있는 독점력의 행사가 분명하다. 그렇다고 해서 독점력을 창출하거나 유지하는 것은 아니다. 실제로 높은 가격은 새로운 경쟁을 하는 데 매력적일 수 있다.

다음으로, 독점가가 알루미늄 생산에 필요한 알루미늄괴를 생산하는 광산을 모두 사들인다고 가정해보자. 이것은 독점력의 행사가 아니다. 돈만 충분하다면 누구라도 광산을 살 수 있다. 이것은 독점가의 독점력을 유지하기 위한 행위다. 이것은 다른 회사가 알루미늄 생산에 진입하거나 경쟁하는 것을 어렵거나 불가능하게 할 것이다. 그런 신규진입 회사는 핵심적인 투입재(input)를 구입할 수 없다.

그래서 의심스러운 행위가 독점력의 행사인지, 또는 독점력의 창출 내지 유지를 위한 행위인지를 결정하는 데는 다음과 같은 단순한 질문이 필요하다. 그 행위가 (1) 독점가격을 요구하거나, (2) 모든 핵심적 투입재를 구매하는 것에 가까운가 하는 것이다. 첫 번째는 착취행위이고, 두 번째는 배타적 행위일 것이다.

6.3. 우월적 지위남용에 관한 EU와 미국의 법

EU 법은 우월적 지위 남용에 대한 개념을 갖고 있다. 미국 법은 그렇지 않다. 그러나 미국 법에는 우월적 지위남용의 개념과 관련된 두 가지 원칙이 있다. ①독점화는 불법이라는 것과, ②기업의 각종 협정에 대한 적법성을 검토할 때 그 기업의 시장지배력을 고려한다(시장의 관련요소 가운데 하나로서)는 것이다.

EU 법이나 미국 법 모두 단순한 우월적 지위(또는 미국 법에서의 독점력)를 소유하는 것은 합법이다. 유럽재판소가 다음과 같이 판시한 것과 같다. 『기업(여기서는 firm or enterprise의 의미)이 우월적 지위를 가졌다는 것 자체만으로는 비난거리(recrimination)가 될 수 없다. 그러나 그런 우월적 지위를 가진 것과는 상관없이 그 기업에게는 자신의 행위가 순수하고 건전한 경쟁을 저해해서는 안 된다는 특별한 책임이 있다(Michelim, 1983 ECR 3461, 3511).』

독점화에 관한 미국 법은 독점이 경쟁자의 배제를 통해서가 아니라 치열한 경쟁을 통한 것이라면 독점가가 되는 것을 허용하게 되어 있다. 이러한 원칙과 그 이유는 알코아(Alcoa) 사례를 통해 알 수 있다.

U.S. 대 미국 알루미늄 회사

(Aluminum Company of America : Alcoa)

[미국 항소법원, 148F, 2d416, 429~30(1945)]

알코아가 독점을 가졌기 때문이 아니라 시장이 독점화된 것이다. 독점을 성취한 것이 아니라, 독점이 그에게 던져졌는지도 모른다.

독점의 원천은 그것의 합법성을 결정하는 데 비난받을 소지를 지니고 있다. 크기는 유죄를 결정하지 않는다. 경쟁자의 배제가 있었음에 틀림없다. 성장은 자연스럽고 정상적인 것 이외의 것에 의함이 틀림없다. 부정한 의도가 있거나 비정상적인 강제수단이 사용되어졌음에 틀림없다.

사람들은 무의식적으로 자신이 독점을 소유하고 있음을 발견할 수 있다. 즉, 현존하는 경쟁자를 배제하지 않고, 또는 경쟁이 존재하지 않는 곳에서 경쟁이 일어나는 것을 방해하지 않고도 그럴 수가 있다. 그들은 우연히 독점가가 될 수도 있다. 예를 들어 시장이 너무 제한되어 있으면, 모든 수요를 공급하기에 충분한 큰 시설이 구비되어 있는 경우를 제외하고는 모두가 생산하고 생산내용을 충족시키기는 불가능하다. 또는 한 판매자를 제외하고 모두가 축출된다면 기호나 비용에 변화가 있었을 수도 있다.

단일 생산자는 그의 우월한 기능과 예견 그리고 근면(industry, 저자주 : industriousness 또는 hardwork의 의미로 쓰여짐)에 힘입어 일단의 활동적 경쟁자 중에서 생존한 사람일 수 있다.

경쟁을 촉진시키고 있는 성공적 경쟁자는 자신이 승리했을 때 그러한 상황을 반전시켜서는 안 된다.

그래서 미국 독점법에서는 배타적 행동이 없었을 경우 위법이 아니다. 배타적 행동이 없었다면 독점력의 행사는 불법이 아니다. 이러한 기준을 정한 이유는 비록 크고 성장하는 기업에 의한 것일지라도 활기찬 경쟁을 위축시키거나 경쟁자의 성공을 징계하는 법적 원칙을 피하기 위한 것이다.

우월적 지위남용에 관한 EU 법은 우월적 지위의 행사나 배타적 행위에 대해 언급하고 있다. 그러나 최근에는 배타적 행위에 비중을 두고 있다.

Hoffmann-La Roche & Co 대 유럽위원회
(유럽재판소, 85/76 사건, 1979. 2. 13)

남용의 개념은 다음과 같은 우월적 지위에 있는 기업의 행위와 관련된 목적적 개념이다. 즉, 의심을 받고 있는 기업이 출현함으로써 시장구조에 영향을 주어 경쟁의 강도가 약해졌으며, 상업적 거래의 기초 위에서 제품의 생산 또는 서비스의 정상적 경쟁조건과는 다른 방법에 의해서 지금까지 시장에서 행해진 경쟁의 강도를 유지하거나 경쟁을 촉진시키는 데 저해가 되는 결과를 초래하는 것이다.

미국 법이나 유럽 법에서는 폴란드 법 제6조와 같이 특수한 행위는 정당화될 수 있다. 미국 법은 「합리성의 원칙」에 입각해 지배적 기업의 협정에 대해 평가하고, 행위의 이유와 시장에서의 영향을 시험한다. 지배적 기업에 의한 단일기업의 행위가 만일 독점화라고 평가되면 그 행위가 배타적인가의 결정이 요구되고, 그 행위가 필요한 것이라고 정당화되면 독점화가 아니라는 것을 분명히 명시하고 있다. EU 법에서 말하는, 용어의 자연스러운 뜻에 의한 「남용」은 정상적인 경쟁행위라고 정당화될 수 없는 행위이다. 유럽위원회는 『지배적 기업은 우월성을 지닌 상태에서 경쟁할 수 있는 자격이 주어진 것이다』라고 말하고 있다(ECS/AK20 Ⅱ, 1985 OJI 374/1, 21).

6.4. 독점력의 사용 — 약탈적 행위

제1장에서 서술한 바와 같이, 독점의 본질은 가격을 올리기 위해

생산을 줄이고 그 결과로 독점 이윤을 얻는 것이다. 이와 같은 행위가 벌어지고 있다는 것을 어떻게 판단할 것인가? 이론적으로는 혐의를 받고 있는 독점가가 하고 있는 행위를 경쟁기업이 하는 일과 비교해볼 수 있다. 캐나다 경쟁법원이 논급한 것처럼 비경쟁적 행위가 있는 시장의 경쟁성과 그러한 행위가 없는 경쟁성을 시험해볼 수 있다 [Director 대 Laidlaw Waste Systems, Ltd., CT-91/2(1992)]. 그러나 이론적으로는 독점가의 행위(생산, 가격, 이윤)의 중요분야를 계측하여 이론적 경쟁수준과 비교하는 것이 가능할지 모르지만, 실제로는 일반적으로 불가능하다.

예를 들면, 높은 이윤은 독점의 신호인가? 반드시 그렇지는 않다. 경쟁산업에서 이윤은 높을 수 있다. 그에 대한 예로, 산업이 성장중이라면 현존하는 기업의 이윤은 신규진입이 매력적일 수 있는 일정기간 동안 높을 것이다. 종국적으로 높은 이윤은 신규진입에 따른 경쟁으로 상실될 것이다. 그러나 잠시 동안은 신규진입을 유도할 정도로 높은 이윤이 존재해야 한다. 또한, 현재의 높은 이윤은 이윤이 없거나 낮았던 초기의 투자에 대한 정상적인 대가일 수 있다. 여러 해 동안을 조사해본다면 이윤은 평균일 것이다. 또는 높은 이윤은 위험한 투자나 일이 필요로 하는 혁신에 대한 보상일 수도 있다.

낮은 이윤은 독점력이 없다는 신호일까? 역시 반드시 그렇지는 않다. 예를 들면, 쇠퇴중인 산업에서 성공적인 카르텔이 할 수 있는 최선의 것은 큰 손실을 예방하여 투자에 대한 적절한 이윤을 얻는 것이다. 또한 경쟁위협을 맞이한 독점가는 독점을 견지하기 위해 독점이윤의 상당부분을 로비나 소송에 사용할 것이다.

또는 독점은 독점이윤을 평균보다 높은 급여의 형태로 그의 근로자에게 분배해야 할 필요성이 있을 수도 있고, 그 결과 현저한 높은 이윤은 없는 것처럼 보이기도 한다.

높은 가격에 대해서도 마찬가지다. 무엇보다 더 높다는 것인가?

위와 같은 언급은 그러한 증거가 유용하지 않다고 말하는 것은 아니다. 모든 관련된 조건들이 고려되었다면 유용할 수도 있다. 그러나 결정적인 것일 수는 없다. 거의 모든 경우 보충적인 증거가 될 뿐이다. 그리고 그것을 적정히 이용하는 데는 항상 복잡하고 비용이 든다.

6.4.1. 높은 가격

시장지배력의 결과로 인해 가격이 너무 높다고 결정하는 것은 어려울 뿐만 아니라 유익하기보다는 오히려 해롭기까지 하다. 11개 관할권의 법률에 대한 조사에 의하면 이 접근법은 거의 사용되고 있지 않음이 분명해졌다.

R. Borner와 R. Krenger의 독점금지 정책의 기본
－10개 국가와 EC의 검토
[세계은행 technical paper, ISSN 0253-7494(1991)]

국가가 독점상황을 시정하거나 가격이나 생산을 지정함으로써 거래를 제한하는 집행정책들은 일반적으로 이용할 수는 있으나 조사가 행해진 관할권에서는 거의 쓰여지지 않았다. 기본적으로 그러한 정책들은 조사한 관할권에서 인식되고 있는 시장이 가격과 생산에 대한 결정을 더 잘 할 수 있다는 신념과 조화되지 못하는 것 같다. 미국은 경쟁법을 적용하는 데 집행정책을 덜 사용하고 있다. 스웨덴, 영국, 독일, 프랑스, 일본, 한국, EEC에서는 사용되어지고 있다. 역사적 기록으로 판단해보면 국가는 경쟁적 조건에서 가격이 결정되었다는 풍부한 정보를 거의 갖고 있지 않다. 그 결과 사법부(judiciary)에 의하여 경쟁법이 적용되는 곳에서는 집행당국이

> 재판에서 관리가격(administered price)을 거의 방어할 수 없다.

재판에서 가격 사건에 대한 방어에 어려움이 있다는 것은 폴란드의 FSO 사건(1991)에 잘 드러나 있다.

가격조정 사례가 장기적으로 경쟁에 실제로 해를 입힐 것이라는 가능성은 OECD 사무국에 의해 지적되었다.

새로운 경쟁규제에 관한 제안
[OECD 사무국 비공식 보고서 App. B(1992)]

높거나 낮게 평가된 가격의 시정비용은 굉장하다. 가격이 투자된 자본의 충분한 회수비율에 따른 원가보다 낮을 경우 생산자는 국가보조를 얻거나 종국적으로 사업을 그만두어야 한다. 더욱이 생산이 과수요되거나 낭비적으로 쓰일 경우 생산은 비실제적으로 부족하다. 반대로 가격이 너무 높게 책정되어 있을 때에는 규제를 받고 있는 기업은 효율성을 잃고 그 산업에서 과잉투자하는 경향이 있다. 순전한 낭비와 상당한 초과 생산능력이 그 전형적인 결과들이다. 이것들만이 문제가 아니다. 기업에게는 비용이 드는 중재 의뢰나 규제자를 오도하려는 시도 등을 포함하여 규제 제도를 운영하는 비용이 있다. 최종적으로 또 가장 중요한 것은 가격이 한 분야에서 제한되어졌다면 기업가들은 이윤이 일시적으로 높은 곳에서의 가격운용을 두려워하게 될 것이다.

공직자들의 입장에서는 정상이윤 이상을 희망하는 것이, 기업가로 하여금 시장조건을 철저히 조사하고 대응책을 신중히 계획하고 자본에 대한 위험을 감수한다는 것임을 이해하는 것이 핵심이다. 가격조정에 자주 의존

하게 될 경우 위의 희망을 무너뜨려 일반 기업가의 노력을 급격하게 감소
시킨다.

6.4.2. 가격차별

가격차별은 여러 법제에서 불법으로 되어 있다. 법이 가격차별에
반대하는 이유는, 가격차별은 시장지배력이 있을 경우에만 가능하며
또한 기업이 시장지배력을 이용해 소비자로부터 높은 이윤을 얻기 때
문이다. 가격차별의 불법성은 두 가지 이유로 인해 비난을 받아왔다.
첫째는 경제 전문가들이 말하듯이 생산이 고객의 수요에 의존하는 경
우 서로 다른 고객들에게 서로 다른 가격을 허용하게 되면 독점력을
가진 기업은 더 많은 생산을 할 것이라는 것이다. 둘째는 특별 고객
에게 할인해줌으로써 과점가격이 무너질 경우 다른 고객에 대한 더
심한 할인이 잇따르게 되어 격렬한 경쟁이 된다는 것이다. 이런 시장
에서는 가격차별을 금지하는 법이, 카르텔과 심하게 경쟁하지 않는
과점을 조장하는 의도하지 않은 결과를 가져올 수도 있다. 이러한 이
유 때문에 어떤 이들은 가격차별을 반대하는 법이 다른 독점금지법보
다 덜 중요하거나 심지어 바람직하지 않은 법이라고 말하기도 한다.

어떤 경우든 만일 가격차별에 반대하는 법이 있다면, 즉 헝가리 독
점금지법 제5조 제1항 제3호에 기술된 것처럼, 어떤 경제주체에게 특
별한 지위를 요구하는 태도로 물건을 파는 것과 같은 조항은 적용에
신중을 기해야 한다. 가격차별의 표준적인 경제적 정의는 동일상품을
동일조건 하에서 다른 가격으로 파는 것이다. 물론 질문의 핵심은 무
엇이 「동일」상품이고, 특히 무엇이 「동일」조건인가 하는 점이다.

가격이 다르다고 해서 반드시 가격차별이 있다는 의미는 아니다.
가장 보편적인 예는 수량할인(volume discount)이다. 일반적으로
100개의 제품을 단일거래로 파는 것이 한 개씩 100명의 개인에게 파

는 거래보다 비용이 훨씬 저렴하다. 이러한 낮은 비용이 낮은 가격 — 대량구매에 따른 할인으로 반영된다. 대량판매의 효율성을 반영한 이러한 수량할인은 차별이 아니다.

가격차별 여부를 평가할 경우 다른 요소들도 인식되어져야 한다.
① 배달이 포함되는지, 또는 고객이 실어가는지
② 제품과 관련된 다른 서비스가 제공되는지
③ 제품에 보증이 수반되는지
④ 시장조건이 달라졌는지(처음 가격과 두 번째 가격의 시점 비교)
⑤ 고객이 도매상인지 또는 유지·보수 요원, 판매사원, 간부와 같
　　이 제조자가 수행해야 할 어떤 역할을 하는 유사한 중개인인지
⑥ 특정비용을 요구하거나 회피하는 특별고객에게 제공되는지
⑦ 기업이 경쟁적 가격에 직면했는지
⑧ 기업이 선전가격 또는 특별가격을 제공했는지, 예를 들면 새로
　　운 지역에 제품을 소개하기 위하여

차별이 있었는지 판단하기 위하여, 실제 거래가 형평에 맞는 거래 인지를 결정할 경우 이러한 요소들과 다른 유사한 요소들을 고려하는 것이 중요하다.

6.4.3. 우월적 기업의 수직 협정

때때로 우월적 기업들에 의해 행해지는 수직 협정이 남용으로 여겨 지기도 한다. 이러한 협정들은 여기서 따로 논의하지 않고 제7장에서 자세히 논의할 것이다.

6.4.4. 판매 또는 구매의 거절

때때로 우월적 기업이 행하는 고객에 대한 판매거절 행위는 남용일 수 있다. 비슷하게, 우월적 구매자의 구매거절 행위도 남용일 수 있다. 그러나 이것은 기업이 사업할 상대를 선택할 권리가 있다는 일반원칙과 상충되는 것처럼 보인다. 이와 같은 분명한 모순을 어떻게 해결할 것인가(경쟁자와의 거래거절은 이 장의 뒷부분에 언급되어 있다)?

이 원칙이 적용되는 사건의 대부분은 심각한 경쟁에 직면한 단순한 우월적 기업보다는 진정한 독점가가 포함된 사건들이다. 판매거절에 관한 고소는 「대체공급원이나 판로가 없을 경우」에만 남용으로 인정될 수 있다는 헝가리 법 제5조 제1항 제4호의 규정에 입각해 조사되어져야 한다.

6.5. 시장지배력의 창출 또는 유지 ─ 배타적 행동

우월적 지위남용의 가장 심각한 형태는 배타적 행위다. 이런 행위는 기업이 시장지배력을 가졌을 경우 상황을 오래 지속시킬 수 있다.

이 분야에서 어려운 점은 통상의 활기찬 경쟁(장려되고 보호되어야 할)과 배타적 행위(금지되어야 할)를 구별하는 것이다. 대기업들의 경쟁도 허용되고 고무되어져야 한다. 한 가지 방법은 행위가 시장지배력을 창출 또는 유지하는 결과를 초래하지 않더라도 좋은 사업 분위기를 만드는가를 묻는 것이다. 만일 어떤 기업이 경쟁자들보다 잘해서 경쟁자를 배제하는 것은 배타적 행위가 아니다. 배타적 행위로 생각되어지는 예는 다음에 언급되어 있다.

6.5.1. 약탈적 가격(또는 비합리적인 저가)

약탈적 가격은 독점금지 정책을 집행하는 데 제소가 가장 자주 거론되는 것 가운데 하나다. 그러나 실제로는 가장 드물게 일어나는 사건이다. 따라서 약탈적 가격에 대한 제소를 효율적으로 처리하는 것이 매우 중요하다.

왜냐하면 성숙된 경제에서의 집행당국보다는 과도기 경제에서의 독점금지 당국이 약탈적 가격에 대한 근거 없는 주장을 듣게 되고, 또 약탈적 가격에 대해 잘 갖춰진 주장을 더 많이 발견하기 때문이다.

약탈적 가격에 대한 주장을 평가하기 위한 체크리스트는 이 장의 뒷부분에 실려 있다.

6.5.1.1. 약탈적 가격의 정의

약탈적 가격은 우월적 기업이 경쟁자가 시장에서 물러날 때까지 원가 이하로 가격을 강제하고, 그후 독점하여 가격을 독점수준으로 올리기 위한 전략을 뜻한다.

효율성은 약탈적 가격이 아니다. 어떤 기업이 다른 기업보다 효율적이라면 그 기업은 다른 기업의 원가 이하로 가격을 정할 수도 있을 것이다. 거기에 대응하지 못하는 기업은 결과적으로 그 시장에서 쫓겨날 것이다. 이것은 분명히 약탈적 가격이 아니다. 오히려 경쟁의 핵심인 것이다.

6.5.1.2. 약탈적 가격의 구실

왜 약탈적 가격에 대한 실제 사건은 드문가? 약탈적 가격은 대부분의 경우 매우 좋은 전략은 아니기 때문이다. 우월적 기업은 시장가격을 경쟁자의 원가 이하로 강요하기 위하여 자신의 가격을 원가 이하로 낮춰야 한다. 그렇기 때문에 자신도 많은 손실을 감수해야 한다. 이것은 우월적 기업이 시장에서 판매하는 대부분 또는 모든 것의 가격을 낮춰야 할 경우 거의 통상적인 일이다. 가장 큰 기업이기 때문에 낮은 가격으로 행해지는 판매량도 가장 많이 증가할 것이고, 결과적으로 가장 큰 총체적 손실을 볼 것이다. 이 총손실은 나중에 보충되어져야 한다. 이것은 약탈적 가격운동을 실시하는 기업은 손실을 보전하기 위해 우선 많은 돈을 써야 함을 의미한다. 그렇게 하면 경쟁자를 몰아내고 성공할 것임이 확실하다. 그후 가격을 독점가격 수준으로 올릴 수 있다. 또 오랜 약탈적 가격을 실시한 기간 동안 고통받았던 손실 전부를 회복하는 데 충분한 기간 동안 독점 수준의 가격을 유지할 수 있다. 이것은 새로운 경쟁이 시장에 진입하는 것을 막을 수 있음을 의미한다. 이러한 모든 과정이 지나고 나서야 약탈적 가격의 이점을 즐길 수 있다.

이 시나리오는 여러 면에서 비현실적이다. 일반적으로 거대한 투자가 필요하기 때문이다. 물론 어떤 기업은 많은 돈을 사용할 수 있을지도 모른다. 은행에 돈을 갖고 있을지도 모르고 약탈적 가격운동을 위해 돈을 빌릴 수도 있다. 큰 기업들은 자주 약탈운동 동안의 손실을 보전하기 위해 다른 시장(상품시장 또는 지리적 시장)의 이윤을 사용하려고 한다고 고소되기도 한다. 확실히 가능성은 있는 얘기지만 실제로 그런 일이 있을 수 있을까? 어떤 시장에서 이윤을 본 기업은 그것으로 무엇을 해야 할지 선택해야 한다. 하나의 선택은 그들의 주인인 주주에게 지불하는 것이다. 그들의 주인에게 투자에 대한 정상적인 대가를 지불해야 하는 것이다. 그렇지 않으면 시달릴 것이다. 다른 하나의 선택은, 예를 들어 은행이나 투자회사에 그들의 이윤을 투자해 상대적으로 안전하고 정상적인 대가를 받는 것이다. 또 다른 선택은 회사 내에 투자하는 것이다. 예를 들어 신제품 개발, 기존 제품의 개량, 신시장에의 진입 등이 그것이다. 이 대안들은 모두 그들 고유의 위험과 보상의 결합이다. 약탈적 가격에 사용하는 선택은 돈의 투자를 위한 다른 대안들의 포기를 의미한다. 그래서 기업은 다른

> ### 마쓰시다 전기회사 대 제니스 라디오 회사
> ### (475 U.S. 574, 588~89, 미국 최고재판소, 1986)
>
> 약탈적 가격체계의 성공 여부는 본래부터 불확실하다. 단기적 손실은 한정적이다. 그러나 장기적 이익은 성공적으로 경쟁사를 중립화시키는 데 달려 있다. 더욱이 독점력을 얻는 것이 간단하지는 않다. 독점가격은 초과이윤을 나누어 가지려는 새 경쟁자의 재빠른 진입을 초래할 것이기 때문이다. 약탈체계의 성공은 약탈자의 손실을 보전하고 추가이윤을 얻는 데 충분한 기간 동안 독점력을 유지하는 데 달려 있다. 독점의 실현과 충분한 기간 동안의 지속 가능성에 대한 보장이 없다면, 약탈자는 보전될 보상 없이 실질적인 투자를 해야만 한다〔Easterbook 《약탈전략과 대응전략》, 48 U. Chi, L. Rev 263, 268(1981)〕. 이런 이유로 약탈적 가격체계는 드물게 시도되고 더 드물게 성공한다는 의견의 일치가 있었다.

대안보다 적은 위험과 높은 보상이 가능할 경우에만 약탈적 가격을 선택하게 된다. 단순히 어떤 기업이 약탈적 가격에 사용할 돈이 많다고 해서 그 기업이 약탈적 가격을 통한 이윤이 있을지의 여부를 평가하는 데 심각한 고민을 하지 않는다는 것을 의미하지는 않는다.

특히 약탈적 가격에 따른 손실을 보전하기에 충분한 오랜 기간 동안 새로운 경쟁이 방해받을 수 있다는 생각은 의문이다. 이 이유는 마쓰시다 사건에서 미국 최고재판소에 의하여 설명되어졌다.

6.5.1.3. 약탈적 가격의 고발

왜 약탈적 가격에 대한 고발은 흔한가? 경쟁자들은 치열한 가격 경쟁을 싫어한다. 자연스럽게 모든 기업들은 높은 가격을 부과할 수 있고, 높은 봉급을 지불하고, 비용 절감에 덜 신경쓰고, 고객 상실을 덜 걱정하는, 평화로운 생활을 선호한다. 공격적으로 가격을 내리는 경쟁자는 이 모든 것을 위협한다. 그리고 비용절감과 개량보다는 독점금지 당국에 고발하는 것이 훨씬 쉽다.

더욱이 경쟁은 역동적 과정이다. 흔히 경쟁은 이윤 동기, 이윤을 얻을 희망 때문에 이루어진다고 애기되고 있다. 경쟁이 손실 동기, 손해를 볼 두려움 때문에 이루어진다고는 애기되지 않지만 아마도 이쪽이 훨씬 진실에 가까울 것이다. 시장의 기업들에게는 생산·분배·가격 등의 운영에서 편안해지는 상황이 자주 발생한다. 그럴 경우 그들 가운데 하나가 새로운 아이디어를 생각해내거나 또는 아웃사이더가 새로운 아이디어를 갖게 되는 일이 많다.

더 낮은 비용, 더 효율적인 분배, 더 매력적인 판매기법 등 새로운 아이디어를 가진 기업은 그 시장을 파괴한다. 상대방들은 대응을 서둘러야만 한다. 그들이 현재 행하고 있는 운영방식을 개선하거나, 개량자의 방법을 도입하거나, 그들 고유의 개선안을 발전시켜야만 한다. 기존의 편안한 운영방식을 갖고 있는 그들에게 새로운 경쟁은 위협이다. 특히 대응하지 않을 경우 실제로 시장에서 축출될지도 모른다. 그것은 약탈적으로 보일 것이고 그래서 그들은 고발한다.

> **약탈적 가격**
> (고발은 흔한데 실제 사례는 드물다)
>
> 1980년부터 1990년까지, 캐나다 독점금지 당국은 550건의 약탈적 가격에 대한 고발을 접수했으나, 23건이 공식심문되었고, 단 3건만 고소되었다. 이 3건 가운데 1건은 무혐의 처리되었고, 1건도 당국이 제소를 철회하였고, 1건은 미해결되었다.
>
> -캐나다, 약탈적 가격
> 집행지침 1, 2(1992) -

이런 요인들은 과도기 경제에서 더 강하다. 수세기 동안 국내외적 경쟁에서 보호되어온 산업에는 생산·분배·판매의 효율성을 위한 개선부문이 많이 존재한다. 이런 개선은 시장의 현존 기업들을 위협할 것이다. 변화에 대응하지 않는다면 그들은 실제로 시장에서 쫓겨날 것이다.

약탈적 가격의 고발을 처리하는 데 필요한 규칙을 발전시키는 데 조심해야 할 필요가 있다. 낮은 가격을 부과하는 것은 경쟁 정책이 고무시켜주어야 할 행위다. 약탈적 가격에 대한 제재규칙은 경쟁적 저가의 사기를 떨어뜨릴 수도 있다. 공격적인 낮은 가격과, 너무 낮아 약탈적인 가격을 구별하는 것은 누구에게나 쉽지 않다. 그러나 만일 경쟁자들이 가격이 약탈적이라고 고발하는 것이 너무 용이할 경우 비록 실제로 약탈적인 가격이 아니라도 낮은 가격을 제공하려는 효율적인 기업들의 의욕을 떨어뜨리게 될 것이다. 독점금지 당국이 그 가격이 약탈적이라고 결정할까 봐 두려워할 것이기 때문이다. 그 결과 약탈적 가격지침은 치열한 경쟁에 근거해 얻어지는 소비자의 이익을 뺏을 수도 있다.

6.5.1.4. 다양한 법 체제에서의 약탈적 가격 처리

미국에서는 약탈적 가격이 독점금지법에 위배될 수 있다. 이것은 산업을 독점할 위험성을 지닌 기업에 적용된다(일반적으로 60% 이상의 시장점유율을 가진 기업이 이 분류에 속한다고 생각되어진다) 약탈적이라고 할 수 있을 정도로 낮은 가격은 어떤 수준인가를 결정할 경우 평균가변비용 시험(average variable cost test)을 적용하는 것이 지배적 경향이다. 이 시험을 통해 가격이 평균가변비용 이상이라면 약탈적일 수 없다(평균가변비용은 한계비용과 거의 가깝기 때문에 선택되어진다). 평균가변비용은 고정 또는 간접비용이 제외된, 한 품목을 생산하는 데 드는 평균비용을 말한다. 경쟁 축출에 대한 회사 간부들의 이야기는 일반적으로 너무 과장된 허풍이어서 심각히 고려되지 않는다.

캐나다에서 경쟁을 실질적으로 감소시키는 비합리적인 저가는 위반이다. 여기에는 두 단계의 분석이 필요하다. 첫 번째는 기업이 시장지배력을 가지는가에 대한 질문이다. 진입이 어려운 곳(비용의 이점과 막대한 투자비용을 포함하여)에서 35% 이상의 시장점유율을 가진 기업일 경우 시장지배력을 가질 수도 있다. 두 번째 질문은 가격을 조사해보는 것이다. 평균총비용 이상의 가격은 항상 허용된다. 그러나 평균가변비용 이하의 가격은 약탈적이라고 생각되기 쉽다. 평균비용과 평균가변비용 사이의 가격에 대해서는 자세한 분석이 필요하다.

EU에서의 약탈적 가격은 제86조에 의거하여 우월적 지위의 남용일 수 있다. 위원회는 원가비용에 근거한 규칙(cost-based rule)을 적용하지 않고, 다른 요인들을 통해 가격인하의 의도와 선택에 대해 살펴본다.

6.5.1.5. 국가보조의 효과

과도기 경제에서 약탈적 가격에 대한 분석을 더욱 어렵게 하는 요인가운데 하나는 국가의 보조다. 어떤 지배적 기업은 국가에서 세운 독점기업이기 때문에 지배적이다.

시장경제로 전환하는 동안 그 기업은 계속 국영기업으로 존재할지도 모른다. 그 기업은 국가의 보조를 얻고 유지하기 위한 행위를 계속할 것이다. 이 경우 보조의 개념은 모든 종류의 보조를 포함해야 한다. 직접보조는 기업에 대해 국가예산에서 행하는 지불을 말한다. 간접보조도 있다. 예를 들면, 국영은행으로부터의 차입금 반환을 벌금 없이 거절할 수도 있다. 다른 국영기업으로부터의 채무상환 요구를 벌금 없이 거절할 수도 있다. 아주 관대한 조건으로 국가 신용을 얻을 수도 있다. 이런 모든 방법으로 국가의 보조를 받는 것이다.

왜 그런 국가보조가 관계되는가? 국가소유와 결합된 국가보조는 약탈적 가격의 개선이 적용되지 않는 통상적인 요인을 의미할 수 있다. 개인소유와 결합된 국가보조는 같은 의미를 갖지 않는다. 이윤동기를 가진 개인기업이 보조를 받는다면 그 돈으로 무엇을 할지 선택해야만 한다. 개인기업의 경우 약탈적 가격에 쓰기보다는 주주들에게 지불하거나 다른 것에 투자할 것이다. 그러나 오래된 국영기업은 이러한 구속을 받지 않을 수도 있다. 국가가 효과적으로 그 손실을 보전해주어 일정 기간 동안 원가 이하로 가격을 책정할 수 있다면 이런 기업은 그런 선택을 할 수도 있다. 이윤을 내겠다는 희망에 의한 것이 아니라 고용을 유지하거나 효율적인 개선을 회피하기 위한 것이라면 선택은 어려울 것이다. 그리고 기업에게 약탈적 가격에 대한 지속적인 위험은 비록 일반적인 진입장벽이 높지 않을지라도 앞으로의 진입을 지체시키는 장애물이 될 것이다.

그렇다면, 국가의 보조를 받는 국영기업에 대한 약탈적 가격에 대해 분석할 원칙은 어떤 것이 되어야 할까? 낡은 국영기업이 새롭게 다가오는 개인 경쟁자를 억누르는 행위를 허용하지 않는 것이 중요하다. 그러나 국영기업이 경쟁하는 법을 배우려 할 경우 불필요하게 제한하지 않는 것도 중요하다. 국영기업들이 한계비용 이상의 가격으로 판매하고 있다면 그 판매는 국영기업의 운영에 재정적 기여를 하고 있는 것이다. 그런 판매를 이유로 처벌되어서는 안 된다. 그러나 다른 가정들은 재평가되어질 필요가 있다. 진입장벽이 낮게 보일지라도 국가에 의해 보조된 약탈적 가격의 지속적인 위협은 진입을 지체시키는 효과적인 수단이 될 것이다.

6.5.2 고객과의 배타적 계약

고객과의 배타적 계약은 큰 시장점유율을 가진 지배적 기업이 경쟁자를 쫓아내는 데 사용될 수 있을 것이다. 그러나 배타적 계약이 경쟁에 이롭거나 고객에게 유용한 것일 수도 있다. 어떤 특수한 배타적 계약에 관해 올바른 판단을 내리는 것은 쉬운 일이 아니다. 고객과의 배타적 협정에 대한 평가를 내리는 데 필요한 체크리스트는 이 장의 뒷부분에 실려 있다. 공급자 또는 배급업자에 관한 배타적 협정에 대해서는 제7장에서 설명할 것이다.

고객과의 배타적 계약이 왜 경쟁에 해로운 것인가에 관한 기초적 설명은 그 계약이 시장의 대부분을 제외시켜 다른 경쟁자들이 실제로 효율적으로 경쟁할 수 없게 하기 때문이다. 그런 계약은 경쟁자의 가능성을 제한한다는 것 이상의 의미를 지닌다. 왜 고객과의 배타적 계약이 해로울 수 있는가에 대해서는 유럽재판소가 Hoffmann-La Roche 사건에서 설명했다.

> **Hoffmann-La Roche Co. AG 대 Commission(Case 85/76)**
>
> 시장에서 우월적 지위에 있는 기업이 비록 구매자의 요구에 의한 것일지라도 배타적으로 전부 또는 대부분을 그 기업으로부터 요구할 수 있는 의무나 약속에 의하여 구매자와 연계하는 것은, 그 의심스러운 의무가 추가 조건 없이 약정된 것이든 혹은 리베이트를 고려한 것이든 간에, 조약 제86조에 의거해 우월적 지위의 남용이다. 그 기업이 구매자와의 공식적인 계약서가 없더라도 구매물량이 많든 적든 간에 신용 리베이트(fidelity rebates), 이른바 조건부 할인합의 형식으로 생산량의 전부 또는 대부분을 주도록 연계하는 경우에도 똑같이 적용된다.

특정기업으로부터 배타적으로 공급을 얻는 이런 종류의 약정(그것이 리베이트를 고려한 것이든 또는 우월적 지위에 있는 기업으로부터 배타적 공급을 얻기 위한 인센티브로 의도된 신용 리베이트를 허용한 것이든 간에)은 건전한 경쟁목적과 양립될 수 없다. 왜냐하면 이러한 약정(조약 제85조 특히 제3항에 허용된 예외적인 경우가 아닌 한)은 공급원의 선택을 빼앗거나 제한하고, 다른 생산자의 시장접근을 제한하는 경제적 거래에 기초하기 때문이다. 신용 리베이트는 생산자로부터의 구매량과 배타적으로 연계되어 있는 양적 리베이트(quantity rebate)와는 달리, 고객이 경쟁생산자로부터 공급받는 것을 방지하기 위하여 재정적 이득을 허용하고 있다.

그러나 고객과의 배타적 계약은 고객에게 바람직스러울 수도 있고, 판매기업이 계획과 투자를 하는 데 도움을 줄 수도 있다. 더욱이, 고객들에게 합리적인 좋은 대안(대체물)이 있다면 아무리 시장점유율이 큰 기업이라도 고객에게 배타적 계약을 강요하기는 어려울 것이다. 따라서 시장조건을 평가하는 것은 배타적 계약체제가 시장지배력을 창출 또는 유지하는지의 여부를 결정하는 데 핵심이 된다. 고객과의 배타적 계약에 관한 체크리스트는 그런 평가를 위한 것이다.

6.5.3. 기간시설에의 접속 거부

어떤 상황 하에서는 경쟁자나 잠정적인 경쟁자가 특정경쟁에 뛰어드는 것을 거부함으로써 지배적 기업의 시장지배력이 유지되는 경우도 있다. 반면에 유망한 신규진입자가 기존의 기업이 마련해놓은 투자나 사업에 무임승차(free ride)하려고 할 수도 있다. 이 두 견해는 동전의 양면일지도 모른다. 이러한 주장을 평가할 경우 무임승차를 허용하는 것은 기업의 혁신과 투자 노력을 위축시킬 수도 있으므로 무임승차를 허용하지 않는 것이 중요하다. 그러나 기업이 시장지배력을 유지하거나 신장하는 것을 허용하지 않는 것 또한 중요하다(경쟁자가 아닌 고객에 대한 거래거절은 앞에서 언급했다. 뒷부분의「실무적 조언」부분도 참고하라).

경쟁자의 접근을 거부한 것의 예로는 EU의 Sabena 항공사 사례가 있다. 벨기에의 항공사인 Sabena는 저가 경쟁자인 London European 항공사에 대하여 컴퓨터 예약 시스템에 접근하는 것을 허용하지 않았다. 벨기에 측은 이 시스템을 통해 예약의 80%를 처리했다. 이것이 남용이라고 주장되어졌다(D. Comm. 1988. 11. 4, 1988 OJL 317/47 ; 1989~4 CMLR 662). 이와 유사한 사례로 미국에서는 한 전력회사가 지방송전 시장을 독점한 사실이 밝혀졌다. 그 회사는 그 지역에서는 유일하게 전력송달 그리드(transmission grid, 저자 주 : grid=siec)를 소유하고 있었고, 대도시의 지방송전 회사가 되기 위해 다른 회사와 경쟁중이었다. 그 회사는, 다른 회사로부터 전력을 사기 위해 소도시 전력회사가 요청한 그리드 사용허가 신청을 거절했다[Otter Tail Power Co. 대 U.S., 410 U.S. 366(1973)].

이런 사건에서 가장 곤란한 문제는 기간시설을 만든 지배적 기업은 투자를 회수하기 위해 시설에 대한 사용비용을 받을 자격이 충분히 있다는 것이다.

이것은 독점금지 당국을 불가피하게 가격 규제자의 입장에 놓이게 한다(앞부분의「가격차별」참고). 그래서 이 원칙은 관대하게 적용되어져야 한다(뒤의「실무적 조언」부분 참고). 특히 이러한 태도는 기업이 만들어 놓은 시설의 네트워크나 자연적 독점요소로 인해 독점가처럼 보이는 기업에 일반적으로 적절하다. 폴란드 독점금지법은 이러한 원칙에 대해 제5조 제1항 제4호에 합리적으로 잘 규정해놓고 있다. 즉,「대체적 공급원이나 판로가 없는 경우」의 판매나 구입거절에 대해 다룬다고 명시되어 있다. 이 원칙이 그런 사건에 제한된다면 정상적으로 적절히 적용될 것이다.

6.5.4. 사유화 과정의 남용에 의한 경쟁 방해

과도기 경제에서 나타나는 독특한 우월적 지위의 남용 형태는 사유화와 독점해체 과정에서의 남용이다. 만일 시장점유율이 큰 국영기업이 사유화되고 분리될 경우 시장에서 경쟁이 일어날 가능성이 있다(제8장 참고). 그러나 만일 국영기업이 시장점유율 덕분에 시장지배력을 가진다면 국영기업의 경영(층)은 시장지배력을 빼앗길 위험이 있는 경쟁을 원하지 않을 것이다. 그래서 현존 경영층은 기업에서 떨어져나갈 부분을 비효율적으로 만들 수도 있다. 그런 방식으로 분리된 새 기업은 효율적인 경쟁자가 되지 못한 것이다. 이러한 방식을 통해 현존기업의 경영층이 경쟁의 발전을 막을 수 있다.

반면에 민영화 준비과정에 있는 국영기업은 운영하는 데 심대한 변화가 필요하다는 사실을 인식하는 것이 중요하다. 특히 효율적으로 변화하기 위해서는 시설의 결합, 임원의 감축 등이 필요하다.

민영화 과정에서 일어날 수 있는 남용 상황은 다음과 같은 경우다.

① 한정된 시장에서 국영기업이 시장지배력과 큰 시장점유율을 갖고 있고, 앞으로 있을지도 모를 수입경쟁에 대해서도 합리적으로 유지할 수 있는 가능성을 지닐 때

② 경쟁을 창출하기 위해 국영기업의 분할에 관한 계획과 제안에 대한 발표가 있을 때

③ 그 계획과 제안을 좌절시키기 위하여 현존 경영층은 분리해나갈 기업의 부문을 비효율적인 경쟁자로 만들기 위한 변화를 겪을 것이다. 그 변화는 장비의 이동, 고객 주문의 전가, 주요 고객과의 장기계약 작성, 새 기업을 효율적 경쟁자로 만들 수 있는 핵심적인 경쟁적 자산의 이동을 포함할 수 있다.

이러한 상황 아래서는 경쟁의 출현을 불가피한 것으로 만들어주는 여건들을 조성하는 데 반대하는 형태로, 지배적 기업의 시장지배력을 남용하고 있다고 결론짓는 것이 합리적이다. 이러한 행위는 폴란드 법 제5조 제1항 제1호에 규정되어 있다.

6.6. 실무적 조언

6.6.1. 과도기 경제에서의 우월적 지위남용 원칙의 적용

6.6.1.1. 독점이 아닌 기업의 시장지배력 행사 여부의 주의점

과도기 경제에서는 남용원칙을 관대하게 적용하는 것이 현명하다. 특히 착취행위(시장지배력의 행사 또는 이용)에 관한 법은 더 광범위하거나 더 미약한 우월적 지위기준보다는 독점에 가까운 상황으로 제한되어야 할 것이다. 과도기 경제에서 진정한 독점 또는 유사독점인 제품에 대해서는 독점금지 당국자가 유일한 규제자일 수 있다. 전력 송전망, 전화서비스 회사, 가스와 중앙난방 시설, TV 방송, 철도, 항공사와 다른 유사한 산업은 전국적 또는 지방시장에서 실질적인 독점가일 것이다. 특수한 경우 그런 (독점)기업이 그들의 배급자를 취급하는 방법, 예를 들면 특정고객에의 판매 또는 거절 같은 것에 간섭하는 것은 현명할 수도 있고 그렇지 않을 수도 있다. 그러나 그런 규칙(독점에 관한)을 단순히 「우월적」인 기업, 예를 들면 신규진입이 어려우나 불가능한 것은 아닌 곳에서 50%의 시장점유율을 가졌거나 경쟁을 맞이하고 있는—예를 들면 상당수의 소규모 경쟁자들을 갖고 있는—기업에 적용하는 것은 전혀 별개의 문제다. 다시 말하면, 국가행위의 결과로 TV 광고에 대해 실질적인 독점을 갖고 있는 국영 TV 방송회사가 특수광고주와 광고업무 행위를 논하는 것과, 50~60%의 시장점유율을 갖고 있고 일반 소비제품을 생산하는 생산자가 특수고객인 배급자나 소매업자와의 영업을 논하는 것은 분명히 다르며, 만약 같게 취급된다면 잘못이다. 두 번째 경우는 그 기업의 시장지배력이 자연적 독점의 산물이 아니거나, 국가권력을 이용해 경쟁자를 몰아내고 획득한 것이 아닐 경우 그 기업은 경쟁하기가 쉽다(경쟁을 하는 경향이 많다). 위의 두 기업이 그 제품을 어떻게 배분할 것이냐에 대해 서투른 결정을 내린다면 시장(비록 불완전할지라도)이 축출 움직임을 보일 것이다. 경쟁이 조금 있는 시장에서 기업의 착취적 남용행위에 대한 최선의 시정책은 시장의 반응이다. 독점금지 당국으로서는 경쟁을 방해하려는 배타적 남용행위에 집중하는 것이 더 바람직하다.

6.6.1.2. 다른 시장과의 비교에 관한 분석행위

큰 기업의 정상적인 격렬한 경쟁과 우월적 지위의 남용을 구별하는 것은 결코 쉬운 일이 아니다. 그러므로 지름길을 찾아내는 것이 중요하다. 가장 단순한 방법은 혐오스러운 남용행위와 경쟁시장에서의 관행을 비교해보는 것이다. 원칙적으로는 의문시되는 시장과 이론적·경쟁적 시장을 비교하는 것이 목적이다. 이것은 본질적으로 어려운 비교다. 특히 독점금지 당국자에게 만일 경쟁시장이 있다면 구매자와 판매자가 무엇을 할 것인가에 대한 추측을 요구하기 때문이다. 더 좋은 접근방법은 의심되는 시장을 가정적 시장이 아닌 실제의 경쟁적 시장과 비교하는 것이다. 이 방법으로 실제의 구매자와 판매자의 반응을 평가할 수 있다. 만일 의심되는 남용행위가 비교 가능한 경쟁적 시장에서 정상적으로 존재하는 행위라면 독점력이 있는 곳에서만 가능한 행위와는 다른 것이다. 반대로 그 행위가 비교 가능한 경쟁적 시장에서 존재하지 않는 것이라면 독점력의 산물이라는 강력한 의심을 품게 된다. 왜 그런 행위가 비교 가능한 경쟁적 시장에서가 아니고 의심되는 시장에서 발견되는지에 대한 분명한 설명만이 정당화시킬 수 있는 것이다.

비교를 위한 유용한 경쟁적 시장을 찾기 위해서는 세 가지 가능성이 있다. 첫째는 국내의 경쟁적인 다른 지리적 시장에서 같은 제품이 팔리고 있을 것이다. 이것은 분명히 제일 가까운 비교다. 둘째는 서유럽이나 북미 같은 경쟁적인 외국 시장에서 그 제품이 팔리고 있을 것이다. 물론 외국 시장이라는 차이점을 인식하는 것이 중요하지만 그런 시장도 가치 있는 참고자료가 된다. 어떤 행위가 외국의 비독점적 시장에서는 흔히 볼 수 있는 것이라면, 국내 시장에서 사용되는 행위는 독점력의 산물이라는 결론을 내리는 강력한 이유가 될 수 있다. 셋째는 유사한 성격을 지닌 다른 경쟁적인 국내 시장이 있을 것이다. 예를 들면, 트럭 시장은 자동차나 트랙터 시장과 비교될 수 있다. 또는 법률서비스 시장은 회게, 의료, 컨설팅 시장과 비교될 수 있다. 물론 이런 비교에서는 시장 간의 중요한 차이점을 인식하고, 검토 중인 사항과 관련성 여부를 결정하는 것이 중요하다. 차이점의 영향을 최소화하기 위하여 둘 이상의 비교시장을 사용하는 것이 바람직하다. 비록 중대한 차이점은 인정할지라도 여러 비교시장을 사용하게 되면 어떤 행위가 독점력의 사용인지 아닌지에 대한 대단히 강력한 증거를 제공해줄 것이다.

비교시장을 사용할 경우 대상 시장이 단순한 독점력의 행사 행위에 의존하는지 또는 독점력의 창출 내지 유지하는 행위에 의존하는지, 주요 차이점을 인식하는 것이 중요하다. 전자의 경우 그 행위가 적절히 비교 가능한 경쟁적 시장에 존재한다면, 그 행위는 독점적인 것이 아니라고 결론짓는 데 충분한 증거가 될 것이다. 그러나 후자의 경우는 결과가 다르다. 경쟁적 시장에서는 완전히 허용될 수 있는 행위지만 독점력이 있는 시장에서는 경쟁을 없애버릴 위험성을 지닌 행위가 있다. 배타적 계약이 그 예다. 경쟁적 시장에서 배타적 계약을 사용한 중규모 기업은 그런 위험성을 갖고 있지 않다. 반대로 큰 시장점유율을 갖고, 경쟁이 적은 시장에서 항상 배타적 계약을 사용한 지배적 기업은 경쟁을 배제시키려는 계약을 행사할 수 있다.

6.6.1.3. 시장구조 변화에 따른 시장행동의 변화

우월적 지위의 남용 여부를 결정할 경우, 시장구조에 변화가 있었을 때 기업의 행위가 변화했는지가 특히 유용하다. 예를 들면, 기업이 주(主) 경쟁자와 합병한 후 가격(모든 다른 가격과 관련하여)을 인상했는가? 이것은 합병이 시장지배력을 주었다는 좋은 증거가 된다.

반대로 시장에서의 지위에 변화가 없을 때 기업이 가격을 올렸다고 가정해보자. 이것은 독점력을 사용한 것처럼 보이지는 않는다. 왜 그럴까? 왜냐하면 만약 그 기업이 시장지배력을 갖고 있었다면 이미 독점가격을 부과했을 것이기 때문이다. 그리고 이미 가격이 높은데 또다시 가격을 올리는 것은 이윤이 없을 것이다(제1장 참고, 가격을 올리면 많은 고객을 잃게 되므로 이윤이 없다는 점에서 독점가를 판단할 수 있다). 투입가격의 증가, 규제의 변화, 수입에 대한 설명을 살펴보는 것이 좋다. 왜냐하면 독점가가 인플레이션보다 더 빠르게 가격을 올리려고 한다는 것은 일반적으로 사실이 아니기 때문이다. 독점가가 독점가로서 자유스럽다면, 가능한 한 빠르게 가격을 독점수준으로 끌어올릴 것이고, 그 후에는 인플레이션에 따라 증가시킬 것이다.

그러나 과도기 경제에서는 이러한 일반적 입장에 예외가 있을 수 있다. 이런 상황에서는 현존하는 독점기업은 시장구조를 동반하는 변화가 없을 경우라도 가격을 독점수준까지 끌어올릴 것이다. 왜? 독점기업이 가격에 대한 힘을 사용해본 적이 없을 수도 있기 때문이다. 아마 가격인상이 허용되지 않았거나, 독점가격을 형성하는 시장수요에 대해 충분히 익숙하지 않았기 때문일 것이다. 이런 상황 하에서도 독점가가 처음부터 가격을 독점수준으로 올릴 수도 있다. 그러나 그런 경우가 특정지워질 수 있을까? 불행하게도 모두 똑같은 설명이 적용된다. 처음부터 가격을 경쟁수준으로 움직이는 독점가도 있을 수 있다. 시장을 정의하고 그 속의 경쟁을 평가하는 전통적 방법을 제외하고는 위의 두 가지 상황을 구별할 수 있는 실용적인 방법은 존재하지 않는다.

그럼에도 불구하고 기본적 명제(proposition)는 진실로 남는다. 만일 특정행위가 시장지배력을 사용한 것이라는 의심이 든다면 언제 일어났는지 물어보라. 만일 그런 행위가 시장지배력이 존재한 지(또 사용되어온 지) 한참 후에 일어났다면 그 행위는 아마도 시장지배력의 산물이 아닐 것이다. 시장지배력이 존재하기 전부터 그런 행위가 있었던 경우에도 마찬가지다.

다른 일반적인 상황은 기업이 새로운 경쟁자를 맞이하면서 시작한 행위다. 바람직한 경쟁적 반응과 다가오는 경쟁을 막기 위한 바람직하지 않은 독점력의 사용을 어떻게 구별할 수 있을까? 분석에는 여러 단계가 필요하다. 첫째로, 두 가지 가능성이 있음을 인식하는 것이 중요하다. 만일 경쟁에 부딪치게 되면 독점가는 일단 경쟁으로 반응할 것이다. 그것은 소비자를 이롭게 하는 과정이다. 독점가는 치열하게 경쟁해야 한다. 새 경쟁자가 상당한 시장점유율을 차지하는 것을 막아 성공할 수도 있다. 그러나 경쟁이 치열하게 일어나는 한 독점금지 당국이 개입해서는 안 된다. 둘째로, 생산증가 또는 생산 감소라는 새로운 행위다. 다른 말로 표현하자면 소비자에게 좋은 것인가, 아니면 나쁜 것인가에 대한 문제다. 예를 들면, 만일 우월적 기업이 생산을 개선하여 새 경쟁자에게 대응한다면 이것은 소비자에게 이로운 것이다. 다시 말해 경쟁을 유발할 수 있는 것이라고 할 수 있다. 만일 새로운 경쟁자가 살아남지 못할지라도 소비자는 좋아진다. 셋째는, 기업의 행위에 대한 이유가 합리적인가를 결정하기 위한 조사가 이루어져야 한다. 넷째로, 그 행위가 위에서 논의한 배타적 행위 기준에 맞는지가 조사되어져야 한다(앞부분의「배타적 행동」참고).

6.6.2. 체크리스트

다음의 체크리스트는 우월적 지위남용에 대한 평가에 필요한 골격을 제공해준다. 체크리스트는 다음과 같이 구성되어 있다.

① 우월적 지위남용에 관한 체크리스트
② 약탈적 가격에 관한 체크리스트
③ 배타적 계약에 관한 체크리스트

우월적 지위의 남용에 대한 신고 가운데 상당량은 우월적 기업에 의한 수직적 협정에 관한 것들이다. 우월적 지위남용의 신고에 관한 것을 포함하여 이런 문제점들에 관해서는 제7장에서 설명할 것이다.

6.6.2.1. 우월적 지위남용에 관한 체크리스트

1. 첫째 관련제품과 지리적 시장을 규명하라(제4장 참고)
2. 다음으로, 관련시장에서 우월적 지위가 있는가를 결정하라(제5장 참고)
3. 남용혐의를 받는 행위가 착취적 행위(시장지배력의 행사)와 유사한지, 배타적 행위(시장지배력의 창출 또는 유지)에 가까운지 결정하라.

착취적 행위 (시장지배력의 행사)	배타적 행위 (시장지배력의 창출 또는 유지)
독점가격 부과와 유사한 행위	모든 핵심적 투입물의 구매조정과 유사한 행위
다른 어느 것보다 신규진입자를 매력적으로 만들기 쉬운 행위	다른 어느 것보다 신규진입을 덜 매력적으로 만드는 행위
신고사항은 :	신고사항은 :
높은 가격(지나치게 터무니없는 가격)	낮은 가격(약탈적 가격)
생산 제한 또는 시장에서의 상품 공급 중지	경쟁의 대두 또는 발전에 불가결한 조건 형성에 반대히는 행동
가격차별(특정업체에 특별지위 부여)	
재판매 가격 설정	
시장 분할	

4. 만일 착취적 행위가 의심된다면, 그 행위의 금지 여부를 결정할 경우 다음의 요인과 증거를 생각하라.

   a. 그 행위를, 우월적 기업이 없는, 유사하거나 대체적으로 비교될 수 있는 시장의 행위와 비교하라(예를 들면, 국내 다

른 지역 시장, 다른 나라 시장, 유사한 성격을 가진 제품시장의 행위). 만일 유사한 행위가 경쟁적인 유사시장에서 발견된다면, 그 행위를 독점적 행위로 볼 수 없다.

b. 우월적 기업이 설명하는 행위의 이유를 살펴보라. 진실인 것처럼 보이는가? 만일 그렇다면 그 기업이 불완전 시장의 문제점을 해결하려는 것을 허용할 것인가? 그렇다면, 그 행위가 제6조(폴란드 법)에 근거해 정당화될 수 있는가 생각해보라.

c. 만일 그 행위가 주로 수직적 협정으로 구성되어진 것이라면 제7장에서 논의되는 요인 및 관련 체크리스트를 검토하라.

d. 그 행위의 규제 성격이 독점금지 당국자로 하여금, 제품의 가격, 산업의 계약 관행, 그 기업이 거래할 협조기업의 선택 등을 규제하는, 산업의 규제자가 되도록 하는지를 생각해보라.

① 만일 그 기업이 단순한 우월적 기업보다 진정한 독점기업이라면—특히 자연적 독점 또는 정부권한을 제한한다면—그런 규제를 취하는 것이 본질적일 수 있다.

② 만일 그 기업이 그러한 성격의 기업이 아니라면 독점금지 당국은 일반적으로 그런 규제를 취하지 않는다. 그런 규제를 취하는 것은 불가능하지는 않지만 적절하고 올바르게 운용하는 데 많은 비용이 들고 어려움이 많다.

5. 만일 배타적 행위라는 혐의가 있다면, 그것의 금지 여부를 결정할 경우 다음 요인과 증거를 고려하라.

a. 그 행위를 우월적 기업이 없는, 유사하거나 대체적으로 비교 가능한 시장(예를 들면 국내 다른 지역시장, 다른 나라

의 시장, 또는 유사한 성격을 지닌 상품의 시장)에서의 행위와 비교하라. 만일 유사한 행위가 경쟁적인 유사시장에서 발견된다면, 그 행위는 독점적 행위가 아닐 수 있다. 그러나 그 행위가 대단히 큰 시장점유율을 가진 기업에 의해 행해질 경우 실질적으로 다른 효과를 가져올 행위라면 고려하라.

b. 그 행위가 신규 경쟁자의 진입을 불가능하게 하거나, 신규 경쟁자의 진입비용을 크게 올리거나, 신규 경쟁자에게 실질적인 지연이나 심대한 불확실성을 초래하는가? 또는 그 행위가 현존하는 적은 경쟁자들이 실현할 수 있는 경쟁확대에 유사한 실질적 효과를 미치는가?

① 만일 그렇지 않다면, 독점적 행위의 남용으로 인식될 정도로 충분치는 않다.

② 만일 그렇다면, (조사를) 계속하라.

c. 그 행위가 소비자를 더 이롭게 하는 것인지, 더 나쁘게 하는 행위인지 물어보라. 생산을 증가시키는 것인가, 줄이는 것인가? 소비자의 수요와 희망에 더 근접하는가, 덜 근접하는 결과를 초래하는가?

d. 우월적 기업이 제시한 그 행위의 이유를 생각해보라. 진실인 것처럼 보이는가? 만일 그렇다면 그들은 불완전 시장의 문제점을 해결하려 한 것인가? 그렇다면, 그 행위는 제6조(폴란드 법)에 의해 정당화되는 것이다.

e. 그 행위가 주로 수직 협정이나 다른 협정에 의한 것이라면, 제7장과 관련하여 체크리스트에서 논의된 요인을 검토하라.

6. 배타적 행위로 의심되는 특수한 유형

   a. 약탈적 가격 :「약탈적 가격의 체크리스트」참고

   b. 고객과의 배타적 계약 :「고객과의 배타적 계약에 관한 체크리스트」참고(유통업자 또는 다른 중개인과의 계약에 관한 분석용 체크리스트는 제7장의「수직 협정」참고)

   c. 사유화 또는 비독점화 과정에서의 경쟁의 출현 방해

     ① 우월적 기업이 :

       ⓐ 국영기업

       ⓑ 대단히 큰 시장점유율을 가진 기업으로, 심각한 수입 경쟁에 직면해 있지 않고 경쟁적일 수 있는 시장(예를 들면 자연독점이 아닌)에 있는 기업

       ⓒ 경쟁을 만들기 위해 확정적으로 또는 거의 확실히 분리될 기업

     ② 다음과 같이 경쟁을 위한 기업분할을 불가능하게 하거나 대단히 어렵게 하는 행위 :

       ⓐ 분할 과정에서 회사에서 분리되어 나갈 공장의 필수 재산과 설비를 제거하는 것

       ⓑ 분할되어 나갈 기업이 잘 성장하고 효과적인 경쟁자가 되는 것을 막기 위해 대다수의 실질적인 고객과 장기간의 배타적 계약을 체결하는 것

6.6.2.2. 약탈적 가격의 체크리스트

1. 관련시장을 정의하라.

2. 그 기업이 시장지배력을 가졌나?

예 (다음 질문으로 가라)	아니오 (약탈적 가격이 아님)

3. 그 기업이 경쟁자를 쫓아내고 그후 가격을 실질적으로 올렸다
   면, 그것이 경쟁을 목적으로 한 다른 기업의 진입을 막을 수
   있나?

예 (다음 질문으로 가라)	아니오 (약탈적 가격이 아님)

4. 가격이 평균비용보다 낮은가?

예 (다음 질문으로 가라)	아니오 (약탈적 가격이 아님)

5. 가격이 평균가변비용(1단위 생산평균비용, 기계·장비와 같은
   고정비용, 간접비용, 이자, 이윤 등을 포함하지 않은)보다 낮
   은가?

예 (다음 질문으로 가라)	아니오 (미국 기준으로 약탈적 가격이 아니고, 유럽기준으로 불확실하면……추가 분석을 위해 다음 질문으로 가라)

6. 이런 낮은 가격으로 상당한 기간 동안 지속되어왔는가?

예 (다음 질문으로 가라)	아니오 (약탈적 가격이 아님)

7. 평균가변비용보다 낮은 가격이 경쟁자를 축출한다는 효과를 떠나서 건전한 경영판단과 일치하는 이유가 있는가?

   예를 들면, 가격이 소개가격(introductory price — 고객에게 새로운 상품이나 서비스를 사용해보도록 하는, 또는 새로운 시장에 기업을 알리기 위한 가격)인가?

예 (다음 질문으로 가라)	아니오 (약탈적 가격이 아님)

8. 가격이 경쟁자의 낮은 가격에 대응해서 낮춰진 것인가?

예 (다음 질문으로 가라)	아니오 (약탈적 가격이 아님)

9. 그 기업이 가격인상이 지속될 수 없을 정도로 많은 고객을 잃지 않는 상황에서 상당 기간 동안 높은 가격을 지속하여, 낮은 가격으로 인한 손실을 회복하는 것이 가능한가?

예 (다음 질문으로 가라)	아니오 (약탈적 가격이 아님)

10. 평균가변비용과 평균총비용 사이의 가격 폭 내에서 다음 요인을 이용한 행위를 분석하라.

약탈적 가격이기 쉽다	약탈적 가격일 가능성이 적다
· 정부규제에 의한 진입장벽	· 정부규제에 의한 진입장벽이 아님
· 진입에 회수 불가능한 비용을 많이 들임	· 진입에 회수 불가능한 비용을 적게 들임
· 국영기업	· 개인기업
· 국가보조가 가능함	· 국가보조 없음

6.6.2.3. 고객과의 배타적 계약에 관한 체크리스트

(유통업자 또는 다른 중개인과의 계약 분석은 제7장의 수직 협정 참조)

1. 관련시장을 정의하라.

2. 배타적 계약을 사용한 기업이 시장에서 우월적 지위를 가졌나?

3. 계약의 포괄 범위

   a. 그 기업이 대단히 큰 시장점유율—40%가 아닌, 65% 또는 75%를 가졌는가? 만일 그렇지 않다면, 배제시키는 범위가 해로운 효과를 나타내기에는 충분치 않을 수 있다.

   b. 배타적 계약이 기존고객과 잠재고객을 많이 가두는(lock up) 것인가? 만일 그렇지 않다면, 배제시키는 범위가 해로운 효과를 나타내기에는 충분치 않을 수 있다.

4. 계약의 조건

   a. 계약기간은 얼마 동안인가? 고객이 오랫동안 구속받게 되는가?

   b. 고객이 계약을 파기하는 것이 쉬운가, 어려운가? 고객이 계약을 파기하기 위해 시도한 것은 무엇인가? 예를 들면 고객이 잃게 될 실질적인 약정 리베이트가 있거나 우월적 기업이 회수 불가능한 비용을 실질적으로 초과하는 연관된

      손해가 있는가?

  c. 고객이 계약을 파기하기 어려운 것은 경쟁의 문제, 나아가 우월적 지위의 남용일 수 있는가?

5. 계약의 이유

  a. 계약기간이, 우월적 기업이 고객을 위하여 투자해야 할 회수 불가능한 비용이나 그 밖의 어떤 것에 연계되어 있는가? 만일 그렇다면 그 계약은 정당한 사업 상의 필요성으로 인해 정당화될 수 있다.

  b. 고객이 계약의 배타성을 희망하는가? 고객이 계약기간을 희망하는가? 고객이 계약의 다른 제약조건을 희망하는가? 이들 질문에 대한 답이 『예』라면 일리가 있는가? 그리고 (다른 고객들 사이에) 경쟁과 합치하는가?

  c. 정당한 사업 상의 이유(고객을 위한 우월적 기업의 투자회수 같은 것)를 넘어 고객을 실질적으로 묶는(ties up) 계약만으로 경쟁을 제한할 수도 있으며, 따라서 우월적 지위의 남용이 될 수 있다.

6. 계약의 효과

  a. 우월적 기업과 경쟁하기 위해 진입을 희망하는 기업이 고객과 배타적 계약임에도 불구하고 유효한 계약(배타적 사항이 없거나, 배타적 부문의 매년 갱신 또는 취소로서 유효하기 때문에)을 체결할 수 있나? 진입자가 그런 고객들과의 계약으로 합리적인 기간 동안 적정 성장규모에 도달할 수 있나?

  b. 계약의 존재가 소기업이 생존규모(먼저 질문에 열거된 이

유들로)를 확장하는 것을 불가능하게, 또는 매우 어렵게 하
는가?

c. 진입이나 확장을 다른 것보다 더 심대하게 어렵게 만드는
계약은 경쟁은 해칠 수도 있으며, 따라서 우월적 지위의 남
용일 수 있다.

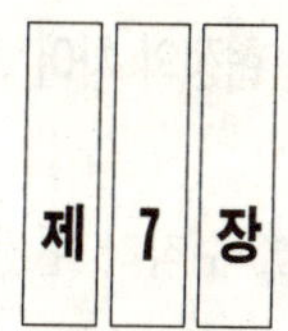

제 7 장

수직적 협정

7.1. 개요

이 장에서는 수직적 협정에 대해 논한다. 생산과 유통과정에서 지위(level)가 다른 사이에 맺어진 협정일 경우 그것은 수직적 협정이다. 예를 들면 제조업자와 유통업자 사이의 협정은 수직적 협정이다. 도매상과 소매상 간의 협정, 또는 제조업자와 원자재나 반제품의 일부 공급자 간의 협정도 그렇다.

또한 이 장에서는 수평적 협정과 수직적 협정의 차이점에 대해 알아볼 것이다. 그리고 나서 수직적 협정에 대한 EU와 미국의 접근방법을 요약해볼 것이다. 끝으로 수직적 협정에서 일반적인 경쟁적 효과와 그것을 고려하기 위한 구도에 대해서도 설명할 것이다.

7.2. 수평적 협정과 수직적 협정의 차이

수평적 협정은 기본적으로 수직적 협정과 다르다. 이 말은 다소 과장되어 이해될 수도 있다. 잠시 아주 단순화해보자. 경쟁자에 대한 사업자의 태도는 어떠해야 할까? 만일 그가 독립적이고 경쟁적으로 행동하고 있다면, 경쟁자가 고전하기를 바랄 것이다. 경쟁자의 판매가 부진하고, 고용인들이 장기파업에 들어가고, 우수한 판매 여사원이 직장을 떠나고, 고객이 좋아하지 않을 제품생산에 많은 돈을 소비하고, 핵심기계가 고장나기를 희망할 것이다. 때문에 그가 경쟁자들과의 협정에 참여하려는 속셈을 간파하는 것은 쉬운 일이 아니다. 따라서 만일 그가 경쟁자와 협정을 체결하려고 할 경우 독점금지 당국자는 당연히 의심스러워할 것이다.

대조적으로 공급자나 유통업자 등 그와 수직적 관계에 있는 기업에 대한 사업가의 태도는 어떠해야 할까? 사업가는 그들이 번창하고, 판매를 증진시키고, 더 많은 고객을 끌어들이고, 더 효율적이기를 희망한다. 때문에 만일 그가 그들과 협정에 도달한다면, 독점금지 당국자의 첫 반응은 입을 크게 벌리고 하품하는 일일 것이다.

이것은 너무 단순화되긴 했지만 가장 근본적인 진실을 포함하고 있다. 대부분의 수직 협정은 경쟁에 해롭지 않다. 수직적 협정은 사업수행에 일상적이고 정상적인 방법이다. 수직 협정의 광범위하고 다양한 여러 형태는 경쟁과정의 일부분인 것이다.

두 경제 전문가가 수평 협정과 수직 협정의 차이에 대해 다음과 같이 얘기했다. 『수평적 제한의 동기는 수직적 제한의 동기와 매우 다르다. 경쟁자들은 본래 집단적으로 결합하거나 서로를 쫓아내는 방법에 의하여 상대방의 생산을 제한하려고 할 것이다. 결과적으로 어떠한 수평적인 거래제한도 의심스러운 것이다.』 대조적으로 수직적 관계에 있는 기업들은 서로의 효율성에 힘입어 번창한다. 서로가 생산 증가와 낮은 가격을 희망한다. 따라서 수직적 제한을 가하는 당사자의 이해는 일반적으로 소비자의 이해와 배치되지 않음이 분명하다 [Schwartz M. & Eisenstadt, D., 수직적 제한—미국 법무성 독점금지국 경제정책과 보고서 82-8(1982)].

7.2.1. 모·자 관계와는 구분된다

모회사와 자회사의 관계는 독점금지법 위반 가능성이 있는 수직적 협정으로 취급되어서는 안 된다. 자회사는 모회사의 일부다. 독점적 행위를 평가할 자회사는 모회사의 사무소나 지사처럼 취급되어져야 한다. 따라서

- 모회는 공모하거나 금지된 협정을 맺을 수 없다.
- 자회사는 모회사의 명령을 따르라는 요구에 불평할 수 없다.

모회사와 자회사는 분리된 경제주체가 아니기 때문이다. 그들은 서로 경쟁관계에 있지 않으며, 따라서 서로 상대방의 경쟁을 배제시킬 수 없다.

사유화를 검토하거나 기존의 국영 독점기업을 어떻게 나눌까를 결정할 경우에는 약간 다른 견해가 적용될 수 있다. 이런 경우는 모·자(parent-subsidiary)관계가 경제적 의미를 갖는다고 생각할 이유가 없다. 비경제적인 이유로 이런 경우 독점금지 당국은 자회사에서 모회사를 분리하는 것이 독점력을 감소시키거나 효율증대를 가져올 것이라는 가능성을 인정해야 한다(제8장 「시장구조」 참고). 그러나 이런 견해를 독점적 행위 문제에 적용해서는 안 된다.

7.3. 수직적 협정에 관한 EU와 미국의 법

EU에서는 조약 제85조에 의거해 수직 협정이 평가된다. 협정이 경쟁을 막거나 제한하고, 뒤틀리게 하는 목적이나 효과를 가졌다면 위법이다. 그러나 그 협정이 혐의를 두고 있는 제품의 실질적 부분과 관련하여 불필요한 제한을 가하지 않거나 경쟁을 배제하지 않는다면, 또한 이익의 공평한 몫을 소비자에게 분배하고, 재화의 생산과 유통을 증진시키며, 기술적·경제적 과정을 개선하는 협정이라면 허용될 수 있다.

수직 협정을 다루는 미국의 법은 자연스러운 것이 일반적이다. 대부분의 수직 협정은 「합리성의 원칙」에 의거해 다루어진다. 이것은 경쟁에 비합리적인 제한은 불법이지만 합리적인 제한은 허용된다는 것이다. 협정이 합리적인가의 여부를 결정하기 위해 협정의 목적과 영향을 조사한다. 경쟁에 의한 영향만을 조사한다면 협정의 목적이 시장에서의 경쟁 이외에 다른 것이었기 때문에 경쟁의 제한은 정당화될 수 없을지도 모른다. 협정이 시장에 미친 영향을 알아보기 위해서는 우선 가격·생산품질에 의한 영향을 조사해야 한다. 조사의 일환으로서 관여된 기업이 시장지배력을 가지고 있는지, 협정이 어떻게 시장지배력에 영향을 미치는지, 또는 협정이 시장지배력에 의해 어떻게 영향을 받는지를 결정하기 위해 시장구조에 대한 조사가 병행된다. 만일 협정이 경쟁에 해로운 효과와 유용한 효과를 모두 가지고 있다면 협정이 균형적인지, 아니면 해로운지 또는 이로운지를 결정하기 위해 효과들을 서로 비교해보아야 한다.

수직 협정을 평가하기 위한 이러한 기준들은 어떤 유사성이 있다. 예를 들면 미국식 접근은 수직 협정의 효과가 시장에서 균형을 취하고 있을 경우 일반적으로 알려진 경쟁의 주된 이익효과는, 협정이 상품의 생산과 유통의 증진에 기여하는가의 여부에 달려 있다.

따라서 수직 협정 평가의 핵심적 공통요소는 (1) 협정의 경쟁제한 여부 평가 (2) 협정이 경쟁에 기여하는지의 여부 고려 (3) 협정을 금지함으로써 경쟁에 이로운지, 아니면 해로운지의 여부를 결정하는 것이다. 협정의 특수형태에 관한 좀더 세부적인 원칙도 있는데 그것들 모두 이 일반기준을 적용하는 것에서부터 출발하고 있다.

미국이나 EU 법 모두 수직 협정의 기준적용에 관한 일반적 보고서를 발전시켜오고 있다. 이러한 일반적 수직 협정 원칙에 대해서는 다음에 논의할 것이다.

미국 독점금지법의 경우 초기에는 많은 수직 협정에 대하여 꽤 적대적으로 발전되었다. 그러나 지난 20년 간 수직 협정에 대해 많이 관대해졌다. 이러한 태도는 GTE 실베니아(GTE-Sylvania) 사건에서부터 출발된다. 이 사건은 제조업자가 유통업자의 지역을 제한하는 수직 협정을 포함하고 있다. 이 사건에서 법원은 다른 상표 간의 경쟁(브랜드 간의 경쟁)과 같은 상표 판매자 사이의 경쟁(브랜드 내 경쟁)을 구별하는 데 집중했다. 재판부는 브랜드 간의 경쟁이 더 중요하다고 생각했다.

Continental TV, Inc. 대 GTE Sylvania, Inc.
[미국 최고재판소 433 U. S. 36, 54-56(1977)]

수직제한의 시장효과는 브랜드 내 경쟁의 동시적 감소 잠재성과 브랜드 간 경쟁의 자극 때문에 복잡하다.

수직제한은 기존 구매자 그룹을 상대로 경쟁하는 특정제품의 판매자 수를 제한함으로써 브랜드 내 경쟁을 줄인다. 장소제한은 소매점의 효과적인 시장영역의 실제적인 제한으로 인해 이러한 효과를 갖는다. 브랜드 내 경쟁은 소비자가 다른 지역 소매점에 가거나, 다른 제조업자의 경쟁상품을 살 수 있는 능력에 의하여 감소될 수 있다. 수직제한은 제조업자가 그의 상품유통에 효율성을 기할 수 있으므로 브랜드 간의 경쟁을 증진시킨다. 경제 전문가들은 제조업자들이 다른 제조업자들에게 더 효율적으로 경쟁하기 위하여 수직제한을 사용할 수 있는 여러 방법들을 규명해오고 있다. 예를 들면 새로운 제조업자나 시장에 새로 진입하는 제조업자들은, 능력있고 공격적인 소비자들에게 생소한 상품을 보급하는 데 소매상들의 자본과 노동을 투자하도록 유인하기 위하여 수직제한을 사용할 수 있다. 기존의 제조업자들은 수직제한을, 소매상들이 판촉증진이나 효율적 판매를 위해 필요한 서비스나 수리시설을 제공하도록 유인하는 데 사용할 수 있다. 서비스와 수리는 자동차나 주된 가정용품과 같은 많은 상품에 핵심적인 것이다. 이러한 서비스의 이용 가능성과 품질은 제조업자의 신용과 상품의 경쟁성에 영향을 미친다. 소위 「무임승차」 효과와 같은 시장의 불완전성 때문에 모든 소매상들이 서비스를 제공하는 것이 모두가 서비스를 제공하지 않은 것보다 더 큰 이익을 가져다줌에도 불구하고 순수 경쟁상황 아래서는 소매상들에 의한 이러한 서비스들은 제공되지 않을지도 모른다. 경제 전문가들은 브랜드 내의 경쟁을 유지하는 것이 제품의 효율적 배급과 함께 경제적 이익을 가져다준다고 주장한다.

그러나 EU 법은 브랜드 간 경쟁처럼 브랜드 내 경쟁에 대해서도 방어적이다. 유럽재판소가 「그룬다히(Grundig) 사건」에서 말한 것처럼, 비록 생산자 간의 경쟁이 동일생산자 제품에 대한 유통업자 간의 경쟁보다 일반적으로 더 관심있는 것일지라도, 유통업자 간의 경쟁을 제한하는 협정이 생산자 간의 경쟁을 증진시킨다는 이유만으로 제85

조 제1항을 면탈할 수 있다고는 말할 수는 없다[Grundig/Costen, 1966 ECR 299, 342 ; 1966 CMLR 418, 473(1966)].

EU의 브랜드 내 경쟁에 대한 강한 입장과 수직 협정에 대한 거친 접근 이유 가운데 하나는 EU의 특별한 사법관할 상황이다. EU 경쟁법의 주 목적은 공동시장의 형성에 있다. 특히 국가별 시장을 파괴하는 것이다. 그룬디히 사건에서 재판부는『회원국 간의 거래에서 국가별 분할을 복원하는 경향이 있는 생산자와 유통업자 간의 협정은 공동시장의 기본적 목적을 위축시킬 수 있다』고 말했다. 어떠한 형태의 국가별 시장분할이라도 허용하지 않는 EU 경쟁법의 특수상황이 대부분의 수직 협정에 대한 EU의 처리를 설명해줄 것이다.

명목적으로 이 목적은 물론 국가 독점금지 당국과는 관련이 없다. 그래서 국가별 시장분할이 다시 일어나는 것을 막기 위한 수직 협정에 대한 EU 접근법의 상당부분은 국가에 따라서는 독점금지 당국의 입장에서 볼 때 적절치 않은 것일 수도 있다. 특히 경제성장을 위하여 새로운 수직구조와 수직 협정을 발전시킬 자유가 중요할 수도 있는 과도기 경제에는 더욱 그러하다.

EU 법은 특수한 수직 협정에 대한 일련의 포괄예외(block exemptions)와 선별적 유통에 관한 많은 결정을 발전시켜오고 있다. 많은 사건을 통해 발전된 특수한 수직 협정에 대한 미국 법과의 비교나, 이들 규칙을 다루려는 시도는 이 책의 범위를 벗어난 것이다. 차라리 이 장에서는 수직 협정 평가를 위한 기본 골격과 특수한 수직 협정들이 경쟁에 해로운지의 여부에 대해서 살펴볼 것이다. 이런 구조는 특수한 수직 협정에 적용될 수 있다.

7.4. 통상의 수직 협정과 그 이유

수직 협정의 경쟁적 효과를 평가할 경우 제조업자와 유통업자가 수직 협정을 맺게 된 이유를 시험해보는 것이 유용하다. 다음 논의는 가장 단순한 유통조직을 가진 제조업자를 상정하여 그 제조업자가 더 복잡한 유통조직을 선택하는 이유에 대해 살펴보려고 한다. 예로 든 이 제조업자는 다른 제조업자와의 유효한 경쟁에 직면하여 시장지배력이 없다. 그래서 수직 협정의 이유가 시장지배력과 관련된 동기는 없는 것으로 조사될 수 있다.

첫째로 제조업자는 매우 단순한 시스템을 가질지도 모른다. 그는 공장으로 찾아오는 모든 사람의 주문이나 전화주문에 응해 모든 생산품을 공장에서 판매할 것을 결정한다. 그는 도매상·소매상·개인고객 등 여러 형태의 고객들에게 동등하게 판매한다. 이런 시스템은 특정 비용이 든다. 판매사원을 고용해야 하며, 추가적인 창고면적이 필요할 수도 있다. 가게나 전시장이 필요할지도 모른다. 많은 돈을 받고 관리해주는 회계원도 필요하다. 신용판매 협약도 필요할 수 있다. 이런 시스템의 다른 비용은 기회의 상실과 같은 간접적인 것이다. 예를 들면, 공장으로 직접 찾아가는 것을 싫어하는 고객도 있기 때문에 그러한 판매는 다른 경쟁자에게 뺏기거나 이루어지지 않을 수 있다. 어떤 고객들은 대량주문을 할 것이며, 이것은 제조업자의 실질적인 사무비용을 줄여줄 수 있다. 할인을 제시하는 경쟁자에게 판매기회를 뺏길 수도 있다. 어떤 고객에게는 정보나, 그 생산품으로부터 이득을 볼 수 있다는 설득이 필요하다. 그런 고객들은 정보나 설득을 받을 수 없기 때문에 구매하지 않을 수 있다. 주문과 배달제를 운용하는 비용은 직접비용이고 다른 비용은 판매기회를 잃을 수 있는 기회비용이다.

더 많은 고객에게 판매하기 위해 제조업자는 어떤 종류의 유통 시스템을 사용할 수도 있다. 공장에서의 판매에 덧붙여 여러 회사와 유통업자 계약을 체결할 수 있다. 이들 유통업자는 제조업자가 감당해야 할 비용과 부담을 지게 된다. 예를 들면, 유통업자들이 창고면적, 판매사원, 편리한 판매장소를 마련해야 할지도 모른다. 또한 생산품 구매를 위해 공장에 오지 않을 고객들과도 접촉할 수 있어야 한다. 이러한 이유들로 인해 유통업자들은 제조업자에게 이득을 제공한다. 공장에서의 판매비용을 줄일 수 있으며, 총판매량을 증가시킬 수 있다. 그래서 제조업자는 공장에서 판매하는 가격보다 낮은 가격으로 유통업자에게 파는 것이 정상일 수 있다. 이것은 가격차별이 아니라 다른 유형의 거래에 따른 다른 비용과 이익의 반영이다.

다른 종류의 유통 시스템은 유통업자로 하나의 회사만을 지명하는 것일 것이다. 이런 경우 유통업자는 제조업자가 스스로 주문을 받고 판매장소를 제공하는 등의 모든 일을 대신해야 한다. 제조업자가 자신의 일은 상품을 생산하는 것이지 판매하는 것이 아니라고 믿는 경우에는 이러한 협약을 선택할 수 있다. 이러한 상황에서는 수직 협정이 시장지배력을 창출하지 않는다는 것을 인식하는 것이 중요하다. 유통업자는 시장에서 제조업자가 가진 것과 동일한 입장에 놓이며, 자신의 공급자가 보유하고 있는 것 이상의 시장지배력을 가질 수 없다.

또 다른 일반적인 경우는 제조업자가 각 지역마다 단 하나의 유통업자를 지정하는 것이다. 예를 들어 제조업자가 생산한 제품을 소비자들로 하여금 구매토록 하기 위하여 실질적인 판매노력이 필요할 경우 제조업자는 이러한 유통 체계를 선택할 것이다. 만약 유통업자가 자신의 노력을 집중하는 지역을 갖고 있다면 이 제품을 유통하는 데 기꺼이 동의할 것이며, 따라서 유망한 가게 또는 진열장에 투자하려고 할 것이고, 아울러 이 제품을 소비자들에게 설명하고 구매를 유도할 수 있는 유능한 판매원을 확보하고자 노력할 것이다. 이러한 투자는 제조업자에게도 유리할 것이다. 하지만 동일 지역, 동일 브랜드의 다른 유통업자들이 이러한 노력을 하지 않고도—따라서 투자비용 없이도—영업을 할 수 있고, 아울러 자신의 판매량을 빼앗아갈 경우 유통업자는 그러한 투자를 하지 않을 것이다.

7.5. 수직 협정의 목적 및 효과

수직 협정의 근본적 동기(목적)는 더 유리하게 경쟁하려는 것이며, 목적과 마찬가지로 효과 역시 더 유리하게 경쟁하려는 것이다. 넓은 의미에서 수직 협정이 가져다줄 수 있는 목적 및 효과는 다음과 같다.

첫째, 하위단계 기업(유통업자)으로 하여금 효과적으로 제품을 판매 또는 유통하게 함.

둘째, 상위단계 기업(제조업자)으로 하여금 제품에 대한 요소투입을 더 효과적으로 하게 함.

셋째, 경쟁자들로 하여금 자신과의 경쟁을 더 어렵게 하고자 함.

이들 가운데 셋째 목적만이 잠재적인 경쟁저해의 문제를 만들어낸다. 그리고 이것만이 잠재적 문제가 된다는 점을 강조하는 것이 중요하다.

종종 수직 협정은 경쟁을 저해할 수 있다. 여기서 「저해」라는 말은 한 회사 또는 여러 회사의 독점력 또는 그 지위를 지지, 방어 또는 조장해주는 것을 의미한다. 만약 그렇지 않다면, 독점금지법은 독점이 아닌 다른 무엇인가를 지지하는 데 이용될 것이다. 독점금지법 시행 당국은 판단하는 데 경쟁적 시장에서 영업을 하고 있는 자들의 판단을 이용한다. 예를 들어 생산 및 유통 두 단계 모두에서 경쟁적인 시장에서의 배타적 판매협정을 가정해보라. 이러한 협정에 간섭함으로써 어떤 독점 문제를 해결할 수 있는가?

수직 협정이 경쟁에 해로운 경우는 여러 가지 있을 수 있다. 예를 들어 수직 협정이 독점 또는 카르텔의 상태를 계속 유지시킨다면, 이 경우에는 해로운 반경쟁 효과가 있게 된다. 이 경우 가장 최선의 해결책은 독점 또는 카르텔을 해체하는 것이다. 하지만 이것이 불가능하다면 수직 협정의 파기로 인해 독점 또는 카르텔이 약화되거나 또는 해체될 가능성이 크다.

또 다른 한 예는 심지어 명시적 카르텔 협정이 발견되지 않았을 경우에도 수직 협정이 과점으로 하여금 더욱 유리하게 독점과 같은 행동을 하게 한다는 점이다. 이럴 경우 수직 협정의 파기가 과점으로 하여금 더 경쟁적으로 그리고 덜 독점적으로 행동하게 할 수도 있다.

또한 수직 협정은 규제를 받고 있는 독점자 또는 카르텔(또는 규제 받는 어떠한 기업)로 하여금 규제에서 벗어나게 할 가능성이 있다.

7.6. 수직 통합과의 비교

수직 협정을 분석하는 데 사용하는 것 가운데 하나는 수직 통합과의 비교이다. 예를 들어 제조업자가 어떤 도시에서 몇 개 회사를 유통업자로 지정함으로써 제한된 유통체계를 만든다고 가정해보라. 이는 이 도시에서 이러한 유통업자들과 수직 협정을 맺는 것이다. 따라서 수직 협정은 해당 회사로 하여금 같은 도시 내에서는 다른 어떠한 유통협정을 맺어서는 안 된다는 배타적 또는 선택적 조항을 갖게 한다.

　이러한 협정체결의 자유에 대한 옹호자들은 해당 기업이 스스로, 즉 수직 통합을 통해서도 가능하다고 본다. 만약 기업이 직접 소매점을 개설하여 판매하겠다고 결정하면 아무도 이러한 결정에 대하여 문제를 삼지 않을 것이다. 만약 그렇게 했다면 다른 회사를 유통업자로 지정하지 않을 것이다. 그러나 이러한 행위는 분명히 허용된다.

　따라서 이 회사가 자신들의 유통업자로 몇몇 소매점을 지정하고 그 밖의 소매점에 대해서는 지정을 거절할 경우 이러한 행위는 수직 통합보다 덜 제한적인 것이다. 그러므로 이러한 관점에서 허용되는 수직 통합보다는 수직 협정이 덜 제한적이기 때문에 수직 협정이 경쟁을 저해하지 않는다고 주장하기도 한다.

　따라서 수직 협정을 분석할 경우 『해당 기업이 수직 통합을 통하여 동일한 행위를 할 수 있는가』라고 의문을 제기해보는 것이 매우 유용하다. 이 질문에 대한 답이 이 문제의 모든 것을 해결해줄 수는 없겠지만 어느 정도는 설명해줄 수 있을 것이다.

7.7. 특수한 경우─배타적 거래계약, 민영화, 부패 및 규제회피

　과도기 경제에서는 배타적 거래계약을 포함한 특수한 사례가 발생하기도 한다. 이러한 문제는 자연독점 또는 민영화를 추진중인 공기업에서 유사부패를 의미하는 배타적 거래계약과 관련하여 발생된다. 이런 기업의 관리층이 종종 몇몇 전략을 사용하여 회사의 중요한 부분을 직접 취득하려고 하기도 한다. 예를 들어 자신(친구 또는 친척)을 위하여 작지만 중요한 회사의 일부분을 민영화할 수도 있다. 그런 다음 회사를 대표해서 새로이 민영화된 회사와 독점계약을 체결하게 된다. 그들(친구 또는 친척)은 새로운 민간회사를 세워서 이 회사에 공기업 또는 자연독점 회사와의 장기 배타적 계약을 주기도 한다.

만약 이러한 문제들이 배타적 거래계약을 포함하고 있는 경우에는 독점금지 당국의 관심대상이 된다. 또한 어떤 경우에는 민영화 심사 과정에서 독점금지 당국의 관심대상이 될 수도 있다.

대부분 이러한 것들은 독점금지의 문제가 아니다. 어떤 경우에는 전혀 문제가 없다. 또 다른 경우에는 부패 또는 민영화 과정의 이해 상충을 다루는 법과 관련된 문제다. 또 다른 경우에는 회사와 관리자 및 감독자와의 관계를 다루는 법과의 문제다. 규제회피(regulatory evasion)가 포함되어 있는 극소수의 경우 독점금지법의 관심대상이 되기도 한다.

문제가 되지 않는 경우

특히 조직개편 중 회사의 일부를 분리하는 경우에 있어서 흔하다. 이는 일반적으로 회사의 노력을 핵심사업에 집중하고자 하는 것이 목적이다. 종종 분리되었을 경우 부수적인 사업이 더 효율적일 수 있다. 예를 들어 신발 제조회사가 신발상자를 찍어내는 인쇄공장을 가지고 있다고 가정해보자. 인쇄공장을 분리하는 것은 이 회사에 유리할 수도 있으며, 또한 독립·인쇄회사로부터 신발상자를 구입할 수 있게 된다. 따라서 이 회사는 신발상자 인쇄회사를 관리하는 데 필요한 시간과 노력을 줄일 수 있게 되므로 자신의 주요 신발생산에 전력을 기울일 수 있게 된다. 아울러 이 회사는 필요한 신발상자를 구입하는 데 신축성을 가지게 된다. 또한 장기적 관점에서 이 회사는 신발상자 구입에 필요한 비용을 줄여야 하는 경쟁압력으로부터 이득을 보게 될 것이다. 또한 인쇄공장 역시 독점되었을 경우 다른 고객들을 위하여 일할 수 있으며 결과적으로 그것이 더 효율적이다. 종종 이러한 분리 절차는 인쇄공장의 관리자 또는 종업원들이 소유하게 될 새로운 회사에 인쇄공장의 자산을 주거나 또는 낮은 가격으로 판매하는 것을 포함한다. 또한 분리독점은 신발회사가 새로운 인쇄회사에게 일정량의 사업을 보장해주는 계약을 포함하기도 한다. 이런 두 가지 행위는 분리절차에 공통으로 수반되는 요소다. 이는 새로운 회사로 하여금 사업이 있다는 확신을 갖고 영업을 개시하도록 도움을 주고, 나아가 지속적으로 독립된 영업활동을 할 수 있게 해준다. 그리고 종업원 또는 관리자들이 인쇄회사에 남아 있게 장려하며, 아울러 최선의 노력을 하게끔 해준다. 뿐만 아니라 이러한 행위는 분리되는 종업원들에게 신발회사의 성실성을 보여주게 된다.

만약 인쇄회사와의 협정이 배타적 구매계약을 포함하게 될 경우, 이는 독점금지 당국의 관심대상이 된다. 하지만 여기에도 독점문제는 존재하지 않는다. 왜냐하면 신발생산은 경쟁적 산업이고 상자인쇄 역시 경쟁적 산업이기 때문이다. 경쟁적 산업에서 장기의 배타적 계약은 양 당사자들에게 확실성을 제공해주기 때문에 회사들로 하여금 거래를 체결하게 하는 현명한 방법이다. 독점력을 갖고 있지 않기 때문에 이와 같은 계약에서는 독점력 창출 또는 행사가 절대로 일어나지 않는다.

부패 또는 신탁의무 위반문제

이러한 협정은 정상적인 분리와는 다른 어떤 문제를 초래한다. 부패와 연고주의가 이에 포함된다. 귀중한 자산이 회사간부, 친구 또는 친척에게 매우 낮은 가격으로 분리된다. 또는 귀중한 장기계약이 실질적인 장점 또는 현명한 관리정책보다는 연고주의에 의해 친구 또는 친척에게 주어진다. 하지만 통상적으로 이러한 것은 독점상의 문제는 아니다. 이러한 문제를 다루는 데 적절한 것은 부패 또는 이해상충에 관한 법률이다. 뿐만 아니라 회사의 간부들로 하여금 회사 이익에 충실토록 요구하는 법률(때로는 「신탁의무법」으로 불리기도 함)이 이 문제를 다룰 수도 있다.

물론 이러한 문제들에 대하여 「무엇인가를 해야 한다는」 요구가 있을 수도 있다. 어떤 경우에는 독점금지법 이외에 달리 적용할 법이 없는 경우도 있다. 심지어 독점금지법 하에서는 필요한 다른 법률의 개정을 제한하는 것 외에 아무 조치도 취하지 않는 것이 최선의 방법일 수도 있다. 하지만 이러한 유형의 거래를 규제해야만 할 경우에는 아주 포괄적이고 일반적인 원칙을 만들어내지 않는 방법을 이용하는 것이 중요하다. 경쟁적 시장에는 정상적인 배타적 거래계약이 흔히 있다. 이들 계약은 일반적으로 효율적이거나 적어도 경쟁에 대해 중립적이다.

이러한 계약을 간섭하는 일반원칙은 경제성장에 해를 끼친다. 따라서 이러한 계약에 대하여 규제가 필요하다면, 규제를 필요로 하는 특정한 사안에만 적용될 수 있는 특정한 방법으로 규제하는 것이 좋다. 즉 배타적 협정에 대해서는 포괄적이고 일반적인 원칙을 피하는 것이 최선책인 것이다.

두 가지의 행위 유형이 이러한 범주에 속한다. 첫째 유형은 부패 배타적 거래계약이며, 둘째는 피규제 자연독점자와의 배타적 거래 계약이다 (이하에서는 「규제회피 배타적 거래계약」이라 한다).

오늘날 대부분의 서구 독점금지법은 이와 같은 계약을 다른 배타적 거래계약과 구별해서 취급하고 있지 않다. 그렇지만 부패 또는 규제회피는 다른 법률에 의하여 금지되고 있다. 그래야만 한다. 자연독점에 대한 엄격하고도 철저한 규제는 각각의 지출이 정당한지의 여부에 대한 규제자의 조사를 허용하고 있다. 사기금지법은 회사의 희생하에 회사간부들을 부유하게 하는 기만적인 행위를 금지한다. 회사의 감독자 또는 간부들에게 신탁의무를 부과하거나 주주들에게 그러한 원칙을 시행토록 허용하는 법률들은, 회사로부터 부정이득을 취하는 것을 아울러 금지하고 있다.

하지만 역사적인 조망이 유용할 것이다. 회사의 부정이득은 미국의 독점금지법 초창기에는 매우 큰 공공의 관심사였다. 철도와 같이 독점이 심각한 상황에 대해서는 특히 그랬다. 예를 들면, 여러 철도를 약탈한 짐 피스크(Jim Fisk)와 제이 쿠드(Jay Could)와 같은 「도적남작」 스캔들을 들 수 있다. 이에 대한 정부의 반응 가운데 하나가 반트러스트법의 개정이었다. 1914년에 통과된 클레이튼법 제10조는 가격에 대해 규제를 받고 있는 철도회사가 자신들의 관리자나 또는 감독자와 관련을 맺고 있는 회사와 5만 달러 이상의 계약을 할 경우 공개입찰을 통해 체결하도록 요구하고 있다. 이 법률은 결과적으로 의미가 없게 되었으며 반생산적인 것이다.

철도가 트럭 또는 바지와 실질적인 경쟁을 하게 되고, 그리고 앞에서 언급한 새로운 법들이 시행되고 더욱 적극적으로 강화됨에 따라 입찰요구는 불필요하게 되었다. 이 법률은 정상적인 철도회사의 영업활동도 간섭하는 결과를 낳았기 때문에 결국 폐지되었다. 하지만 이러한 미국의 경험은 과도기 경제에 매우 큰 교훈을 주었다. 첫째는, 특정한 문제에 대해서는 특정한 규정이 필요하다는 것이다. 즉 배타적 거래계약은 일반적인 규제가 아니라는 점이다. 둘째는, 이러한 문제들은 독점금지법으로 해결될 성질의 것이 아니라, 문제의 핵심을 다루고 있는 다른 법률, 즉 독점금지법이 아닌 부패관련법에 의해 해결되어야 한다는 점이다. 셋째는, 관련시장이 경쟁적일수록 법이 불필요해진다는 점이다. 넷째는, 심지어 그러한 법률이 불필요하고 반생산적일 때조차도 그것을 제거하는 데는 몇 년이라는 시일이 걸린다는 점이다. 이러한 경험은 과도기 경제에서 이런 문제들에 대해 접근하는 데 도움이 될 것이다.

규제회피 배타적 거래계약

이와 같은 계약의 또 다른 유형이 존재한다. 규제받는 회사는 가끔 규제를 피하기 위하여 관련있는 자와 수직적 계약을 맺게 된다. 예를 들어, 제품의 가격이 규제를 받고 있고, 따라서 시장가격 이하로 정해졌다고 가정해보자. 이 회사는 더 높은 가격으로 모든 제품을 판매할 수도 있다. 하지만 가격규제가 이것을 금지하게 된다. 이러한 규제를 피하기 위하여 이 회사는 규제를 받지 않는 유통회사(규제를 받고 있는 회사의 관리층, 그들의 친구, 또는 친척이 소유하고 있는)와 배타적 거래계약을 체결할 것이다. 규제를 받고 있는 회사는 제품을 규제받고 있지 않는 유통회사에 규제된 낮은 가격으로 판매하고, 유통회사는 후에 제품을 더 높은 가격(아마도 시장가격에 근접한 수준)으로 판매하게 된다.

이러한 예는 제품을 구입하기 위하여 판매자에게 부가적 대가를 지불해야 하는 공급부족 경제에서 볼 수 있는 판매와 마찬가지로 좀더 정교한 방법의 단순한 예다. 만약 다른 회사들이 규제가격으로 구입하여 다시 판매할 경우 이러한 협정은 독점금지에 위반된다는 고소를 야기할 수도 있다.

두 가지 적절한 관찰이 있을 수 있다. 첫째, 진정한 문제는 가격규제다. 가격규제는 공급부족을 야기하고 계략의 가능성을 창출해낸다. 계략이 존재할 경우 가격규제 당국은 자신들의 권위에 대한 회피로서 다루는 것이 가장 바람직하다. 만약 독점금지 당국이 반드시 개입해야 한다면 문제의 본질을 인식하고 될 수 있는 한 좁게 다루는 것이 중요하다. 둘째, 계략에 사용되는 방법이긴 하지만 배타적 계약이 진짜 문제는 아니다. 이와 같은 경우 독점금지 당국은 가격규제에 의해 야기되는 특별한 시장상황에 주목해야 하며, 이러한 상황을 규제회피로 보아야 할 것이다. 이때 넓은 의미에서 이 문제를 규제회피를 가능하게 하는 다른 특별한 사실이 존재할 경우에는 생겨나지 않는 다른 배타적 협정 적용할 수 있다는 결정을 하지 않도록 주의해야 할 것이다.

7.8. 실무적 조언

수직 협정에 대한 적절한 분석은 협정에 대해 설명할 수 있는 모든 것들을 조사할 필요가 있다. 또한 긍정적 효과와 부정적 효과에 대한 비교형량을 요구한다. 여기에는 많은 시간이 걸릴 것이다. 따라서 손쉽고 간단한 예비검토가 필요하다. 이러한 예비검토는 경쟁문제를 야기하지 않는 수많은 수직 협정을 걸러낼 수 있을 것이다.

거래가 중단된 이전 유통업자로부터 고소가 제기되었는가? 이러한 고소는 흔히 있을 수 있는 것이지만, 일반적으로 심각한 경쟁저해 위험을 갖고 있지는 않다. 유통단계는 대부분 많은 잠재 진입자가 존재하는 집중되지 않은 상태이므로 유통단계에서의 경쟁은 거의 문제가 되지 않는다. 뿐만 아니라 브랜드 내의 경쟁에만 영향을 미치기 때문에 브랜드 간의 경쟁에는 유리한 영향을 미치게 된다.

경쟁자가 이룩해놓은 사업 또는 투자에 「무임승차」하려는 속셈을 지닌 상위단계의 경쟁자로부터 고소가 제기되었는가?

이러한 고소는 회의적으로 검토되어져야 한다. 이러한 고소가 유효할 수 있는 상황에 대하여 설명하고 있는 제6장의 「기간 시설에의 접속 거부」 부분을 참고하라. 하지만 이러한 고소는 상당부분 다른 회사의 투자 또는 아이디어를 사용하고자 하는 경쟁자로부터 제기된다. 만약 독점금지법이 이와 같은 접근을 해야 한다면 투자 및 혁신은 적절한 보상을 받을 수 없으며, 따라서 사기가 저하될 수밖에 없다. 이것이 중요한 경쟁저해 효과다.

다음의 체크리스트는 수직 협정 상의 문제를 확인하는 데 매우 유용하다. 대부분의 수직 협정이 특정한 시장요소 및 효과에 대한 비교형량을 필요로 하기 때문에 체크리스트는 단지 관련문제를 확인할 수 있을 뿐이다. 각각의 경우는 특정한 상황에서만 검토될 수 있을 것이다.

7.8.1. 수직 협정의 경쟁효과분석 체크리스트

다음의 질문은 수직 협정이 경쟁에 어떤 영향을 미치는지의 여부를 분석하는 데 도움이 될 것이다. 이 질문들은 제조업자와 유통업자 간의 전형적인 협정을 위하여 마련된 것이다. 하지만 다른 어떤 두 단계 간의 수직 협정에도 유사한 질문을 적용할 수 있을 것이다.

1. 수직 협정을 부과한 단계(대개는 제조업자 또는 상위단계)의 산업이 집중되어 있는가 ?
2. 수직 협정이 부과된 단계(대개는 유통업자 또는 하위단계)의 산업이 집중되어 있는가 ?
3. 해당산업(만약 과점 또는 카르텔이 우려된다면)에서 협정이 광범위하게 사용되고 있는가 ?
4. 상위단계에 있는 산업으로의 진입이 어려운가 ?
5. 하위단계에 있는 산업으로의 진입이 어려운가 ?
6. 협정이 상위단계에 있는 산업으로의 진입을 훨씬 더 어렵게 하는가 ?
7. 위의 질문에 대한 대답이 모두 『아니오』일 경우 제한은 거의 없을 것이며, 아울러 경쟁제한 효과의 가능성도 거의 없다. 이

경우 조사는 종료되어야 한다. 그렇지 않을 경우 수직적 제한 분야의 어려운 문제점에 봉착하게 된다.

8. 모든 질문에 대한 답이 『예』일 경우 시장 및 협정은 경쟁저해적 가능성이 있거나 아마도 그럴 것이다. 다음에는 경쟁촉진 효과를 고려해야 한다.

   a. 협정이 소비자들에게 그들이 원하는(그리고 협정이 아니라면 얻을 수 없는) 무엇인가를 제공하고 있는가?

   b. 협정이 없었다면 발생할 수 없는 그러한 투자를 촉진시키는가?

   c. 협정이 혁신을 촉진시키는가? 지적 재산권을 보호하는가?

   d. 협정이 무임승차를 저지하는가?

   e. 협정이 후 계약기회주의(제5장의 「시장력인가, 계약능력인가」 부분 참고)를 저지하는가?

   f. 협정이 시장운영에, 다른 방법으로는 쉽고 효율적으로 성취할 수 없는 어떠한 바람직한 효과를 가져다 주는가?

9. 경쟁저해 효과와 경쟁촉진 효과를 비교형량한다. 비교형량 시 시장은 제한이 있을 경우에 더 이로운가, 아니면 없을 경우에 그러한가?

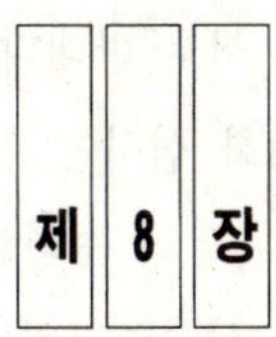

제 8 장

시장구조 변화
—합병, 인수, 지주회사, 민영화 심사, 독점분할—

8.1. 개 요

이 장에서는 시장구조 변화에 대한 독점금지 분석을 다룬다. 여기에서의 주제는 합병 및 인수, 지주회사 설립, 공기업 민영화 또는 상업화에 대한 독점금지 상의 검토, 독점금지 당국의 독점분할이다. 이러한 주제들은 서로 관련이 있지만 각기 독립적으로 다루어져야 한다.

이 모든 주제는 두 가지 요소를 가지고 있다. 두 가지 요소 중 가장 중요한 문제는 적절한 시장확정에 달려 있고(제4장 참고), 아울러 시장지배력 또는 지배적 지위에 대한 분석에 달려 있다(제5장 참고). 이것이 이 장에서 논의되는 분석에서 필수적인 첫째 단계다.

서구 독점금지 당국은 민영화 심사보다는 합병에 대해 좀더 최근의 경험을 가지고 있다. 이러한 두 가지 사안은 서로 관련은 있지만 다르다. 어떤 의미에서 이 둘은 서로 반대다. 합병심사는 두 회사의 결합에 대해 묻는 것이고, 민영화 심사는 한 회사의 분할에 대해 묻는 것이다. 아래에서는 이를 각각 달리 논의할 예정이다. 합병과 인수를 먼저 논의하고 다음에 민영화 심사, 그리고 독점분할과 같은 다른 행위에 대해 살펴보도록 하자.

8.2. 시장구조의 중요성 — 구조, 행동 및 성과

이러한 주제에는 기본원리가 있다. 그 원리란 시장구조는 시장행동에, 시장행동은 시장성과에 영향을 미친다는 것이다. 달리 말해 시장이 많은 경쟁자를 가지고 있는 구조라면, 시장에서 기업들의 행위는 구조에 따라 결정되고 서로 치열한 경쟁을 하게 된다. 경쟁행위는 효율적이고 바람직한 성과(낮은 가격과 소비자가 원하는 제품)를 유발하게 마련이다. 반대로 시장이 소수의 경쟁자와 지배적 기업으로 구성되어 있다면, 시장에서 기업들의 행위는 덜 경쟁적으로 될 것이며 시장성과 역시 덜 효율적이고 덜 바람직하게 될 것이다. 이는 종종 「구조-행동-성과 패러다임」으로 불리고 있다.

이와 같은 기본원리는 여러 가지 중요한 점에서 불확실성의 여지를 내포하고 있다. 즉 시장에서 어떤 구조가 충분히 「경쟁적」인지를 설명하지 못하며, 더군다나 다른 중요한 시장요소들도 매우 중요한 효과를 가질 수 있는 것이다. 특히 시장진입 또는 공급대체가 매우 용이할 경우 심지어 소수의 기업만을 거느린 시장일지라도 경쟁적인 행동과 효율적인 성과를 가질 수도 있는 것이다(제4장의 「공급대체」 및 제5장의 「시장진입 조건」 참고). 그럼에도 불구하고 구조-행동-성과 관계는, 독점정책이 시장구조에 관심을 갖는 이유를 설명해주는 기본원리다.

8.3. 기업결합—합병, 인수, 지주회사

8.3.1. 검토대상 거래

두 회사를 결합하거나 공동지배 하에 두는 거래형태는 종종 법적 절차 면에서 보면 중요할 수 있지만, 실질적인 분석과 관련해서는 그렇지 않다. 이하에서는 이러한 분석을 토대로 다루어지는 거래의 유형을 기술한다. 이러한 모든 거래에 적용되어야 할 중요한 원리는, 경쟁자들의 결합이 경쟁에 미치는 효과를 결정하기 위해 법이 허용하는 한도까지 결합을 반드시 심사해야 한다는 점이다. 거래형태가 중요한 것은 아니다. 만약 거래 이전에는 기업들이 서로 경쟁했는데 그 후 경쟁하지 않게 되면, 이 거래는 반드시 독점금지법에 따라 심사받아야만 된다. 물론 거래형태는 단지 첫 번째 문제일 뿐이다. 만약 관련기업들이 경쟁관계가 아니라면 합병, 인수 또는 지주회사는 경쟁적 중요성이 없을는지도 모른다.

8.3.1.1. 합 병

합병이란 둘 또는 그 이상 기업 간의 결합을 말한다. 좁은 의미의 합병이란 두 개의 법적 실체가 하나의 실체로 합쳐지는 거래를 말한다. 하지만 여기에서 합병이라는 용어는 일반적으로 인수 및 지주회사뿐만 아니라, 기업의 소유권 또는 지배권을 결합하는 모든 종류의 거래를 기술할 때 쓰일 것이다.

8.3.1.2. 인수(취득)

인수란 한 회사가 다른 회사의 전부 또는 부분을 취득하는 거래를 말한다. 인수에는 여러 가지 유형이 있는데, 다음 보기에서는 A기업을 인수회사로 B기업을 피인수회사로 하는 몇 가지 예를 설명하고자 한다.

주식취득에서는 A기업이 B기업의 모든 주식을 취득하고, 이를 통해 두 기업을 효과적으로 결합하게 된다. 설사 취득 이후에 B기업이 법적으로는 별개의 회사로 존재할지라도 A회사가 B회사를 소유한다면 B회사는 별개의 경쟁자가 아니다. 따라서 이러한 거래는 합병 또는 결합의 한 형태에 해당된다. A기업은 B기업 주식의 일부만을 취득할 수도 있다.

자산취득에서는 A기업이 B기업 자산의 전부 또는 일부를 구입할 수도 있다. 예를 들면 A기업이 B기업의 모든 자산을 구입해 A기업 자산에 포함시킬 수 있을 것이다. 또는 A기업이 B기업으로부터 공장 하나만을 구입하고, B기업은 나머지 공장을 보유함으로써 시장에서 별개의 존재로 남아 있게 된다. 또는 A기업이 B기업으로부터 완전한 하나의 사업을 구입하고, B기업은 나머지 제품을 생산하는 존재로서 계속 남아 있을 수도 있다.

8.3.1.2.1. 지배권의 일부 취득

가끔 어떤 회사가 다른 회사에 대한 지배권의 100% 미만을 취득하는 예를 볼 수 있는데, 예를 들면 단지 회사주식의 60%를 취득할 수도 있다. 어떤 회사주식을 50% 이상 취득하는 경우 이러한 거래는 피취득회사에 대한 완전한 취득으로 다루어져야 한다. 왜냐하면 A기업이 B기업 주식의 51%를 소유하게 되면 A기업이 B기업을 확실히 지배하기 때문이다. 피취득회사에 대한 과반수 이하 취득의 경우에도 가끔 효과적인 지배력을 행사할 수 있다. 이런 경우는 개개사건에서 사실상의 문제로 파악해야 할 것이다.

 심지어 경쟁자에 대한 소유권 일부 취득의 경우에도 경쟁저해적일
수 있다. 예를 들어, A기업이 경쟁사인 B기업의 주식 20%를 소유한
다면, 이는 두 기업으로 하여금 치열하게 경쟁을 북돋우는 유인을 감
소시킬 것이다. 따라서 시장행동에서도 서로 협조할 기회를 제공하게
된다. 그러므로 이러한 거래 역시 심사해야 할 것이다.

8.3.1.2.2. 자산의 일부 취득

 만약 한 회사가 단지 부분적으로 취득당할 경우, 이런 거래 역시
심사되어야 할 것이다. 예를 들어, 어떤 회사가 시장에서 모든 자산
을 팔 경우 시장에서의 효과는 그 기업이 소멸되는 완전 합병의 경우
와 같다. 만약 어떤 기업이 자산의 일부만을 처분할 경우(예를 들면
공장 두 개 중 하나), 이 거래도 취득회사가 시장에서 지배적 지위를
취득하는지의 여부를 결정하기 위해 심사되어야 한다.

8.3.1.3. 합작투자

 어떤 합작투자는 기업을 완전히 결합하므로, 이러한 투자도 합병처
럼 분석되어야 한다. EU에서는 이러한 거래를 「집중적」 합작투자라고
한다. 집중적 합작투자에서 합작투자는 별개의 경제적 실체처럼 행동
하고, 종종 합작투자 참여자들은 합작투자 시장에서 경쟁하지 않게
된다. 하지만 독립성을 유지하는 기업들의 경쟁적 행위를 조정하는
경우의 합작투자는 집중적이 아니고 「협조적」 합작투자라고 부른다.
 가장 근본적인 질문은 『다소 장기적인 기준에서, 이 거래가 시장에
서 존재할 수 있는 두 경쟁자를 필수적으로 하나로 대체하는가?』 하
는 것이다. 만약 그렇다면 이 거래는 합병과 같이 분석되어야 할 것이
다(합병유형과 협조적 행위 간의 차이에 관한 EU 위원회 고시 참조 ;
1990 OJC 203 / 10).

8.3.1.4 지주회사 및 공동지배

다른 방법으로 기업들이 결합하는 것도 역시 가능하다. 예를 들어, (Jan Kowalski)라는 개인이 A기업을 소유하고 있다고 가정해보자. 만약 그가 B기업을 인수한다면, 이럴 경우 두 기업이 각각의 법적 실체로 계속 존재하는 경우에도 두 기업은 공동지배를 받게 된다. 경쟁에 대한 효과는 두 기업이 하나의 회사로 합병하는 것과 같다.

Northern Securities Co. 대 United States

193 U. S. 197

미국 최고재판소, 1904

The Great Northern 철도회사 및 The Northern Pacific 철도회사는 각각 다른 철로선을 소유, 지배 및 운영하고 있었다. 길이가 약 9,000마일이나 되는 간선과 지선은 그레이트 레이크스(The Great Lakes)와 태평양 간의 미국 북부를 가로지르며 협조 또는 경쟁하는 선로인데, 이들 두 회사는 화물 및 승객수송을 놓고 매우 치열한 경쟁을 해왔다. 1901년 Great Northern 철도회사의 피고 James J. Hill 및 연합주주와 Northern Pacific 철도회사의 피고 J. P. Morgan 및 연합주주들은 Northern Securities라는 지주회사를 설립코자 결합을 시도했다. 각 철도회사의 주식자본 또는 주식자본에 대한 지배이익은 이 지주회사에 귀속된다. 주식에 관한 의결권 역시 지주회사에 있으며 모든 점에서 지주회사는 주인으로서 행동할 수 있다. 또한 철도회사를 돕는 데 필요하다고 간주되는 어떠한 것도 행사할 수 있으며, 아울러 철도회사의 주식가치를 증대시키는 것도 할 수 있다.

이 거래에 따라 지주회사는 두 회사 주주들의 이익과 관련된 상황을 충분히 지배하게 된다. 그리고 이러한 결합에서 두 회사는 필수적으로 실질적인 경쟁을 중지하고 실제적으로 막강하게 합체된 기업이 된다. Great Northern 및 Northern Pacific의 주주 및 지주회사의 주주들은 두 회사 간의 경쟁을 제한하는 데 관심을 두며, 그들은 지주회사의 주식 및 기명증권의 소유자로서 경쟁이 없는 것을 용인한다. 그들은 두 회사의 경쟁을 허용하는 사람이 지주회사의 책임자로 임명되지 않도록 유의할 것이다. 셔먼법 상의 「거래를 제한하는…결합」이라는 단어에 이보다 더 확실히 포함되는 계략 또는 책략은 없다. 또한 두 회사 간의 자유경쟁을 이보다 더 효과적이고 확실하게 제한하는 것도 없다. 이러한 결합의 단순한 존재 및 수탁자로서 지주회사가 취득한 지배력은, 의회가 인정하고 보호하고자 하며 일반대중도 보호받을 자격이 있는 거래의 자유에 대해 위협 또는 제한이 된다.

경쟁의 자연적인 효과는 거래를 증대시키는 반면, 경쟁활동을 제지하는 것이 직접 목적인 협정은 거래를 촉진시키기보다는 오히려 제한한다.

셔먼법이 금지하는 결합을 무효화하기 위해서는——실제로 결합이 완전한 거래 억제 또는 완전한 독점을 초래하거나 초래할 것이라는 점을 보여줄 필요는 없다——결합이 거래를

CORPORATE RELATIONSHIPS IN
NORTHERN SECURITIES 대 U.S.
(chart not in text of decision)

(前)

JAMES J. HILL   J. P. MORGAN
AND OTHERS   AND OTHERS
        | |
    주식소유   주식소유
        | |
GREAT NORTHERN   NORTHERN PACIFIC
RAILWAY Co.   RAILWAY Co.

(後)

JAMES J. HILL, J. P. MORGAN, AND
OTHERS
        |
    주식소유
        |
NORTHERN SECURITIES Co.
(지주회사)
       /   \
  주식소유   주식소유
     /   \
GREAT NORTHERN   NORTHERN

<blockquote>
제한하는 경향이 있다는 것을 보여주고, 아울러 일반대중으로부터 자유경쟁의 이익을 빼앗는다는 것을 보여주기만 하면 된다.
</blockquote>

경쟁회사를 공동지배 하에 두는 유사한 방법 중 하나가 지주회사다. 지주회사는 다른 회사의 주식을 보유하는 것이 주요기능이기 때문에 그렇게 불린다. 미국이 독점을 초래하는 합병으로 심각한 문제를 안고 있는 동안 그러한 거래에서 가장 흔히 사용된 방법 중 하나가 지주회사였다. 다음에 인용한 Northern Securities 사건이 두 경쟁자를 결합함으로써 필수적으로 독점을 초래한 지주회사의 대표적 사례다. 아래에서 인용된 판결의 일부분은 대법원이 어떻게 결론을 내렸는지를 설명해준다. 첫째, 이전의 두 경쟁자가 각각의 법적 실체를 계속 유지하더라도 이러한 거래는 경쟁을 제거하는 것이며, 둘째 이러한 거래는 경쟁제거 효과 때문에 불법이다. 오른쪽의 표는 지주회사 설립 전·후에 걸친 회사의 관련성을 보여주고 있다. 이러한 판결이 여기에 포함되어 있었다. 왜냐하면 이 판결이 중요한 원리를 확립했으며, 아울러 독점금지 당국의 심사 없이 지주회사가 설립된다면 전환기 경제에서 지주회사가 독점을 초래할 수 있는 한 가지 방법이 될 수 있기 때문이다.

8.3.2. 합병거래 심사방법

대부분의 합병은 경쟁저해적이지 않다. 예를 들면 미국 독점금지 당국은 매년 수천 건의 합병을 심사하는데, 이 가운데 단지 몇 건만이 문제가 될 뿐이다. 확실히 합병은 일반적으로 효율적이고 경쟁시장에 대해서도 도움이 된다. 왜냐하면 합병은 시장상황에 따라 자본을 쉽게 이동시킬 수 있고, 비효율적인 회사관리를 대체할 수 있는 방법을 제공하며, 회사의 생산적인 자산을 새롭고 더욱 효율적인 지배 하에 두기 때문이다. EU 합병규칙은, EU에서의 합병은 동적인 경쟁요구조건에 부합하고 유럽산업의 경쟁을 증대시킬 수 있으며, 아울러 성장조건을 향상시키고 공동체의 삶의 질을 증대시킨다고 규정하고 있다(Regulation 4064 / 89 on Merger Control, 1990 OJL 257 / 14).

하지만 일부 합병은 경쟁저해적이다. 합병은 기업으로 하여금 시장지배력을 형성할 수 있는 우월적 지위를 가져다 줄 수도 있다. 아울러 현재의 우월적 지위를 더욱 강화할 수도 있다. 또한 시장에서 몇몇 소수 기업만 남게 하므로 효과적인 경쟁이 시장에서 사라지게 된다.

8.3.2.1. 시장확정 : 결합하고자 하는 회사들이 경쟁하고 있는가?

합병심사의 첫째 단계는 관련제품 및 지역시장을 확정하는 것이다(제4장 참고). 만약 해당 합병회사들이 같은 관련시장에 있다면, 두 회사가 경쟁하는 각각의 관련시장에서 나타나는 경쟁효과에 대해 고려할 필요가 있다.

만약 당해 합병회사들이 동일 관련시장에 존재하지 않는다면 독점당국은 합병에 대해 염려할 이유가 없다. 이 경우 합병은 허용되어야 한다.

8.3.2.2. 특별한 경우

8.3.2.2.1. 잠재경쟁

잠재경쟁의 경우에는 예외가 있을 수 있다. 예를 들어, 시장지배력을 가지고 있는 회사가 시장진입의 가능성이 크거나 가능성이 있는 회사 가운데 하나를 합병한다고 가정해보자. 이러한 거래의 경우에는 잠재경쟁자의 제거로 인해 아주 심각한 경쟁저해 효과가 나타나는지의 여부에 대해 심사해야 한다. 이러한 상황은 현존 경쟁에 어떠한 손실을 내포하는 것은 아니다. 그러나 이러한 합병이 적절한 경우는 드물다. 상호보완적인 기업들 간의 바람직한 합병을 저해하지 않기 위해서는 진입가능성에 대해 매우 수준 높은 증거가 적용되어야 한다.

8.3.2.2.2. 수직합병

또 하나의 예외가 수평적 경쟁에 해로운 효과를 미치는 수직합병이다. 하지만 이런 경우는 매우 드물다. 대부분의 수직합병은 경쟁에 중립적이거나 유리하다. 만약 회사들이 수직적으로 통합된다면 종종 그렇지 않을 때보다도 훨씬 더 효율적으로 운영될 수 있다(제7장 참고). 아주 드물지만 수직합병이 경쟁에 해로울 수도 있다. 예를 들면 합병하고자 하는 회사 중 하나가 자연독점 또는 정부인가독점일 경우, 결합된 회사는 그렇지 않았다면 소비자들에게 득이 될 수도 있는 경쟁을 통제하게 된다. 하지만 이러한 경우는 매우 드물다. 똑같은 논리는 비독점 시장에 존재하는 기업들에게는 적용되지 않는다.

8.3.2.3. 시장집중도 측정— 시장에서 합병하고자 하는 회사들의 의미는?

다음 절차는 두 회사가 경쟁하고 있는 각 관련시장의 집중도를 측정하는 것이다. 기본원칙은, 시장이 경쟁적이고 합병 후에도 합리적으로 경쟁이 유지된다면 합병을 금지해야 할 이유는 없다는 점이다. 아울러 합병후에도 시장이 지나치게 집중되지 않는다면 합병은 경쟁에 악영향을 끼치지 않을 것이다. 시장점유율 산정절차는 제5장의 「시장점유율」에서 설명되었다. 합병 후 시장점유율의 중요성을 평가하는 몇 가지 방법이 있다. 한 가지 방법은 단순히 가장 큰 회사의 시장점유율이 40%를 넘어서는지 밝히는 것이다. 또 다른 방법은 시장을 좀더 광범위하게 측정할 때 사용되는 방법인데, 집중률이 바로 그것이다. 4개 회사의 집중도를 산정하기 위해서는(CR4라고 불리기도 함) 가장 큰 4개 회사의 시장점유율이 얼마인지를 결정해야 한다. 예를 들어, 시장에서 가장 큰 4개 회사의 시장점유율이 각각 40%, 20%, 10%, 10%이면 4개 회사의 집중도는 80%다.

또 다른 측정방법은 HHI다. 이는 시장에서 기업들의 상대적 크기를 측정하는 방법인데, 모든 시장참여자 각각의 시장점유율을 제곱해 산정한다. 예를 들어, 시장점유율이 30%, 30%, 20% 및 20%인 4개 회사로 이루어진 시장의 경우 HHI는 2,600이다($30^2+30^2+20^2+20^2$). HHI는 0∼1만 범위까지인데, 지수가 1만에 가까울수록 완전독점(몇몇 회사가 시장을 독점)을 나타내며 0에 가까울수록 완전경쟁(수백 개의 작은 회사가 시장을 분할하는 상황을 나타낸다. HHI 산정에는 모든 회사를 포함하는 것이 바람직하다. 그러나 소규모 회사에 관한 정보가 이용불가능할 경우, 이런 회사들은 HHI에 그다지 영향을 미치지 못하므로 별다른 효과를 발휘하지 못한다. 일반적으로 HHI가 1,800 이상일 경우 시장은 어느 정도 집중되었다고 간주된다.

이러한 집중도 측정방법은 다를지라도 이들은 서로 관련되어 있다. 즉 시장경쟁에 대해 우려할 만한 수준을 나타내는 수치는 서로 유사하다. 예를 들어, 가장 큰 회사의 시장점유율이 40%이고 나머지 20개의 작은 회사가 각각 3%의 시장점유율을 가지고 있을 경우 HHI는 1,900이다. 미국 독점금지 정책은 HHI가 1,800 이상인 경우에 집중된 시장으로 간주한다. 따라서 이 때의 합병은 세밀한 심사의 대상이 된다.

8.3.2.4. 시장합병에 대한 효과분석

시장에 대한 합병의 효과를 분석하기 위해서는, 시장점유율 정보

뿐만 아니라 나머지 요소의 효과에 대해서도 고려해야 한다. 만약 지배적 회사가 경쟁사와 합병한다면, 아마도 합병은 지배적 기업을 더욱 강화시킬 것이다. 만약 합병이 지배적 기업을 창출한다면, 이러한 사실은 시장의 경쟁에 해로울 것이다. 그러나 제5장에서 논의된 바와 같이 지배적 지위의 존재 여부 또는 가능성 여부를 결정하기 위해서는 시장점유율뿐만 아니라 그 밖의 제반 요소도 고려해야 한다. 특히 진입조건, 시장의 생산특성, 초과생산력 및 기타 관련요소들을 반드시 고려해야 한다(제5장의 「지배적 지위 판단의 분석요소들」 참고).

8.4. 기업분할—민영화 심사, 독점파괴

기업분할 문제, 주로 민영화 또는 상업화가 예정되어 있는 공기업의 분할문제는 과도기 경제에서 종종 발생하는 문제다. 대부분의 경우 전술한 합병에 대한 심사와 매우 유사하다. 하지만 이 경우에는 추가적으로 검토해야 할 중요한 문제가 있다. 기업분할은 비용이 매우 많이 들고 파괴적일 수 있다. 따라서 불필요할 경우에는 분할하지 않는 것이 중요하다. 한 기업이 계속적으로 시장지배력을 가지거나 기업 및 시장이 경쟁을 유지할 가능성이 있는 경우에만 기업분할이 가능할 것이다.

8.4.1. 시장확정

물론 관련시장 또는 시장확정이 가장 중요한 첫째 절차다. 당해 기업의 경쟁적 지위는 오로지 관련시장에서만 평가될 수 있다(제4장 참고).

8.4.2. 관련시장의 집중도 측정 및 평가

관련시장에서 기업의 시장점유율은 반드시 산정되어야 한다(제5장의 「지배적 지위 판단의 분석요소들」 참고). 만약 시장점유율이 40% 이상이라면 시장에서의 지배적 지위 보유 여부를 평가하기 위해 해당 기업의 지위를 반드시 평가해야 한다. 아울러 반드시 고려해야 할 요소에는 진입여건, 생산특성, 생산시설 가동률, 시장의 성장 또는 변화, 다른 기업의 상대적 크기, 정부의 행동 등이 있다(제5장의 「지배적 지위 판단의 분석요소들」 참고).

과도기 경제에서 시장의 성장 및 변화는 특히 의미가 있다. 진입여건도 마찬가지다. 만약 새로운 기업이 시장진입이 가능하거나 또는 수입경쟁이 가능하다면, 매우 높은 시장점유율을 가진 기업일지라도 지배적이지 않을 수 있다. 2~3년 후에도 계속 높은 시장점유율을 유지할 수 있을까? 만약 그렇지 않다면 현재에도 진정한 지배력을 가지고 있다고 보기 어렵다. 아마 과도기 경제에서 많은 기업들이 역사적 이유로 높은 시장점유율을 가질 수 있겠지만, 새로운 경쟁에 직면한다면 상황은 분명히 달라질 것이다.

8.4.3. 시장에서 경쟁창출은 가능한가?

물론 기업분할 이전에 관련시장에서 경쟁이 가능한지의 여부를 결정하는 것이 필요하다. 특히 정부의 실질적인 간섭 없이 제품시장이 생성된 나라에서의 관련 제품시장을 조사하는 것이 실제적인 한 방법이다. 만약 그러한 시장이 활동적인 수많은 경쟁자들을 가지고 있다면, 장기적인 관점에서 경쟁이 가능한 시장의 한 유형으로서 좋은 지표가 된다. 반대로 정부통제 독점상태로 어디에나 존재하는 시장은 장기적인 관점에서 경쟁이 성공할 수 없는 자연독점 상태일 것이다(물론 많은 시장들이 불필요하게 통제되고 있으므로 세심한 검토가 요구된다). 또한 다른 나라에서의 경험이 과도기 경제에 무분별하게 전수되어서는 안 된다. 시장은 성급한 결론에 도달하는 것을 위험하게 하는 특별한 요소, 즉 규모, 위치, 소비자 선호 및 기타 많은 요소에 매우 의존한다. 그럼에도 불구하고 다른 곳에서의 경쟁시장은 조만간 과도기 경제에서도 경쟁적일 수 있다는 것은 유용한 경험원칙이다.

8.4.4. 분할절차

어떻게 산업이 조직되었는지에 대한 사실 또한 경쟁가능성 여부에 대한 결정에서 매우 중요하다. 모든 분할의 목적은 존속할 수 있는 경쟁회사를 설립하는 것이며, 아울러 서로간에 경쟁적 견제를 제공해 주는 데 있다. 시장에서 어떤 회사가 오직 하나의 큰 공장을 가지고 있다면 분할될 수 없을 것이다. 한 기업은 제조, 다른 기업은 유통과 같이 수직적 기준에서 여러 기업으로 분할하는 것은 경쟁의 이점을 잃는 것이다. 이는 독점과 관련 있는 다른 독점(종종 연속적 독점이라 불리기도 함)을 창출하게 되는데, 오히려 독점이 하나일 때보다도 더 소비자에게 상황을 불리하게 만든다. 연속적 독점 하에서는 첫 번째 독점업자가 산출량을 줄이고, 두 번째 독점업자는 더욱 많은 산출량을 줄이게 된다.

이러한 절차 중 다른 시장에서 이 산업의 기업들이 어떻게 조직되었는가에 대한 지식은 기업분할에 유용한 가이드가 될 수 있을 것이다.

특히 이러한 지식은 수직적 통합의 효율적 단계 및 기업 크기를 제시해줄 수 있다. 예를 들어, 세계 어디서나 관련제품을 생산하는 기업들이 생산과 유통에서 수직적으로 통합된다면, 이는 생산과 유통을 함께 하는 것이 효율적이라는 것을 암시한다. 심지어 하나의 기업이 둘로 나뉘어 현재 두 개 기업으로 존재한다면, 둘 다 생산 및 유통시설을 함께 갖추고 있어야 한다.

8.4.5. 다른 정책

독점금지 정책은 중요하긴 해도 유일한 정책은 아니다. 민영화 과정에서 아울러 고려되어야 할 문제로는 투자촉진, 효율적 국가자원 사용, 파괴적 변화 최소화, 그리고 기타 목표 등을 들 수 있다. 독점금지 당국은 민영화 절차에서 필요하고도 가능한 경쟁창출의 옹호자다. 하지만 여기에서 설명된 분석도구들이 절대적인 기준이 될 수는 없다. 이러한 도구들은 경쟁창출의 필요성과 가능성 여부를 결정하는 방법을 보여주기 위한 것이지만, 경쟁과 다른 목표들과의 비교형량 작업을 일반화할 수는 없다. 비교형량은 반드시 구체적 사례에 따라 결정되어야 한다.

8.4.6. 강제적 독점분할

강제적 독점분할에 대한 논의는 주로 민영화 과정에서 발생한다. 하지만 역시 민영화와는 분리가능하다. 이러한 예는 존재할 수는 있지만 그렇게 흔한 것은 아니다. 예를 들어, 미국에서 어떤 기업이 고의적으로 독점력을 취득하게 되면 시장독점화에 해당되며, 따라서 분할된다. 이러한 예는 물론 드물다. 예를 들어, 전화독점업자인 AT&T사가 분할되었는데, 그 이유는 AT&T가 경쟁적일 수 있는 사업부문(주 간 장거리전화사업)에서의 경쟁을 제지 또는 제한하기 위해 규제받는 자연독점 사업부문(지역전화망)에서 시장지배력을 행사했기 때문이다(United States 대 AT&T). 이러한 사건은 일반적으로 매우 어렵고 시간 소모적인 성격을 띠고 있다. 이와 같은 강제적 분할은 명백한 사건에서만 실시되어야 한다. 즉 ① 독점력이 존재하고(제5장의 「시장점유율평가 표」 참고), ② 이러한 독점력이 장기간 지속적이어야 하며, ③ 독점력이 남용되고 있는 명백한 증거가 있는 경우다.

8.5. 실무적 조언

합병사건의 경우 이에 대해 경쟁자가 고소하면, 아마도 경쟁저해 효과가 없다고 하는 관습적 지혜가 있다. 이는 대부분의 관습적 지혜와 마찬가지로 가끔 사실일 수도 있다. 그러나 그 이유는 무엇인가? 만약 합병이 지배적 기업으로 하여금 가격인상을 가능하게 한다면, 아마도 이는 시장에서 덩달아 가격을 인상할 수 있는 다른 기업들에게는 편리하고 바람직하기 때문일 것이다. 하지만 합병이 기업으로 하여금 더 효율적으로 기능하게 하고 결과적으로 가격을 인하할 수 있다면 경쟁자들은 불만을 제기할 것이다. 독점금지 정책이 보호하고자 하는 소비자들은 아마도 가격인상을 잘 인식할 수 없거나 또는 경쟁자들처럼 잘 조직화된 불만을 제기할 수도 없을 것이다. 이러한 관습적 지혜는 너무 과장된 것이며, 대부분은 정확지도 않다. 하지만 이러한 사실 때문에 경쟁자들이 제기한 합병사건에 대해 신중하고도 회의적으로 심사해야 하는 사례가 하나 있다.

미국의 독점분할 사건 가운데 오래 되고 중요한 사례가 하나 있다. 바로 Standard Oil Trust 사건[221 U.S. 1(1911)]이 그것인데, 독점기업은 분할되어서는 안 되는 좋은 예다. 이 사건에서 대법원은 지주회사인 Standard Oil Trust에 의해 석유시장이 독점된 상태라는 결론을 내렸다. 대법원의 해결책은 독점을 주로 지역적으로 분할하는 것이었다. 하지만 석유시장은 지역적이므로 전국적 독점은 필히 지역적 독점으로 대체되었다. 이들 기업은 오랜 세월이 흐른 후에야 여러 지역에서 서로 간에 충분히 경쟁할 수 있을 정도로 독립할 수 있었다. 각각의 시장에서 경쟁을 살리기 위해서는 여러 지역 시장에서 영업을 영위하는 여러 기업을 설립하는 것이 훨씬 더 유용했을 것이다.

독점분할과 관련된 또 다른 교훈은 분할 후에도 카르텔에 대한 규제가 필요하다는 점이다. 왜냐하면 이전에 독점의 일부였던 자들이 분할을 완전히 받아들이지 않을 수 있으므로 독립적이고 경쟁적으로 행동하게 할 필요가 있기 때문이다(제2장의「폴란드 설탕 카르텔 사건」참고).

다음에 제시하는 HHI 체크리스트는 합병심사 및 민영화 심사에 대한 분석절차를 기술한 것이다.

8.5.1. HHI 산정

시장에 대한 HHI 산정은 이 표를 사용해 얻는다. HHI는 모든 시장참여자의 개별 시장점유율을 제곱하여 얻은 수치를 합해 계산한다. HHI 범위는 완전독점의 1만부터 완전경쟁시장의 0까지다. HHI가 1,800 이상이면 시장은 일반적으로 상당히 집중되어 있는 것으로 간주된다.

<표 8-1> HHI 산정표

기 업	시장점유율	시장점유율 제곱합
	합계 (HHI) =	

8.5.2. 합병심사 체크리스트

1. 관련시장 확정(제4장 참고)

2. 관련시장에서 기업들이 서로 경쟁하고 있는가?

   a. 만약 경쟁하고 있지 않다면 다음과 같은 특이한 상태 중 하나라도 존재하는가?

   ① **잠재경쟁** : 여러 기업 중 한 기업이 지배적 기업이고, 나머지 기업들은 가능성이 큰 시장진입자인가? (또는 한 기업이 가능한 시장진입자인가?)

   ② **유해한 수직합병** : 한 기업이 자연독점 또는 공공시설처럼 다른 기업에 대한 공급자와 같은 매우 특이한 위치에 있는가?

   만약 합병하고자 하는 회사가 서로 간에 경쟁하지 않고, 상기의 두 가지 특이한 상태가 아니라면 합병은 허용되어야 한다.

   b. 만약 합병하고자 하는 기업이 서로 경쟁하는 회사라면, 다음 단계로 가라.

3. 관련시장에서의 시장점유율은 얼마인가? (제5장의 「시장점유율의 측정」 참고)

4. 합병이 지배력을 발휘할 정도로 충분한 시장점유율을 가진 기업을 창출하거나(또는 확대하고), 그리고(또는) 높은 집중도를 가진 시장을 창출하는가?

   a. 그렇지 않다면, 합병절차를 허용하라.

   b. 그렇다면, 다음 단계로 가라.

5. 지배적 지위의 존재에 영향을 미치는 시장상태는 어떠한가?
   (제5장의 「시장진입 조건」 참고)
   a. 진입여건
   b. 생산특성
   c. 생산시설 사용
   d. 시장의 성장, 안정 또는 변화
   e. 기업들의 상대적 크기
   f. 정부행동

6. 관련된 모든 요소들을 고려해볼 때 당해 합병이 시장에서 지배
   적 지위를 창출(또는 강화)하거나, 높은 집중도를 가진 시장을
   창출하는가? 합병회사가 자신의 경쟁회사 및 소비자와 독자적
   으로 활동할 수 있는가?
   a. 그렇지 않다면, 합병절차를 허용하라.
   b. 그렇다면, 만약 합병하고자 하는 회사들이 경쟁저해 효과보
      다도 더 큰 다음의 상태 중에서 하나라도 입증할 수 없다면
      합병은 금지되어야 한다.
      ① 합병 없이는 성취할 수 없는 효율성이 존재함.
      ② 가까운 장래에 당해 회사들 가운데 일부가 도산하고, 따
         라서 도산기업의 자산이 시장에서 사라짐.

8.5.3. 민영화 심사 체크리스트

1. 관련시장 확정(제4장 참고)
2. 관련시장에서의 시장점유율은 얼마인가? (제5장의 「시장점유
   율」 참고)
3. 민영화되는 회사가 지배력을 행사할 정도의 충분한 시장점유율

을 가지는가?

    a. 그렇지 않다면, 민영화 절차를 허용하라.

    b. 그렇다면, 다음 단계로 가라.

4. 지배적 지위의 존재에 영향을 미치는 시장여건에는 어떠한 것이 있는가? (제5장의 「시장진입 조건」 및 「다른 관련요소들」 참고)

    a. 진입여건

    b. 생산특성

    c. 시설사용

    d. 시장성장, 안정, 변화

    e. 기업들의 상대적 크기

    f. 정부행동

5. 모든 관련요소 등을 검토해볼 때 당해 기업이 시장에서 지배적 지위를 가지는가? 자신의 경쟁자 또는 소비자들로부터 독자적으로 행동할 수 있는가?

    a. 그렇지 않다면, 민영화 절차를 허용하라.

    b. 그렇다면, 다음 단계로 가라.

6. 당해 기업이 상당한 기간 동안 자신의 지배적 지위를 계속 유지할 수 있는가?

    a. 수입경쟁이 가능한가? 수입경쟁이 이 기업의 지배적 지위를 제약할 수 있는가?

7. 이 시장에서 경쟁이 가능하고 지속될 수 있는가?

a. 시장에서 단지 하나의 효율적 기업만이 영업할 수 있는 자
   연독점인가?
b. 다른 시장, 특히 상당한 정도의 정부개입 없이 산업이 발달
   한 시장에서 해당 산업구조는 어떠한가? 이러한 시장에서
   경쟁이 존재하는가?
c. 해당기업의 실체적 구조(공장, 시설, 공급원 등)는 무엇인
   가? 효율적 경쟁기업들로 분할할 수 있는가?
d. 해당기업의 관리구조는 어떠한가? 경쟁하는 기업들로 분할
   할 수 있는가?

8. 만일 경쟁이 가능하고 지속될 수 있다면 독점금지 정책뿐만 아
   니라, 민영화와 관련된 그 밖의 요소들과 관련하여 기업분할이
   고려되어야 한다.

부 록

폴란드 법 조항과 이 책의 관련부분

폴란드 독점금지법 조항 (1994 개정법)	이 책의 관련부분	한국 공정거래법 관련조항
제2조(정의)		
3) 협정	2.4.4, 7.2.1	
a) 경제주체(economic entity)간에 맺어진 계약 또는 그런 계약의 어떤 조항들		
b) 둘 이상의 경제주체 또는 그들의 결합(combinations) 간의 어떤 형태의 합의(understanding)		
c) 경제주체의 결합에 의한 결정 또는 행동		
7) 지배적 지위 : 국가적 또는 지방적 시장에서 심각한 경쟁에 직면하지 않는 경제주체의 지위 ; 시장점유율이 40%가 넘는 경제주체는 지배적 지위를 가진 것으로 추정된다.	제5장	제2조(정의) 7호(시장지배적 사업자)
제4조		
4.1 독점적 관행은 다음과 같음.	6.2(독점적 관행의 정의)	
4.1.1 경제주체에게 비정상적 이익을 초래하는 부담이 되는 계약조건 부과	6.2, 6.4 ; 6.4.1	제23조(불공정거래행위 금지) ①항 4호(우월적 지위남용 또는) 5호(구속조건부 거래)
4.1.2 계약 상대방으로 하여금 계약의 목적과 관련이 없는 행위나 서비스를 용인케 하는 계약조항을 만드는 것, 선택(권)이 있었다면 받아들이거나 행하지 않을 조항	6.2, 6.6.1.1, 7.5	제23조(불공정거래행위 금지) ①항 4호(우월적지위 남용 또는) 5호(구속조건부 거래)

폴란드 독점금지법 조항 (1994 개정법)	이 책의 관련부분	한국 공정거래법 관련조항
4.1.3 심각한 경쟁위축을 초래하는 회사의 주식이나 지분취득 또는 자산취득	제8장(8.3.1.2, 8.3.1.4, 8.3.2, 8.5.2)	제7조(기업결합의 제한)
4.1.4 결합된 시장점유율이 10%가 넘을 때 동일인이 경쟁주체의 이사, 이사회나 감독위원회 또는 감사회의 멤버 기능을 가지는 것	8.3.1.4	
4.2 독점적 관행은 다음과 같은 협정으로 구성된다.		
4.2.1 제3자와의 관계에서 경쟁자간에 가격이나, 가격결정공식을 직·간접적으로 설정하는 것	제2장(2.1.3, 2.2.1, 2.4)	제19조(부당한 공동행위의 제한) 제1항 제1호(가격의 결정)
4.2.2 지역, 산출물 또는 주체에 따라 시장을 분할하는 것	2.1.3, 2.2.1.3, 2.4, 7.4, 7.5	제4호(거래지역 또는 상대방 제한)
4.2.3 상품의 생산·판매·구입량을 설정하거나 제한하는 것	2.1.3, 2.4, 7.5, 7.6	제3호(상품의 생산·출고·수송 또는 거래의 제한)
4.2.4 협정에 포함되어 있지 않은 경제주체에 대하여 시장접근을 제한하거나 시장에서 제거하는 것	2.1.3, 2.4.2.1, 3.3.3, 3.4, 3.5.2, 6.5, 6.5.2, 6.5.3, 6.6.2.3, 7.4, 7.5	제8호(타사업자의 사업활동 방해)
4.2.5 경쟁사 간 또는 그들 연합과 제3자와의 계약에 관한 조건을 설정하는 것	3.3.2, 3.3.4, 3.4	제2호(거래조건 설정)
제5조		

폴란드 독점금지법 조항 (1994 개정법)	이 책의 관련부분	한국 공정거래법 관련조항
5.1 독점적 관행은 시장에서의 지배적(우월적) 지위를 남용하는 관행이기도 하며, 다음과 같이 규정되어진다.		
5.1.1 경쟁의 출현 또는 발전에 불가결한 조건의 형성에 대항하는 행위	4.6.2, 5.7.3, 6.2, 6.5, 6.6.5.2, 6.5.3, 6.5.4, 6.6.2.1	제3조(시장지배력 지위의 남용 금지) 제5호(경쟁의 실질적 제한)
5.1.2 지역, 상품군, 주체의 기준에 의해 시장을 분할하는 행위	4.6.2, 5.7.3, 6.2, 6.4, 6.4.2, 6.6.2.1, 7.4, 7.5	
5.1.3 특정 경제주체에게는 특별한 지위(privileged status) 제공을 유도하는 식으로 물건을 파는 행위	4.6.2, 5.7.3, 6.4.2, 6.6.2.1, 7.4	제23조(불공정거래행위의 금지)의 제1항 제4호(우월적지위 남용)
5.1.4 대체공급원이나 판로가 없을 때, 특정 주체에 대하여 차별적인 방법으로 상품의 판매나 구매를 거절하는 행위	4.6.2, 5.7.3, 6.2, 6.4, 6.4.2, 6.4.4, 6.5.3, 6.6.1.1	제1호(거래거절 및 차별적 취급)
5.1.5 가격형성에 불공정한 영향 행사, 재판매 가격을 설정하고, 경쟁자를 배제하기 위하여 원가 이하로 판매하는 행위 포함	4.6.2, 5.7.3, 6.2, 6.5.1(원가 이하 판매), 7.4와 7.5(재판매 가격 설정)	제3조 제1호(가격의 부당결정) 및 제29조(재판매 가격유지행위의 제한)
5.2 상호 경제관계에 있어 회원사 간의 협조에 의한 할인의 허용이나 경제적 이익 감축은 독점적 관행으로 간주되지 않는다. 제6조	3.3.7	

폴란드 독점금지법 조항 (1994 개정법)	이 책의 관련부분	한국 공정거래법 관련조항
제4조와 제5조에 규정된 독점적 관행은 경제적 활동 수행을 위해 필요하고, 경쟁에 심각한 제한을 초래하지 않는 경우를 제외하고는 금지된다.	2.3, 3장, 3.3, 3.3.4, 3.3.6, 3.3.8, 3.4, 3.5.2, 6.2, 6.4.4, 6.5.2, 6.5.3, 6.6.2.1, 7.4, 7.5, 7.8.1	
- 그러한 상황에 대한 입증책임은 그런 상황의 존재를 주장하는 측에 있다.		
제7조		
7.1 독점적 지위에 있는 경제주체는 다음과 같은 행위가 금지된다.	5.7.3	
7.1.1 충분한 (생산)용량을 가지고 있음에도 불구하고 상품의 생산, 판매, 구매를 제한하는 행위·특히 판매가격을 올리거나 구매가격을 낮추는 것을 선도할 때	1.2, 6.4, 6.4.1	제3조 제2호 (출고조절) 및 제1호 (가격남용)
7.1.2 가격인상을 위하여 상품판매를 삼가는 행위	1.2, 6.4, 6.4.1, 6.4.4.	〃
7.1.3 지나치게 부당한 가격을 요구하는 행위	1.2, 6.4, 6.4.1	〃
7.2 제1항에 규정된 금지는 그들의 시장점유율과 관행이 독점적 지위에 있는 경제주체의 행위와 유사한 효과를 나타내는 지배적 지위에 있는 경제주체에게도 적용된다.	1.2, 4.6.2, 5.7.3	

■ 역자 약력 ■

- 서울대학교 법과대 졸업
- 서울대학교 대학원 졸업(법학석사)
- 제7회 행정고시 합격
- 재무부 회계제도과장, 해외투자과장,
  　　　주(駐) 사우디아라비아 재무관, 감사관,
  　　　국무총리 행정조정실 재경심의관(파견),
  　　　보험국장, 경제협력국장, 국고국장 역임
- 공정거래위원회 상임위원, 사무처장 역임
- 현재 국무총리 행정조정실 제2조정관
- 저서
  「예산회계법(1983, 학현사)」

독점금지법의 정신과 실무

지은이 / 크레이그 W. 콘라스
옮긴이 / 한정길
펴낸이 / 박용정
펴낸곳 / 한국경제신문사
등록 / 제2-315(1967. 5. 15)
제1판 1쇄 인쇄 / 1996년 9월 25일
제1판 1쇄 발행 / 1996년 9월 30일
주소 / 서울특별시 중구 중림동 441
대표전화 / 360-4114
직통 / 313-8293 · 312-0063
FAX / 360-4552

＊ 파본이나 잘못된 책은 바꿔 드립니다.
ISBN 89-475-2181-7

값 7,500원

韓經 베스트 셀러

경영혁명

톰 피터스 著
盧富鎬 譯
〈신국판 / 820면 / 13,000원〉

정보화사회는 불확실성이 심화된 사회로 기업경영의 경기규칙과 새로운 경영스타일 등 생존을 위한 변화는 가히 혁명적이라 할 수 있다. 이 책은 전통적 사고에 도전하고 조직이 사람을 위해 존재할 수 있도록 변화를 유도하는 45가지 경영 실천전략을 제시한 기업경영자의 「비즈니스 핸드북」

해방경영

톰 피터스 著
盧富鎬 外 共譯
〈양장 / 1,300면 / 19,000원〉

2000년대의 경영思潮는 무엇이며, 이를 주도할 기업의 생존철학은 무엇인가? 이 책은 장장 1300여 페이지에 걸쳐 좋은 기업을 만들기 위한 조직의 창조적 파괴와 일반통념으로부터의 해방을 핵심테마로 다루고 있다. 자유분방한 필치와 수많은 은유, 패러독스가 곳곳에 번득여 방대한 분량임에도 불구하고 읽는 동안 재미와 해방감·지적 충족감을 더할 수 있다는 것이 이 책의 또 하나의 매력으로 꼽힌다.

경영파괴

톰 피터스 著
安重鎬 譯
〈양장 / 374면 / 8,500원〉

이제 리스트럭처링·리엔지니어링으로는 급변하는 시대를 이길 수 없다. 기업의 조직은 상상을 초월하는 혁신적인 네트워크형이 되어야 한다. 이 책은 세계적 경영컨설턴트인 저자가 새롭고 번뜩이는 아이디어로, 기업을 운영하는 사람들이 재창조와 혁명을 향해 전진할 수 있도록 9개의 「넘어서」를 중심으로 구체적인 혁신방안을 제시한다. 변하지 않는 기업이나 조직은 망한다는 것이 저자의 한결같은 주장이다.

강대국의 흥망

폴 케네디 著
李曰洙·全南錫·黃建 共譯
〈양장 / 720면 / 13,000원〉

역사학자이자 미국 예일대 교수인 저자는 이 책에서 지난 5세기 동안에 전개되었던 강대국들의 흥망성쇠는 그들의 경제력과 군사력의 변화 추이에 의해서 좌우되어 왔다고 진단하면서 앞으로 다가오는 21세기에는 미국·소련·서유럽 등의 쇠퇴와 중국·일본 등 아시아 강국들의 부상을 예언하고 있다.

21세기 준비

폴 케네디 著
邊道殷·李曰洙 譯
〈양장 / 500면 / 9,000원〉

우리에게 충격을 던졌던 「강대국의 흥망」 저자 폴 케네디 교수가 다가올 21세기 문명세계의 각종 위기를 명쾌히 분석·정리한 力著. 이 책은 향후 30년 사이 우리에게 닥칠 도전들과 그 대응방법 그리고 인구폭발, 환경오염, 생물공학, 로봇, 통신수단, 가공할 파워의 양태 등을 특유의 통찰력으로 분석·예견하고 있다.

메가트렌드 2000

J. 나이스비트 외 共著
金弘基 譯
〈신국판 / 366면 / 8,000원〉

90년대는 정치개혁과 경이적인 기술혁신 등으로 지금까지와 전혀 다른 변화양상을 인류에게 줄 것이다. 이 책은 90년대의 변화로 경제호전, 예술의 번영, 시장사회주의의 출현, 복지국가의 쇠퇴 등 과거 어둡고 비관적인 세기말적 변화보다는 밝고 새로운 흐름을 부각시키고 있다.

메가트렌드 아시아

존 나이스비트 著
홍수원 譯
〈양장 / 402면 / 9,500원〉

미래예측가로 세계적 명성을 떨치고 있는 나이스비트는 21세기에는 아시아가 미국주도의 상품과 소비시장에 가장 중요한 경쟁자로 떠오를 것으로 내다보고 현재 역동적으로 변화하는 아시아의 모습을 8가지 트렌드로 분석했다. 특히 아시아와 세계라는 맥락 속에서 한국에 나타나고 있는 폭넓은 변화들을 살펴보고 한국이 아시아에 기여할 수 있는 방안도 짚고 있다.

20세기를 움직인 思想家들

기 소르망 著
姜偉錫 譯
〈신국판 / 426면 / 8,000원〉

20세기 사상계에 결정적인 영향을 끼친 사람들은 과연 누구인가? 프랑스의 저명한 경제학자이자 사회학자인 기 소르망이 29명의 생존해 있는 현대 최고의 사상가들과 직접 인터뷰를 통해 그들 자신이 선택한 분야에 전생애를 바친 사상과 사색의 놀라운 통찰을 기록·정리한「살아있는 도서관」.

資本主義 종말과 새 世紀

기 소르망 著
金廷銀 譯
〈양장 / 628면 / 13,000원〉

세계적인 석학인 저자는 자본주의 체제를 위협하는 것은「도덕적 불만」과「자본주의에 대한 몰이해」라고 주장하고 러시아·중국·독일·인도 등 20여개국의 자본주의의 현재 모습을 생생히 그리고 있다. 또한 현재의 자본주의의 위기를 극복하기 위한 구체적인 실천방안에 대해서도 통찰하고 있다. 방대한 분량인데도 르포형식이어서 전혀 지루하지 않다.

未來企業

피터 F. 드러커 著
高柄國 譯
〈신국판 / 416면 / 8,000원〉

우리 시대의 가장 뛰어난 사회·경영학자이자 미래학자인 드러커의「변혁시대 기업생존전략 연구서!」이 책은 세계경제가 빠르게 바뀌어 감에 따라 기업의 새로운 생존 경영전략 모델, 즉 기업이 살아남기 위한 5가지 변화조건을 예리하게 분석·고찰했다. 특히 사회·경제학 시각에서 세계경제 흐름을 통찰한 力著.

자본주의 이후의 사회

피터 F. 드러커 著
李在奎 譯
〈양장 / 328면 / 7,000원〉

사회주의권의 급격한 몰락 이후 탈냉전 분위기가 고조되고 있는 시점에서 향후 세계 변화가 주요 관심사로 떠오르고 있다. 저자는 이 책에서 향후 세계는 자본주의적 시장구조와 기구는 그대로 존속되겠지만 주권국가의 통제력은 약화되고 전문지식을 갖춘 지식경영자 중심의 글로벌화 사회가 될 것으로 예측하고 있다.

미래의 결단

피터 드러커 著
이재규 譯
〈양장 / 408면 / 9,000원〉

현대 경영학의 대부, 피터 드러커는 이 책에서「스스로를 다시 생각함으로써 회생할 수 있다」고 전제하고 기업의 5가지 치명적 실수, 가족기업을 경영하는 규칙, 대통령을 위한 6가지 규칙, 새로운 국제시장의 개발, 3가지 종류의 팀조직, 오늘날 경영자들이 필요로 하는 정보 등 바람직한 미래를 실현하기 위한 방안을 제시했다. 21세기를 위한 새롭고 시의적절한 경영지침서.

株式市場 흐름 읽는 법

浦上邦雄 著
朴承源 譯
〈신국판 / 200면 / 4,000원〉

언뜻 보기에 무질서하고 예측이 불가능해 보이는 주식시장도 장기적으로 보면 특정한 네 개의 국면을 반복하고 있다는 것을 알 수 있다. 이 책은 이 네 개의 국면이 어떤 요인에 의해 순환되고 각각의 국면에서 어떤 종목이 활약하는가를 숙지할 수 있는 안목을 제시해주고 주식투자시 리스크를 피하는 방법에 대해서도 설명하고 있다.

2020년

해미시 맥레이 著
金光田 譯
〈양장 / 408면 / 9,000원〉

다양한 인종만큼이나 상이한 정치·경제체제와 독특한 문화양식을 지니고 있는 세계 각국은 저마다의 주무기를 앞세워 미래를 설계하고 있다. 경제평론가인 저자는 앞으로 국가경쟁력을 결정짓는 요인은 기술이 아니라 문화라고 강조한다. 현재 세계 각국이 처해 있는 상황을 바탕으로 치밀하게 전망한 2020년경의 세계 각국의 모습에서 우리의 진로는 어떻게 모색해야 할 것인가?

제 4 물결

허먼 메이너드 2세
수전 E. 머턴스 共著
韓榮煥 譯
〈양장·4×6판 / 239면 / 5,000원〉

21세기의 범세계적 기업을 위한 낙관적 비전을 제시하고 있는 이 책은 한마디로 앨빈 토플러의 《제3물결》을 넘어 장기적 미래의 비전에 집중하고 있다. 지금 우리가 공업화를 상징하는「제2물결」에서 탈공업화적인「제3물결」로 전이하고 있지만, 머지 않은 곳에서 새로운 차원의「제4물결」이 밀려오고 있다고 진단하고 있다.

장사꾼으로 거듭나는 사무라이 혼

金亨澈 著
〈신국판 / 372면 / 7,000원〉

일본의 자민당 정권이 붕괴된 이후 연립정권이 난립하고 고베 대지진, 증권스캔들, 옴 진리교 사건 등이 일어난 격동기에 필자가 주일특파원으로 취재하며 느낌을 쓴 현장 르포다. 기자의 눈을 통해 「기모노 속에 감춰진 진짜 일본」을 만난다.

유머人生 1～5

韓國經濟新聞社 出版部 編
〈4×6판 / 244면 / 4,500원〉

많은 독자들이 1980년 12월부터 본지에 연재되고 있는 「海外유머」를 책으로 출판했으면 어떨지, 그런 계획은 없는지 물어왔다. 이 책은 독자들의 그러한 성원에 보답하자는 취지로 출판되었으며 우스갯소리 가운데서 인생의 묘미도 느끼고 영어공부도 할 수 있게끔 어려운 단어나 語句에는 주석을 달아 독자들의 이해를 돕고자 노력했다.

암 이렇게 하면 두렵지 않다

엘리자베스 웰런 著
민진식 監譯
〈신국판 / 350면 / 8,000원〉

암의 원인과 관계되는 발암물질, 역학조사, 그리고 생활주변에서 많이 발생하는 암의 위험요소에 대한 방대한 문헌과 보고서를 분석 정리했다. 또 이미 알고 있는 암 유발요인을 쉽게 설명하고 암 학자들의 연구결과와 철저한 문헌조사, 특히 인간에 대한 직접 연구결과에 근거한 암 원인을 전반적으로 개관하여 예방의학의 길을 제시했다. 감역자는 연세대 의대 암센터원장.

사장님, 원가를 아십니까

鄭明煥 著
〈신국판 / 220면 / 5,000원〉

원가의 개념을 정확히 이해하지 못하고 경영한 결과 장부상으로는 흑자임에도 결손이 나는 등 어려움을 겪는 경우가 흔히 있다. 이 책은 경영자는 물론 회계와 기획담당자를 포함한 기업 관계자들에게 원가의식과 관리회계의 개념을 심어준다는 취지에서 원가에 관련된 제반사항을 소설식으로 알기쉽게 다룬 力著

프로 영업인이 되는 길

시라이 기요시 著
朱明甲 譯
〈신국판 / 240면 / 5,000원〉

번번히 뛰어난 실적으로 동료들의 부러움을 사는 사람이 있다. 이런 사람은 흡사 영업의 귀재, 타고난 영업인처럼 보인다. 그러나 잘 나가는 영업사원과 그렇지 못한 영업사원의 차이는 반드시 있게 마련. 이 책은 결코 평탄하지만은 않은 영업의 세계에 입문하거나 프로로 거듭나기를 바라는 영업사원들이 갖춰야 할 지식에서부터 각양각색의 고객을 다루는 방법까지 100가지 성공비결을 공개하고 있다.

中國을 넘어야 한국이 산다

崔弼圭 著
〈신국판 / 260면 / 5,000원〉

최근들어 한국 기업의 중국 진출이 러시를 이루고 있으나 중국의 문화와 관습을 정확하게 이해하지 못한데서 많은 어려움에 부딪치고 있다. 이런 시점에서 쓰여진 이 책은 중국인들의 상술을 예리하게 파헤치고 있으며 한국 기업이 중국 현지에서 맞닥뜨리는 여러 사안들에 관해 심도 있게 분석하고 대안을 제시하고 있다.

멀티미디어 시대

조지 길더 著
權和燮 譯
〈신국판 / 208면 / 5,000원〉

이 책에서 저자는 단순영상매체인 TV는 종언을 고하게 되었고 TV의 기능에 컴퓨터와 광통신 기능이 부가된 네트워크망을 갖춘 종합미디어로서의 텔레퓨터가 멀티미디어 시대에 주역으로 등장할 것을 예고한다. TV를 보면서 진행자와 대담을 나누고 가상현실을 즐길 수 있는 놀랍고도 신기하기까지 한 세계의 출현을 예고하고 있다.

기업혁신 팀경영

존 R. 카첸바크 · 더글러스 K. 스미스 共著
梁浚容 譯
〈신국판 / 364면 / 7,000원〉

구성원의 기술 · 경험 · 통찰력을 결합한 「팀」제는 개개인보다 월등한 업무능력을 지니고 있으며 업무의 내용이 복합적이거나 판단능력 · 경험이 필요한 경우 더욱 돋보인다. 이 책은 다양한 사례를 중심으로 집단적인 작업생산, 개인적인 성장 그리고 고능률 업무수행을 위한 팀경영의 비결을 소개하고 있다.

21세기 기업

제이 R. 갤브레이스·에드워드 E. 롤러 3세 共著
朴秀圭 譯
〈신국판 / 410면 / 8,000원〉

이 책은 21세기의 시장환경에 적응하고 살아 남기 위한 조직구조를 체계적으로 고찰하고 있으며 역동적인 환경에 대처할 관리관행과 경영체계를 심도있게 분석하고 있다. 또한 저자들은 지식업무 및 관리팀, 기량 중심의 인적자원 시스템 구축, 스태프진 분산과 네트워크 구축 등의 새로운 조직창출 방법을 다양하게 구사하고 있다.

기업간·업종간 전략적 제휴

조셉 L. 배더러코 2세 著
韓榮煥 譯
〈신국판 / 264면 / 6,000원〉

지식이 국가와 기업의 경계를 넘어 급속히 이동하고 세계화됨에 따라 새로운 기술과 제품이 정신없이 쏟아져나오고 있다. 이제 어떤 사회도 필요한 모든 기술과 제품을 독자적으로 해결할 수는 없다. 이 책은 많은 회사들의 요새와 같던 담을 무너뜨리고 경쟁예상자와 손을 잡고 제품을 생산하고 기술과 능력을 개발하는 방법을 보여주고 있다.

결혼경제학

八代尙宏 著
李 均 譯
〈신국판 / 200면 / 4,500원〉

결혼과 그 주변문제에 대해 경제학적 측면에서 분석했다. 모든 결혼이 정신적·물질적 행복을 보장해 주는 것은 아니다. 남녀의 결합으로 성립되는 「가정주식회사」는 운영의 묘에 따라 번창하기도 하고 파국을 몰고오기도 한다. 결혼적령기 남녀, 결혼생활을 하고 있는 모든 사람들을 위한 필독서.

정보고속도로의 꿈과 악몽

대니얼 버스타인·데이비드 클라인 共著
김광전 譯
〈신국판 / 472면 / 9,500원〉

세계적인 컨설턴트 버스타인과 컴퓨터 잡지 〈와이어드〉의 객원편집위원인 클라인이 정보고속도로와 디지털이 꿈꾸는 미래의 이상과 그에 따른 문제들을 분석하고 해결책을 제시했다. 특히 정보산업의 발전과정에서 진행된 미국과 세계적인 기업의 사업전략, 그들간의 싸움을 흥미진진하게 엮고 있으며 디지털 혁명이 몰고올 사회변화까지 상세히 설명했다.

거꾸로 선 아버지 바로 세우기

레벤 바-레비브 著
김광전 譯
〈신국판 / 348면 / 8,000원〉

정신과 전문의인 저자가 현대 가정이 지닌 문제점과 자라나는 아이들이 겪는 여러 가지 비극과 그 대안들을 정신분석학적 방법으로 제시했다. 오늘닐 우리 사회가 안고 있는 청소년 문세의 근원은 내부분 가정에 있으며 특히 아버지의 역할이 부족한데서 비롯된다고 보고 있다. 훌륭한 아버지의 역할과 훌륭한 아버지가 되는 실용적인 아이디어를 구체적으로 제시하고 있다.

여자의 육체 남자의 시선

장 클로드 코프만 著
김정은 譯
〈신국판 / 392면 / 8,500원〉

독창적이고 신중한 연구라는 평을 받은 파리 5대학 사회학자의 흥미롭고도 심도 있는 저서. 저자는 2년 동안 해변에서의 토플리스 연구를 통해 은밀하면서도 흥미로운 규칙을 발견한다. 형태, 나이, 문화, 해변의 상황에 따라 여자들은 각기 나름의 행동규칙을 준수하며 자신들에게 보내는 시선의 신호를 이해하여 몸의 자세로 또는 적당한 제스처로 그것에 응한다고 보고 있다.

안자(상·중·하)

미야기타니 마사미쓰 著
신봉승·김하중 譯
〈양장 / 4×6판 / 384면 내외 / 각권 6,500원〉

열국의 제후들이 대륙의 패권을 놓고 싸우는 춘추 시대를 배경으로 격동의 역사를 헤쳐나가는 명재상 안자의 일대기를 그리고 있다. 난세 속에서도 안자는 충(忠)과 의(義)를 지키며 정도(正道)만을 걷는다. 국가 경영의 참다운 모습, 인간관계의 원형을 보여주는 그의 독특한 철학을 통해 당시의 시대정신과 사회상을 조명한다.

大商(상·하)

정종명 장편소설
〈신국판 / 상권 348면, 하권 336면 / 각권 6,000원〉

간신 유자광에게 핍박받고 공신 박원종의 비호를 받으면서 혁신정치의 풍운아 조광조에게 도전했던 조선 제일의 巨商 서용근의 일대기를 그리고 있다. 천부적인 장사꾼 기질과 처세술로 조선의 상권을 한손에 거머쥐고 정치권과도 밀착, 정권을 좌지우지했던 서용근의 파란만장한 생애가 흥미진진하게 펼쳐진다. 가공인물 서용근이 보여주는 일련의 정치행각이 특히 흥미롭다.

<table>
<tr><td>75 現代社會와 리스크管理
李京龍 著 〈198면 / 2,400원〉</td><td>93 原子力産業의 理解
田載豊 著 〈170면 / 2,300원〉</td></tr>
<tr><td>76 信用카드 이야기
金文煥 著 〈196면 / 2,400원〉</td><td>94 韓國의 租税政策
李鎭淳 著 〈240면 / 2,500원〉</td></tr>
<tr><td>77 데이터뱅크 이야기
鄭寅根 著 〈154면 / 1,900원〉</td><td>95 담보와 보증
李源俊·朴相宗 共著 〈176면 / 2,500원〉</td></tr>
<tr><td>78 地方自治와 地方財政
吳然天 著 〈184면 / 2,200원〉</td><td>96 銀行마케팅
趙泰玄 著 〈172면 / 2,500원〉</td></tr>
<tr><td>79 技術協力 이야기
林陽澤 著 〈137면 / 1,700원〉</td><td>97 정보·통신시스템의 理解
安重鎬 著 〈216면 / 2,500원〉</td></tr>
<tr><td>80 經營計劃 입문
郭秀一 著 〈162면 / 1,900원〉</td><td>98 人的資源 회계정보
李正道 著 〈180면 / 2,500원〉</td></tr>
<tr><td>81 經營리스크와 企業保險
宋 一 著 〈182면 / 2,200원〉</td><td>99 關税의 상식
李性燮 著 〈162면 / 2,500원〉</td></tr>
<tr><td>82 海洋資源의 知識
許亨澤 著 〈172면 / 2,000원〉</td><td>100 벤처 캐피틀의 理解
高聖洙 著 〈196면 / 2,500원〉</td></tr>
<tr><td>83 産業工學 입문
朴京洙 著 〈200면 / 2,400원〉</td><td>101 設備投資와 設備金融
姜日圭·元鍾根 共著 〈198면 / 2,500〉</td></tr>
<tr><td>84 生産戰略 입문
李慶煥 著 〈152면 / 1,800원〉</td><td>102 地方自治會計
曺廷煥 著 〈172면 / 2,500원〉</td></tr>
<tr><td>85 現代企業 입문
朴基贊 著 〈184면 / 2,200원〉</td><td>103 技術經營의 길잡이
金一龍·任德淳 共著 〈184면 / 2,500원〉</td></tr>
<tr><td>86 職能資格制度의 理解
朴俊成 著 〈170면 / 2,000원〉</td><td>104 이미지 마케팅
韓一洙 著 〈192면 / 2,500원〉</td></tr>
<tr><td>87 EC의 經濟·市場統合
金世源 著 〈190면 / 2,400원〉</td><td>105 제2금융권 이야기
李弼商·鄭光夏 共著 〈170면 / 2,500원〉</td></tr>
<tr><td>88 經濟成長 이야기
金洙權 著 〈172면 / 2,200원〉</td><td>106 브랜드의 知識
金成濟 著 〈190면 / 2,500원〉</td></tr>
<tr><td>89 호텔經營 입문
申鉉柱 著 〈158면 / 2,000원〉</td><td>107 백화점 이야기
郭永壽 著 〈180면 / 2,500원〉</td></tr>
<tr><td>90 勞使協商戰略
李達坤 著 〈172면 / 2,200원〉</td><td>108 土地超過利得税의 지식
金東洙 著 〈212면 / 2,500원〉</td></tr>
<tr><td>91 不動産鑑定評價
李源俊 著 〈222면 / 2,500원〉</td><td>109 海運 이야기
金聖浩 著 〈180면 / 2,500원〉</td></tr>
<tr><td>92 債券投資의 知識
金昇佑 著 〈148면 / 2,000원〉</td><td>110 CIM시스템의 이해
김윤상·박광태 共著 〈200면 / 2,500원〉</td></tr>
</table>